Universum in der Tasche

Der Autor

Michael Marcus Thurner, Jahrgang 1963, studierte Anglistik, Geographie und Geschichte, arbeitete in wechselnden Berufen und ist seit 2002 hauptberuflicher Autor mit eigenen Werken bei diversen Verlagen, sowie Teamautor bei Serien, u.a. bei MADDRAX, ELFENZEIT und PERRY RHODAN, und veranstaltet Schreibcamps.
Seine große Leidenschaft ist das Reisen mit dem Motorrad, und er ist bekennender Fan des SK Rapid Wien.
mmthurner.wordpress.com

Michael Marcus Thurner

Universum in der Tasche

Anthologie • Werkausgabe

Fabylon

Dieser Titel ist auch als fabEbook erschienen.

Korrektorat und Redaktion: Uschi Zietsch
Umschlaggestaltung: Madeleine Puljic
unter Verwendung eines Motivs von Arndt Drechsler-Zakrzewski
Abb. Perry Rhodan™ mit freundlicher Genehmigung
Satzlayout: Stefan Friedrich, Garching
Herstellung: booksfactory
ISBN 978-3-946773-44-3

www.fabylon.de

Vorwort

Im zarten Alter von 32 Jahren schrieb ich meine ersten Geschichten, also im Jahr 1995. Anfangs drehten sich meine Storys ausschließlich um PERRY RHODAN, jener Serie, die seit 1961 läuft und läuft und läuft. Woche für Woche erscheint ein neuer Roman.

Ich hatte den Drang, Geschichten zu erzählen, die in den offiziellen Romanen nicht oder kaum vorkamen. Liebe und Sex waren bei PERRY RHODAN bestenfalls Randnotizen. Über Emotionen wurde generell nicht gerne geredet, hatte ich den Eindruck. Aus einem gewissen Frust heraus wollte ich also etwas sagen und in Form von Fan-Fiction der Serie neue Aspekte erschließen. Auch der Humor spielte von Anfang an eine Rolle in den meisten meiner Geschichten.

1996 wurde meine erste PERRY RHODAN-Story veröffentlicht (sie ist in dieser Sammlung unter dem Titel »Das letzte Gespräch« enthalten), 1998 gewann ich den dritten Platz bei einem Kurzgeschichten-Wettbewerb. Je mehr ich veröffentlichte, desto größer wurde meine Lust, mich auch außerhalb des Perryversums zu betätigen. Ich eroberte immer mehr Genres für mich.

2002 wagte ich den Schritt in die Selbstständigkeit als Autor. Sagen wir mal so: Es war mehr als gewagt, was ich da tat. Es gab nicht die geringste Sicherheit, dass ich Erfolg haben würde. Aber irgendwie klappte es, und schon bald schrieb ich bei mehreren Heftromanserien mit. Publikumsverlage nahmen mich mit eigenen Science-Fiction-Projekten ins Programm, auch in der Fantasy und im Horror-Genre konnte ich reüssieren.

Ich war stets darauf bedacht, mir ein möglichst breites Spektrum an Geschichten zu erschreiben. Von der Kurzgeschichte über die Novelle bis zum dicken, fetten Roman. Von der Science-Fiction über die Fantasy zum Horror, vom Krimi zum Thriller. Auch wildeste Pornographie habe ich ausprobiert – und nein, ich schäme mich keineswegs dafür.

Es gibt von mir Geschichten, die ausschließlich im E-Book-Format erschienen sind. Das Skript zu einem PC-Spiel. Textteile eines Kabarettprogramms. Artikel, die in der Sekundärliteratur verortet sind. Ich war redaktioneller Mitarbeiter eines E-Book-Portals. Auch Exposés schreibe ich immer wieder mal. Nach meinen Handlungsvorgaben entstehen also Geschichten, die von Kollegen verfasst wurden.

Manchmal bin ich todernst, dann wieder wahnwitzig. Schleimige Monster kriechen bei mir aus irgendwelchen Ritzen, in meinen Dystopien ist alles nur grau und schrecklich und furchterregend.

Humor ist mir ein ganz wichtiges Element. Es ist zugegebenermaßen sehr schwer zu handhaben. Ich entschuldige mich an dieser Stelle dafür, sollten mein Sinn für Witz und Sarkasmus nicht jedermanns Geschmack treffen. Ich bin in Sachen Humor eher plump, wie auch im Bereich der zwischenmenschlichen Annäherungen. In Geschichten wie »Sprung 69«, die ebenfalls in dieser Anthologie vertreten ist, treibe ich die Sache mit dem Sex auf die Spitze, im wahrsten Sinn des Wortes.

Leserinnen und Leser tauchen mit diesem Büchlein also in einen Mischmasch an Erzählwelten ein. Sie bekommen ein buntes Universum zur Verfügung gestellt, das sie sich in die Tasche stecken können.

Ich wünsche viel Spaß beim Lesen.

Wien, im März 2023

INHALT

TEIL I: Science Fiction

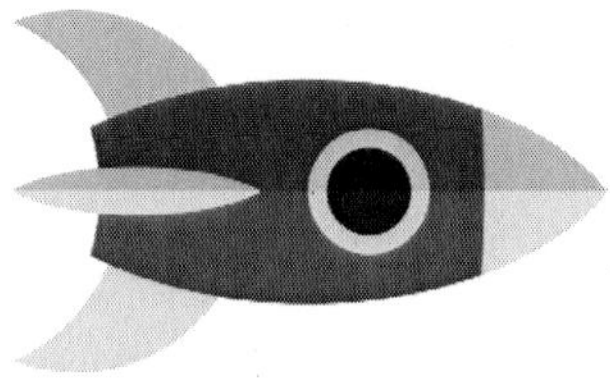

Diese Geschichte entstand bei einem Wochenend-Schreibseminar in der Steiermark im Sommer 2002. Sie war Teil einer Übung. Innerhalb von zwei, drei Stunden hatte ich meine vage Idee einigermaßen ausformuliert und durfte sie unseren Lehrern präsentieren. Auf die Pointe bin ich heute noch stolz.

Einer der Vortragenden war Klaus N. Frick, schon damals Redakteur bei Pabel-Moewig, jenes Verlags, der PERRY RHODAN herausgibt.

Wenige Wochen danach erhielt ich von ihm ein Mail mit der Frage, ob ich mir vorstellen könnte, bei einer Miniserie des Verlags (»ATLAN-Centauri«) mitzuschreiben.

Die Geschichte um Otto wurde im Oktober 2003 in der Literaturzeitschrift »phantastisch!« erstveröffentlicht.

Neulich, bei Otto

Fultan Zwolf richtete seine Sinnesäste auf den Menschen aus und zerstrahlte ihn.

Widerlicher Gestank breitete sich aus, der Fultan entfernt an die Kloaken seiner Gelegehäuser erinnerte.

Der zanidische Aufklärer sah sich in dem engen und dunklen Zimmer um, registrierte beiläufig die spartanische Einrichtung und ärgerte sich über die ungewohnt kantige Formgebung, deren Anblick in seinen Facettenaugen schmerzte. Ein eckiger Tisch von eckigen Sesseln umgeben, auf denen eckige Papierstücke lagen …

Natürlich hatten ihn seine Auftraggeber über die dominante Spezies der kleinen, blauen Weltenkugel informiert und ihm auch viel über deren Kultur und Lebensumstände vermittelt. Die ungewohnten Sinneseindrücke, mit denen er seit seiner Landung konfrontiert war, verunsicherten ihn dennoch.

Der süßliche Geruch, die schwere, kaum atembare Luft, eine zu hohe Schwerkraft und die für sein Empfinden zu scharfen Ecken und Kanten machten ihm zu schaffen.

Rundungen und weiche Formen standen im Zentrum zanidischer Lebensphilosophie. Es kam auf Lieblichkeit und Harmonie an. Auf Empfindungen, die auf der Erde kaum Platz fanden.

Fultan ließ die drei Sinnesäste in einer leichten Konzentrationsübung gegeneinander kreisen und atmete tief durch. Seine chitingepanzerten Stimmlamellen knatterten lautstark.

Dann richtete der Zanide seine Äste wieder auf jene Position aus, an der der Mensch gestanden hatte. Er fühlte die langsam verblassenden Kraftlinien seines Opfers und zerrte es aus dem Limbus der Körperlosigkeit zurück. Der Mensch entstand aufs Neue.

*

Otto Zapletal hatte Schmerzen. Wahnsinnige Schmerzen, die aus dem Zentrum seines Leibes emporstiegen und die Haut in Brand zu setzen drohten. Gierig japste er nach Luft. Seine Muskeln versagten, er stürzte haltlos zu Boden und blieb dort mit unkontrolliert zitternden Gliedern liegen.

»… antworte mir, Menschenwurm!«

Die harte, monotone Stimme seines Gegenübers drang durch die Schmerzwellen in sein umnebeltes Bewusstsein. Otto machte flache, hastige Atemzüge und krümmte sich. Nach einer Weile ließen die Krämpfe nach. Noch nie zuvor hatte er solche Pein erlebt – und er hatte schon viel erlebt!

Otto hob mühsam den Kopf und erblickte das über zwei Meter große Lebewesen, das im Halbdunkel vor ihm stand.

Ein Kostüm!, schoss es ihm durch den Kopf. *Das muss ein Kostüm sein!*

Die Gestalt war in ständiger Bewegung. Graue Fühler zuckten auf Otto zu. Zwei lange, warzenübersäte Tentakel tasteten über den Boden und sonderten schleimige Flüssigkeit ab. Der schlanke Rumpf kreiste unaufhörlich gegen den Uhrzeigersinn.

»… ich sagte: Antworte mir, Mensch!«

Die Stimme kam aus der Mitte des Rumpfes!

Otto empfand keine Angst; er spürte auch keine Abscheu. Der Schmerz war mit einem Mal wie weggeblasen. Ein Riegel hatte sich vor seine Empfindungen geschoben, und mit plötzlicher Klarheit erkannte er, dass er unter Schock stand.

»Das nächste Mal wirst du mir antworten, Mensch!«, hörte er die

Stimme des Wesens. Dann richteten sich die drei grauen Fühler auf ihn, verschränkten sich ineinander – und mit einem Gefühl des Bedauerns starb Otto zum zweiten Mal.

*

Der Mensch reagierte sehr langsam und verstand ihn offensichtlich nicht. Funktionierte etwa die Sprachmodulation lückenhaft? Nein, ausgeschlossen! Der Mensch w*ollte* ihn nicht verstehen.

Der Zanide atmete zornig durch und rotzte Putzschleim auf den Boden des abstoßend eckigen Raumes. Fultan Zwolf würde die Gangart verschärfen müssen.

*

Otto Zapletal wurde wiedergeboren, wurde in eine Existenz aus Verkrampfung und Atemlosigkeit, aus Scham und Hass und Angst zurückgerufen. Wieder lag er da, am selben Fleck wie zuvor. Um seine Leibesmitte breitete sich warme Flüssigkeit aus. Otto brüllte, stöhnte und schnappte nach Luft, nach Leben.

»... wirst du mir endlich sagen, was ich wissen muss?«

Otto begriff nicht. Er verstand bloß Wortfetzen. War dieses Wesen ein verkleideter Mensch, oder gaukelte ihm seine Fantasie etwas vor? *Es* wollte Informationen von ihm und merkte nicht, dass die Pein in Ottos Körper jede normale Reaktion, jede Antwort verhinderte. Er war gestorben, hatte sich im Nichts aufgelöst – und war nach einer nicht messbaren Zeitspanne ins Leben zurückgeholt worden. Ein unglaubliches, ein unfassbares Erlebnis!

»Kann nicht ... antworten!« Ottos Stimmbänder versagten. Die Augen brannten, sein Magen revoltierte.

»Du willst nicht«, stellte das Wesen emotionslos fest.

»Warte ... warte!«, krächzte Otto. »Nur einen Moment!«

Sein Gegenüber ließ die drei Tentakel schlaff zu Boden fallen.

Er – oder es – verstand also.

Otto würgte und erbrach. In mehreren Schüben kam Unverdautes hoch, und nachdem er seinen Magen entleert hatte, fühlte er sich endlich, endlich besser.

Unsicher rappelte er sich hoch, sah sein Gegenüber, dieses Ding aus einem Alptraum an. Was wollte es von ihm hören? Was suchte es hier? Warum hatte es ausgerechnet ihn gefunden?

Einerlei. Otto lächelte, sammelte seine Kräfte und begann zu schreien, so laut er konnte. »Leck mich am Arsch, du hässliche Sau!«, brüllte er dem Monstrum entgegen, spuckte es an, machte obszöne Gesten und tat so, als wollte er es attackieren.

Die drei Tentakel seines Gegenübers zeichneten seltsame Muster in die Luft, und Otto starb zum dritten Mal.

Mit einem glücklichen Lächeln auf den Lippen.

*

Fulton Zwolf musste wohl Zeit und Geduld aufbringen. Er würde die Informationen, die er für seinen Auftraggeber besorgen sollte, über kurz oder lang erhalten. Dieses Menschenwesen würde noch ein Dutzend Mal sterben, wenn es denn sein musste.

Mit einem Tentakel wischte er verärgert einige Zettel vom Tisch und schleuderte die kantigen Sessel angewidert aus seinem Sichtbereich.

Ein Blatt schwebte langsam zu Boden, während er sich auf die Wiederbelebung seines Opfers vorbereitete.

Hätte Fulton Zwolf die winkligen Schriftzeichen, mit denen es eng bedruckt war, entziffern können, wären ihm Zweifel an dem baldigen Erfolg seiner Mission gekommen, denn bei dem Papierbogen handelte es sich um eine Anzeigenseite des Österreichischen Kontakt-Magazins.

Ich, der geile Otto aus Wien-Penzing, bin Masochist aus Passion, stand da geschrieben. *Lass mich dein dankbarer, schmerzerfüllter 24/7-Sklave sein. Keinerlei finanzielle Interessen.*

Ich verbrachte in den Achtzigerjahren enorm viel Zeit im »Blauen Café«. Das Kellerlokal hatte nicht nur unter Motorradfahrern einen besonderen Ruf. Die Sperrstunde wurde oftmals von zwei Uhr auf drei, vier oder fünf Uhr in den Morgen verlegt. Oftmals half ich dem Besitzer, das Lokal aufzuräumen, das Geschirr abzuwaschen, die Küche zu reinigen, Bierfässer zu schleppen. In den handylosen Achtzigern hatte meine Freundin die Festnetz-Telefonnummer vom Blauen Café, weil sie mich ab 19 Uhr mit sehr großer Wahrscheinlichkeit dort erreichen würde.

Die folgende Story (entstanden etwa 2001) ist also meinem liebsten Rückzugsort und dem Besitzer des Blauen Cafés gewidmet. Nicht alles, was mich mit diesem Lokal verbindet, sehe ich heute positiv. Aber es ist nun mal ein wichtiger Teil meiner persönlichen Lebensgeschichte.

Darüber hinaus wurde ich von den humoristischen Kurzgeschichten des amerikanischen SF-Autors Spider Robinson inspiriert. Sie spielten in »Callahan's Saloon«, in dem man durchaus einmal eine Zeitreise antreten konnte oder mit Aliens konfrontiert wurde, die an einem Tullamore Dew nippten.

Die Sache mit den Fliegen

Du willst wissen, wie ich IHN kennenlernte? Und du bist Journalist?

Geld? Damit kannst du mich nicht locken. Ich gebe dir das Interview unter einer Voraussetzung: Dass du alles so abdruckst, wie ich es dir sage. Ohne Wenn und Aber, ohne Kommentar.

Du bist einverstanden? Und du gibst mir dein Ehrenwort als Journalist?

Na gut, dann setz dich nieder. Bestellen wir uns etwas. Wein? Oder Bier?

Also. Die Geschichte begann hier, in diesem Lokal …

*

Das Café hat keinen Namen. Manche nennen es das Blaue Café wegen des farbigen Schildes, das du sicherlich draußen gesehen hast. Aber unter Stammgästen wird es nur Café genannt.

Ich schweife ab? Nein. Ich will dir begreiflich machen, unter welchen Umständen wir IHN kennenlernten. Die Atmosphäre spielte eine wichtige Rolle, und das Café nahm dabei eine wichtige Rolle ein.

Es ist nicht bloß ein Ort, an dem man sich trifft und unterhält. Schau dich mal um, was hier so alles passiert: das Pärchen dort in der Ecke, das sich verliebt in die Augen blickt. Die beiden Jungs am runden Tisch, die Schach spielen und dabei die Welt ringsum vergessen. Die ältere Dame an der Bar, die in ihrer Zeitschrift versunken ist. Fällt dir etwas auf?

Nein, natürlich nicht. Du bist fremd hier, du kannst es nicht spüren. Ich werde dich jetzt in das Geheimnis des Cafés einweihen: Das Lokal ist eine Zeitmaschine.

Du lachst?

Du hältst mich für eigentümlich, nicht wahr? Du brauchst es gar nicht leugnen, ich sehe es dir an. Aber horch mir zu und widerlege mich, wenn du kannst.

Das Café *ist* eine Zeitmaschine, aber natürlich bloß im übertragenen Sinne. Die Gäste kommen hierher, um einsam und verlassen über ihre Sorgen nachzudenken. Sie plaudern zu zweit oder in Gruppen. Sie streiten und sie lieben sich, sie lernen neue Leute kennen oder trennen sich von ihnen. Sie gestalten dabei ihre eigenen Zeitabläufe, die sich von jenen der Welt dort draußen gehörig unterscheiden. Äußere Einflüsse gibt es kaum. Die einzige Uhr über dem Tresen ist defekt. Beide Zeiger deuten stets auf die Zwölf. – Ich frage mich schon seit Jahren, ob damit Mittag oder Mitternacht gemeint ist. Doch letztlich spielt es keine Rolle.

Der einzige Eindringling in die abgeschottete Welt der Gäste ist der Barkeeper. Ja, richtig. Er heißt Manfred, besser gesagt: Mandi.

Seit den Ereignissen mit IHM arbeitet er nicht mehr all zu oft. Leider …

Einerlei.

Du wirst jetzt sagen, dass nach meiner Definition jedes öffentliche Lokal eine Zeitmaschine ist. Damit hast du recht. Aber es gibt eine wichtige Nuance, die du nicht überall finden wirst. Das Blaue Café ist für seine Stammgäste eine Art heiliger Ort, ein *Sanctum Sanctorum*. Wir spüren, ob jemand alleine sein will oder Gesellschaft benötigt.

Neue Gäste, die zufällig hierher finden, fühlen sich entweder sofort heimisch oder werden wie Fremdkörper abgestoßen. *Die* sieht man garantiert nur einmal im Café.

So wie dich, zum Beispiel. Ich merke es dir an. Du sitzt da, als hättest du saure Zitronen gegessen. Ich bin lange genug Gast und habe ein feines Gespür für *Neue* entwickelt.

Aber jetzt schweife ich wirklich ab.

Also: An jenem Abend, als ER das Café betrat, spürte ich augenblicklich, dass ein Fremdkörper in unsere Zeitblase vorgedrungen war.

*

ER betrat das Lokal nicht, ER war einfach da.

Ich unterhielt mich gerade mit Mandi an der Bar über Fußball. Er wollte mir wieder einmal einreden, dass seine Blau-Gelben besser wären als meine Grün-Weißen. Wir heckten soeben die Bedingungen für eine kleine Wette aus, als wir IHN sahen.

Falsch. Wir *über*sahen IHN.

Mandi erschrak. Es erachtete es als eine seiner wichtigsten Pflichten, Gäste beim Betreten des Blauen Café ab- und einzuschätzen. Er besaß ein geübtes Auge und filterte jene Leute aus, die die Harmonie in den Wirtsräumen beeinträchtigten. Doch diesmal versagte unser Wirt. Fassungslos blickte Mandi IHN an, als ER neben uns wie aus dem Nichts auftauchte.

»Guten Abend, moine Herren.«

Nein, ich mache keine Scherze. ER sagte tatsächlich moine. Diese blasierte Sprache, meist mit einem nasalierenden Singsang verbunden, ist hier häufig anzutreffen. Sieh dich um, und du wirst einige Tintenburgen in der Umgebung entdecken: Innenministerium, Landwirtschaftskammer, Arbeiterkammer, Parteizentralen und so weiter.

Du glaubst mir schon wieder nicht, hm? Aber ich sage dir, man lernt im Laufe der Jahre den beruflichen oder privaten Hintergrund der Besucher rasch einzuschätzen.

Die Leute vom Fitness-Studio gegenüber rufen stets laut »Hi!«, wenn sie die Treppe herunterkommen. Darüber hinaus laufen sie das ganze Jahr über mit melanomverdächtiger Bräune umher. Die Jungs vom Security-Haufen, die sich regelmäßig im Café treffen, grüßen gar nicht, gehen steif wie Bretter und zucken bestenfalls nervös mit den Augenlidern, wenn man sie anspricht. Echt harte Jungs, höhö.

Mitglieder des Clubs der einsamen und eisernen Jungfrauen – ja, da hinten an dem großen Tisch sitzen sie – kichern ihre Begrüßungen und halten dabei immer eine Hand vors Gesicht, damit die Schminke nicht verrutscht. Die Studenten der Akademie zeigen mit ihren Fingern das Victory-Zeichen und lächeln ein wenig einfältig, wenn sie wieder mal zu viel von ihrem Kraut geraucht haben. Ein Kawasaki-Fahrer braucht nichts zu sagen, den erkennt man augenblicklich an den öligen und schmutzstarrenden Händen. Und wenn ein Exekutor das Café betritt, reicht ein Blick zu Mandi. Der bekommt dann das nervöse Zucken in den Mundwinkeln. Muss so eine Art Allergie sein.

Wo war ich? Ach ja: ER sagte »moine« Herren, und wir wussten, dass ER nur Beamter sein konnte. Mandi und ich wechselten Blicke. Der Abend hatte so nett begonnen – und nun das.

Diese Schreibtischtäter mieden das Café gewöhnlich wie der Teufel das Weihwasser. Sie passten nicht hierher, sie fühlten sich unwohl. Kein Wunder. Ab und zu konnte es im Café ein wenig … ungeregelt zugehen.

Warum schüttelst du den Kopf? Du hast versprochen, dir meine Geschichte anzuhören.

SEINE Stimme war eintönig, fast ohne Betonungen. SEIN gestelztes Benehmen hob unsere Laune auch nicht gerade. Das Beamtentum war IHM ins Gesicht gestempelt. Korrekte Kurzhaarfrisur, dicke, runde Hornbrillen mit wässrigen Augen dahinter, eine abgezirkelte, leicht angegraute Rotzbremse, die Wangenhaut unrein und voller Pickel, ein Ansatz zum Doppelkinn.

Schau nicht so entsetzt, Junge. Schönheit war ER keine.

Nach meiner kurzen Musterung grüßte ich ihn mit »Hallo«, so leise wie möglich, in der Hoffnung, dass ER uns in Ruhe lassen würde.

Aber ER ließ sich nicht beirren. »Darf ich mich zu Ihnen gesellen, moine Herren? Ich bin ein wenig müde und würde mich über ein freundschaftliches Schwätzchen froien.«

Mandi bekam erst jetzt den Mund zu. Es hatte ihn wirklich getroffen, dass er IHN nicht schon beim Betreten des Lokals bemerkt hatte.

»Darf ich Ihnen etwas zu trinken anbieten?«, fragte Mandi.

Beabsichtigt oder nicht – er verfiel in die gestelzte Redeweise unseres merkwürdigen Gastes.

»Warum nicht, Herr Wirt? Ein kloines Glas Mineralwasser, wohl temperiert und mit viel Kohlensäure, wenn es geht, bitteschön.«

Mandi atmete tief durch. Ich ahnte, dass er darüber nachdachte, den Kerl kurzerhand vor die Tür zu setzen. Doch er fing sich wieder, nickte freundlich und machte sich an die Arbeit. Ich blieb indes mit dieser personifizierten Beamten-Karikatur alleine.

Ich fühlte mich unwohl. Jawohl, unwohl, das kannst du ruhig schreiben. ER hatte eine negative Ausstrahlung. Nein, nicht negativ, das ist das falsche Wort. ER verursachte ein Unwohlsein, das man fühlt, wenn man in eine Decke beißt. Es stellen sich einem die Nackenhaare auf, ohne dass man dagegen etwas tun kann.

»Mein Name ist Carl V.«, sagte er. »Carl mit *C* geschrieben, haha.«

Mit SEINEM Humor stand es also auch nicht zum Besten.

»Angenehm.« Ich beschränkte mich auf jenes Mindestmaß an Höflichkeit, in der Hoffnung, dass ER mich bald in Ruhe lassen würde.

»Wissen Sie, eigentlich bin ich kein besonders geselliger Mensch, aber manchmal benötige ich doch jemanden, mit dem ich moine Sorgen teilen kann.«

Innerlich schrieb ich den Abend ab, der so ruhig und friedlich begonnen hatte. ER ließ sich einfach nicht abwimmeln.

Ich wollte IHM gerade ins Gesicht sagen, dass ER sich Duweißtschonwohin begeben sollte, als Mandi mit dem Glas Mineralwasser zurückkam. Er kannte mein Temperament und versuchte, beschwichtigend einzugreifen.

Er stellte das Getränk vor IHM ab und fragte: »Wo drückt Sie denn der Schuh, Carl?«

»Ach, wissen Sie, es ist dieses Problem mit meinen Schilddrüsen.« ER nippte mit gespitzten Lippen am Wasser. ER umklammerte das Glas mit einer kleinen, blassen Hand, die fein manikürt war. In diesem Moment hätte ich meine gesamten Besitztümer darauf verwettet, dass dieser Mensch in seinem Leben nie etwas Schwereres als einen Bleistift gehalten hatte.

ER schwafelte drauf los. Er redete von Beschwerden im Kehlkopfbereich, hormonellen Schwankungen, medizinischen Eingriffen, Substitutionsbehandlungen, alternativen Heilmethoden und unendlich langweiligem medizinischen Blabla. Ich gab mir nicht die Mühe, SEINEN endlosen Ausführungen zu folgen. Das zweite, dritte und vierte Glas Rotwein, das Mandi in rascher Folge vor mir abstellte, tat seine Wirkung. Dazu kam SEINE eintönige Stimme. Meine Augenlider wurden immer schwerer und ich gähnte unverhohlen.

»Vielen Dank für diesen medizinischen Exkurs, Herr Carl. Aber eigentlich kommt man ins Café, um unangenehme Sachen wie Krankheiten, berufliche Schwierigkeiten oder Eheleben hinter sich zu lassen. Also: Wenn es für Sie kein dringenderes Problem gibt als die Entfernung Ihrer Schilddrüsen, würde ich Sie bitten, in Zukunft mit dem Garderobenständer dort hinten in der Ecke zu sprechen. Der interessiert sich mit Sicherheit mehr für Ihr Krankheitsbild. Ich hingegen würde mich gerne dem wunderbar süffigen Viertel Wein widmen, das hier vor mir steht und auf meine ungeteilte Hingabe wartet.«

Ich redete mich trotz der warnenden Blicke Mandis immer mehr in Rage. Ich fühlte mich um meine Zeit betrogen und missachtete alle Regeln der Höflichkeit.

Aber ER ließ sich nicht aus der Ruhe bringen.

»Ich verstehe Ihre Ungeduld. Aber ich komme bereits zum Kern der Sache.«

»Na, dann aber rasch!«

Ich setzte das Glas an die Lippen – das vierte oder das fünfte? – und schmeckte das reife Aroma des Weines, während ER mit seiner Erzählung fortfuhr.

»Nun, um es kurz zu machen: seitdem moine Schilddrüsen teilentfernt wurden, kann ich mir wünschen, was ich will, und es geht in Erfüllung. Was für ein grausames Schicksal.«

Was für ein Timing! Als hätte er bloß darauf gewartet, dass ich am Roten nippte! Ich prustete drauflos, vom Wein blieb nicht viel im Glas zurück. Der Rebensaft verteilte sich gleichmäßig über Hände, Ärmel und Bar.

Ich verschluckte mich und musste heftig husten. Mandi klopfte mir bereitwillig – und übertrieben kräftig – mit seinen bratpfannengroßen Händen auf den Rücken, während ich versuchte, meinen Körper zwischen Lachen, Weinen und Ersticken auszubalancieren.

Der mysteriöse Fremde stand nach wie vor regungslos neben mir und beobachtete mich. Trotz meines Zustandes spürte ich SEINE Blicke auf mich gerichtet – und das war kein angenehmes Gefühl, glaub es mir.

Sobald ich wieder atmen konnte, hakte ich nach, mit Tränen in den Augen: »Nicht, dass wir einander missverstehen, Carl. Ich glaubte, soeben gehört zu haben, dass alle Ihre Wünsche in Erfüllung gehen.«

»Nein.«

Ich wurde unsicher. »Na, da bin ich ja beruhigt!«

»Ich sagte: Ich kann mir wünschen, was ich möchte. Loider geht nicht alles gemäß meinen Vorstellungen in Erfüllung.«

Nun wurde auch Mandi unruhig. »Ein guter Scherz in Ehren, lieber Carl, aber das geht nun wirklich zu weit.« Mandi machte sich den Spaß, IHN dabei als *Tsarl* anzusprechen. Du verstehst – mit *C* am Anfang.

ER lächelte humorlos. »Ich verstehe Ihr Misstrauen, Herr Wirt. Aber glauben Sie mir, ich kann mir wünschen, dass etwas passiert, und im nächsten Moment wird der Wunsch zur Realität. Doch moine Gabe hat einen Haken.«

ER legte eine Kunstpause ein, wohl in der Hoffnung, dass wir IHN mit Fragen löchern würden. Aber den Gefallen taten wir ihm nicht. Der Kerl nervte. Zuerst langweilte ER uns mit einer ellenlangen Einleitung, und dann gab ER eine Geschichte zum Besten, die den alten Münchhausen im Grab zum Rotieren gebracht hätte.

ER brach das Schweigen. »Würden moine Wünsche alle in Erfüllung gehen, so wie ich es wollte, hätten wir das Paradies auf Erden.«

In Gedanken widersprach ich heftig. Wahrscheinlich würden wir dann alle in Büros sitzen, fahle Zimmerpflanzen gießen und rund um die Uhr Bleistifte spitzen. Brrr!

»Moine Gabe wirkt unglückseligerweise – wie soll ich es ausdrücken – also, moine Gabe wirkt *absolut.* Sobald ich etwas will, ist es Wirklichkeit. Koiner außer mir weiß, dass es ein *Vorher* gegeben hat. Die Änderungen werden von niemandem bemerkt, und damit sind die neuen Umstände Tatsache. Ein woiteres Problem ist natürlich, dass moine Wunschvorstellungen eine ungeahnte Eigendynamik entwickeln. Sie müssen das so sehen: Wenn ich mir heute wünsche, dass eine bestimmte Personengruppe an einem Virus zugrunde gehen soll, so ist das im nächsten Moment passiert. Ich kann diese Entscheidung aber nicht mehr rückgängig machen. Viren haben bekanntermaßen die unangenehme Eigenschaft, sich blitzschnell zu vermehren, permanent zu mutieren und sich geänderten Lebensumständen anzupassen. Binnen Zehntelsekunden wären sie außerhalb moiner Kontrolle, denn ich könnte mir ja nur diejenigen wieder wegwünschen, die ich kurz zuvor geschaffen hatte. Um die neuen Virenstämme ebenfalls wegzuwünschen, müsste ich sie benennen können. Sie sehen, ich muss mit meiner Gabe äußerst sorgfältig umgehen!«

»Lächerlich!« Ich wurde wütend. »Eine solche Gabe könnte die Welt, wie wir sie kennen, von einem Moment zum anderen verändern. Aus Christen würden Moslems werden, ohne dass wir etwas bemerkten. Bei allem Respekt, Herr V., bei Ihnen im Oberstübchen, da piepst eine ganze Vogelkolonie.«

»Das ist ja moin Problem. Keiner schenkt mir Glauben! Ich wünsche mir, dass alle Menschen dieser Welt ab nun Kuhschwänze tragen, *und es passiert.* Koiner weiß mehr, wie es vorher war.«

»Natürlich tragen wir allesamt Kuhschwänze«, warf Mandi mit bitterbösem Gesicht ein. »Wie sollten wir sonst die Fliegen vertreiben?«

Pfeifend ließ ich meinen Schweif durch die Luft sausen, um ein Fliegengeschwader von meinem Hinterteil zu verjagen.

»Sehen Sie! Und jetzt … Ach was, Sie glauben mir ja doch nicht.« Verärgert, kaum noch hörbar, murmelte ER einige Worte über die Entfernung von Kuhschwänzen. Natürlich veränderte sich nichts. Menschen mit Kuhschwänzen? Was für eine lächerliche Vorstellung!

»Sie können sich natürlich nicht mehr daran erinnern, aber für etwas mehr als zehn Sekunden besaß jeder Mensch dieser Erde einen Kuhschwanz.« ER ließ uns nicht zu Wort kommen, und fuhr mit ungewohnt harter Stimme fort: »Und natürlich haben sich in diesen wenigen Sekunden der veränderten Realität auch die Umstände geändert. Das ist der Fluch meiner Wünscherei! Oder woher, glauben Sie, kommen die Fliegenschwärme in Ihrem werten Betrieb, Herr Wirt? Mit dem Wunsch nach Kuhschwänzen schuf ich einen Grund dafür, den ich ebenfalls zur Realität werden ließ. Ich kann ja schwerlich sagen, dass ich mir alle Fliegen dieser Welt wegwünsche!«

Tatsächlich. Das Blaue Café war voll mit Fliegen, das Brummen der Störenfriede war überdeutlich zu hören.

Nicht, dass ich diesem Giftzwerg auch nur ein Wort geglaubt hätte. Aber immerhin, ER hatte meine Aufmerksamkeit. Auch wenn ich genau wusste, dass die Fliegen das Café schon immer bevölkert hatten.

Mandi setzte das Gespräch fort. »Na schön, Herr V., wir haben genug von ihrer angeblichen Gabe und Ihren Problemen gehört. Aber wie können wir Ihnen helfen? Es gibt gewiss einen Grund dafür, dass Sie mit uns reden wollen.«

»In der Tat, ich brauche einen Rat.« V. nippte an seinem Mineralwasser. »Moine Fähigkeit mag ihre Vorteile besitzen, aber etwas kann und konnte sie mir nie geben: Zufriedenheit. Anerkennung. Liebe. Das sind Gefühle, die mir für immer verschlossen bleiben. Natürlich, ich kann mir alles, was ich will, erwünschen. Aber wie erreiche ich, dass ich um moiner selbst geliebt und geachtet werde?«

Ein Seufzer, der fast so etwas wie Mitleid in mir erweckte, hauchte sein zartes Leben im frisch gefüllten Glas unseres merkwürdigen Gesprächspartners aus. Ich wurde unruhig. Der Bursche war reif für die Klapsmühle. Die andere Möglichkeit – nämlich die, dass er die Wahrheit sagte – wollte ich nicht einmal ansatzweise in Erwägung ziehen.

Da stand er nun, der Anti-Mensch in Person, lebendig gewordene Langeweile. Und diese Trauergestalt behauptete, die Welt nach ihren Wünschen formen zu können?!

Ich suchte ratlos den Blickkontakt zu Mandi. Der wirkte nachdenklich.

Nun muss ich erwähnen, dass mein Stammwirt ein Übermaß an Einfühlungsvermögen besaß. Das musste er auch, das gehörte zu seinem Beruf als Steward in unserer Zeitmaschine.

Mandi dachte *ernsthaft* nach. Und wenn es ihm auch nur darum ging, IHN loszuwerden – er beschäftigte sich mit dem Problem.

»Carl, ich kann Ihre Probleme nur schwer nachvollziehen. Sie wollen, dass man Sie um Ihrer selbst mag und schätzt?«

»Ja, ja!«, ereiferte sich V. »Ich möchte Anerkennung, Aufmerksamkeit, Liebe und dergleichen spüren.«

Mandi kräuselte die Stirn und starrte auf einen imaginären Punkt an der schmutzig-grauen Decke. Ich stellte mir vor, wie sich die Zahnräder in seinem Kopf schwerfällig drehten. Das war so seine Art. Er hatte schon längst eine Lösung, aber er wälzte sie noch ein wenig im Sud seiner Gedanken, piekste sie von allen Seiten und schleifte sie ein wenig ab.

Dann winkte er IHN näher an sich heran und flüsterte IHM ins Ohr.

Ich sag dir, es können nicht mehr als ein paar Sätze gewesen sein, aber es war zu laut im Café, um die Worte verstehen zu können.

ER blickte verdutzt und begann dann selig zu lächeln. »Wie kann ich Ihnen danken, Herr Wirt?«, fragte er voll Überschwang. »Das ist eine ausgezeichnete Idee!«

»Nun, da fiele mir schon was ein.« Mandi lächelte hinterfotzig in meine Richtung und flüsterte IHM noch ein paar Worte ins Ohr.

ER nickte hektisch, verlangte die Rechnung, rundete großzügig von acht Euro auf acht Euro zwanzig auf, schüttelte uns beiden die Hand und verließ fluchtartig das Café.

»Mandi, was hast du ihm erzählt? Los, sag schon!«

Mandi ließ mich geschlagene zehn Minuten lang bitten und betteln, bevor er antwortete. »Mit ein wenig Einfühlungsvermögen erkennt man V.'s Problem; aber das kann man von dir ja nicht verlangen.«

»He!«

»... In seinem Streben, die Welt zu verbessern, hat er doch immer nur seine persönliche Befriedigung in den Vordergrund gestellt. Die Welt hatte so zu funktionieren, wie ER es wollte. Das habe ich ihm begreiflich gemacht. Die Achtung der Menschen erreicht man aber nicht, indem man sie von oben her reguliert oder beeinflusst, sondern indem man ihnen dient.«

Ich war verwirrt. »Das hört sich nett und schön an, ist aber bloß Blabla. Sag mir endlich, was du ihm für einen Rat gegeben hast.«

»Denk dran, dass wir es mit einem Spinner der Oberliga zu tun hatten. Mit seiner Ich-Bezogenheit und dem absoluten Mangel an Fantasie hat V. sicherlich noch nie darüber nachgedacht, ob es uns herkömmlichen Erdenwürmern recht sein würde, manipuliert zu werden. Also habe ich ihm vorgeschlagen, den Spieß umzudrehen. Er sollte den Menschen helfen und ihnen die Sorgen abnehmen. Kurz und bündig: Er sollte sich wünschen, uns zu erlösen.«

»*Wie bitte?!*« Ich verschluckte mich ein zweites Mal an diesem Abend.

Mandi blieb gelassen. »Ich riet ihm, zum Stephansdom zu gehen, ins Zentrum der Stadt, und sich dort an die Arbeit zu machen. Er sollte Schuld und Sünde von uns allen auf sich nehmen.«

Es dauerte eine Weile, bis ich den Mund wieder zubekam. »Und bei all dem hast du ein ernstes Gesicht behalten? Du schickst den Menschen auf den Olymp der Lächerlichkeit und bleibst hier regungslos stehen? Der arme Tropf steht jetzt wahrscheinlich vor der Stephanskirche, wartet auf göttliche Absolution – und wir diskutieren hier noch? Auf, auf, das möchte ich sehen!«

»Nein.« Mandi sagte das Wort mit unmissverständlicher Strenge. »Es ist eine Sache, sich über einen Menschen lustig zu machen. Die Schadenfreude aber auch noch zu zelebrieren – das gehört sich nicht.«

Er war eine moralische Autorität, der Herr Wirt. Ich duckte mich unter seinen bösen Blicken, nuckelte an einem frischen Glas Rotwein und bemühte mich vergeblich, wieder ein Gespräch in Gang zu bringen.

*

Tja, und damit endet die Geschichte. Du weißt ohnedies, was danach passierte.

Knappe zehn Minuten später standen wir alle wie auf Kommando auf und marschierten Richtung Stephanskirche. Als ich ankam – ich hatte Mandi aus den Augen verloren – war der Platz trotz der späten Stunde gesteckt voll. Ich konnte aus der Ferne gerade noch erkennen, wie ER SEINE Arme ausbreitete. Ich spürte, wie mein Kopf auf einmal leicht wurde, wie eine Riesenlast von mir abfiel. Das Gefühl dauerte wenige Sekunden, dann kam dieser schreckliche Augenblick der Stille. Alles schien den Atem anzuhalten, die gesamte Schöpfung. Diese schreckliche Ruhe … brrr!

Und erst, als wir über IHN herfielen, IHN zerrissen und zerfetzten, endete dieser Moment innerer Ruhe.

*

Willst du noch ein Achtel? Nein? Macht nichts, ich muss ohnehin gehen.

Was ich fühlte? Dumme Frage! Das, was alle Menschen der Welt spüren konnten. Wir wurden von all unseren Lasten befreit. Aber ob wir auch glücklich waren?

Nein.

ER hatte uns etwas genommen, das zu uns gehörte.

Erst, als wir IHN töteten, war dieses Vakuum wieder gefüllt. Die *Schuld* war zurück.

Lass nur, ich übernehme die Rechnung. Natürlich glaube ich nicht an IHN. Vielleicht hatte dieser Kerl, den sie vor zweitausend Jahren ans Kreuz nagelten, eine ähnliche Krankheit in den Schilddrüsen sitzen. Er machte seine Sache auch nicht besser, würde ich mal sagen.

Das Einzige, was mich wirklich beunruhigt, ist, dass die Grün-Weißen schon mal besser in der Tabelle dagestanden sind. Und es ist seltsam, dass die Blau-Gelben heuer die Meisterschaft gewonnen haben. Was sich Mandi bloß von IHM gewünscht hat?

Zahlen, bitte! Und unternehmt endlich etwas gegen diese Scheiß-Fliegen!

Der Ferdl begleitet mich nun schon sehr lange. 2001 reichte ich seine Geschichte für den Reader eines Schreibcamps in Wolfenbüttel ein. Vortragender damals war Uwe Anton, der die Geschichte sehr mochte und mir in meiner Karriere als Autor ein schönes Stück weiterhalf.

Ich hatte es zu dieser Zeit mit überdrehten Figuren, mit gestelzter Sprache und mit dem Humor. Die technischen Hintergründe einer Story waren mir weitgehend egal, auch der Inhalt und selbst die Pointe standen nicht unbedingt im Vordergrund. Ich wollte Lacher provozieren und absurde Geschichten schreiben.

Aus dieser Phase bin ich schon lange wieder raus. Auch die Sprache, die ich damals verwendete, ist nicht mehr zeitgemäß. Aber die Grundidee der Ferdl-Geschichte, die mag ich immer noch sehr.

Ferdl, der Rettungsschneck

Professor Tabors große Leidenschaft, die Schneckenzucht, war Zielscheibe von Spott und Häme des wissenschaftlichen Teams auf dem Raumschiff EFERDING. Und ganz besonders hatte man es auf die arkturische Purpurschnecke abgesehen, das Lieblingskind des Xenobiologen.

Während Professor Tabor fasziniert und angespannt beobachtete, wie der etwa sechs Zentimeter große Schneck namens Ferdl eine kerzengerade Silberspur über seinen Schreibtisch legte, spöttelte man mehr oder weniger offen über das ausgefallene Hobby. Welcher normale Mensch hielt sich einen Schneck als Haustier?

»Lacht nur, ihr Ignoranten!«, hielt Tabor seinen Kollegen mit unterdrückter Wut entgegen. »Der Purpurschneck ist eine der komplexesten und edelsten Lebensformen im bekannten Universum. Sein Orientierungssinn ist einzigartig, niemand passt sich besser an wechselnde Umweltbedingungen an und niemand kann mit seinen Energiereserven besser haushalten als dieses kleine Geschöpf!«

Professor Kerstensand, Leiter des wissenschaftlichen Teams der EFERDING, entgegnete mit einem süffisanten Lächeln: »Mag ja sein, werter Kollege. Aber ist dieser Schneck für ein Haustier nicht ein wenig zu klein? Und: führen Sie Ferdl an der Leine Gassi?«

Woraufhin der beleidigte Xenobiologe langsam von Pi bis zur Eulerschen Zahl zählte, gedanklich einen algorithmischen Mesonensturm auf das Haupt seines Vorgesetzten niederdonnern ließ und die Tür des Forschungsraumes lautstark hinter sich zuknallte.

*

Das Kaiserreich der Menschen war gewaltig groß geworden. Es dehnte sich mittlerweile über dreiundzwanzig Galaxien aus. Der Kaiser selbst, eine übermächtige Vaterfigur und mit uneingeschränkten Machtbefugnissen ausgestattet, dirigierte von der fernen Erde aus seine Flotten.

Ihre Besatzungen hatten, einer Laune des Allerhöchsten folgend, einem Gerücht nachzuforschen. Angeblich existierte irgendwo auf einem einsamen, verlassenen und sterbenden Planeten ein Superrechner, der Antworten auf alle Fragen der Menschheit geben konnte. Und so rasten unzählige Raumschiffe durch das Weltall, landeten hie und da auf Planeten mit sterbenden Sonnen, überprüften dies und das und hetzten bald darauf weiter, der nächsten Welt entgegen.

Den meisten Raumfahrern war die Sinnlosigkeit ihrer eintönigen Arbeit bewusst. Aber was sollte man machen? Kaiser war nun mal Kaiser, und wenn er sich noch so verrückt gebärdete.

*

Feldwebel Skäs mochte diese Welt nicht.

Er hatte die kleine Raumlinse, ein Beiboot der EFERDING, sicher auf dem Planeten ZX-10 gelandet. Die vier Forscher waren, aufgescheuchten Hühnern gleich, in allen Himmelsrichtungen verschwunden, und seufzend hatte er sich mit seinen beiden Raumkadetten daran gemacht, das mobile Forschungslabor wie schon x-mal zuvor aus formenergetischen Materialien nach den Wünschen der Wissenschaftler aufzubauen. Er kannte die Liste auswendig; selbst arkturischen Blattspinat für die hässliche Schnecke von Professor Tabor hatte er ausreichend mitgenommen.

»Verdammte Weißbärte«, fluchte der Feldwebel den Forschern hinterher, während er im beginnenden Sandsturm den schweren Formprojektor in Stellung brachte. Immerhin: Wenn der Aufbau beendet war, hatten er und seine Soldaten mindestens zwei Tage lang Ruhe. Erfahrungsgemäß benötigten die Wissenschaftler so lange, bis sie ihre Neugierde mit dem Ziehen von Bodenproben, Beobachtungen und Vermessungen einigermaßen befriedigt hatten.

Der Planet war so gar nicht nach seinem Geschmack. Der Himmel wirkte trotz der großen, weißen Sonne düster und leuchtete in einem bedrohlichen Dunkelrot. Permanent zuckten gewaltige Blitze über das Firmament. Die elektrostatische Aufladung war so groß, dass Feldwebel Skäs die Haare zu Berge standen. Der unangenehm heiße Wind trug feinen Sand mit sich. Die Schwerkraft war ein wenig höher als gewohnt und die Atemluft um eine Spur zu dünn, was Geräusche und Stimmen verzerrt klingen ließ.

Die Flora beschränkte sich auf ein paar verwelkte, farnähnliche Büschel da und dort, und an Lebewesen hatte er bislang nur die kaninchengroßen Kriecher gesehen, die sich behäbig von einer Vegetationsinsel zur nächsten bewegten.

Fledermausähnliche Vögel mit ledrigen, schlanken Flügeln tauchten plötzlich am Himmel auf. Sie ließen sich von Auf– und Fallwinden mal hier– und mal dorthin tragen.

Feldwebel Skäs mochte diesen Planeten wirklich nicht.

*

Professor Kerstensand, Dozent Peinflug, Doktor Mehrstein und Professor Tabor blickten ratlos über die endlose Sandlandschaft. Sie alle waren in ihren Fachgebieten – Biochemie, Mikroökologie, Hypermathematik sowie Xenobiologie – anerkannte Koryphäen. Aber diese Welt bot nichts, rein gar nichts, das ihr Interesse geweckt hätte. Es gab weder eine ausgeprägte Tierwelt zu bewundern noch extradimensionale Effekte zu vermessen. Von intelligenten Lebensformen gar nicht zu sprechen.

Etwas ratlos zupfte Professor Kerstensand an seinem dünnen, ausgefransten Bart. »Nun, meine Herrschaften, ich denke, dass wir uns in diesem Fall auf das Notwendigste beschränken können. Wir führen das übliche Procedere durch, machen um des Kaisers willen« – die vier honorigen Herrschaften deuteten mit einer Verbeugung ihre Ehrerbietung dem Allerhöchsten gegenüber an – »die notwendigen Tests und verschwinden so rasch wie möglich von hier.«

»Bin ganz Ihrer Meinung, werter Kollege.« Doktor Mehrstein, ein rundlicher, etwas nervös wirkender Sirianer, antwortete wie immer kurz angebunden.

Dozent Peinflug, ein hochaufgeschossener Glatzkopf, der sein Phlegma zum Markenzeichen kultiviert hatte, nickte zustimmend.

»Na, was meinst du, Ferdl?« Professor Tabor zog den Schneck aus einer weiten, ausgefransten Hosentasche und ließ ihn vorsichtig in den Sand gleiten.

Ferdl streckte die vier Fühler kurz in alle Himmelsrichtungen und begann schnurstracks, in die Richtung ihres Camps zu kriechen.

»Auch Ferdl ist Ihrer Meinung, meine Herren!«, triumphierte der Professor, während seine Kollegen allesamt die Augen verdrehten.

»Nun, dann sind wir uns ja einig.« Professor Kerstensand zwinkerte kurzsichtig in die Richtung einer Felsformation, die in einer Entfernung von eintausend Metern nördlich vom Camp steil in die Höhe ragte. »Ich schlage vor, dass wir dort mit den geologischen Untersuchungen beginnen.«

*

Ferdl wurde unruhig in Tabors weitläufiger, linker Hosentasche. Wahrscheinlich hatte er Hunger. Wo, beim Allerhöchsten, Allesbeherrschenden Kaiser, sollte er hier Salatblätter herbekommen?

»Sie besitzen eine äußerst interessante Schädelform, werter Kollege«, rief Tabor dem vor ihm gehenden Professor Kerstensand zu und streifte zugleich Ferdl beruhigend über den Leib. »Dieser unübliche Abplattungsschutz des Zerebellums wäre es wert, weitere Untersuchungen durchzuführen.«

Sie stemmten sich energisch gegen den Wind. Der brach sich an den Felsnadeln und fuhr in Böen zwischen die vier einsamen Gestalten, immer wieder. Schwarzrotes, bedrohliches Dämmerlicht schloss sie im Labyrinth des Felsengewirrs ein. Immer wieder wirbelte feiner Flugsand hoch und zwang die Wissenschaftler, die Hände schützend vor die Gesichter zu legen und die Augen zu schmalen Schlitzen zu verengen.

»Würden Sie Ihren Kopf meinem Institut vermachen?«, fuhr Professor Tabor fort, unbeeindruckt von den widrigen Umständen.

Das Grunzen Kerstensands ließ in Tabors Ohren jede Begeisterung vermissen. Er beschloss, seinen Kollegen zu einer anderen, vielleicht besseren Gelegenheit nochmals zu fragen.

Doktor Mehrstein, der Mathematiker, marschierte von der Spitze weg. Seine einzigartige Wegeberechnungsmethode, anhand einer primitiven Annäherungskalkulation mit mehreren variablen Unbekannten vollzogen, hatte ihn zum natürlichen Führer der Gruppe gemacht. Und tatsächlich: Die Abweichung vom direkten Weg, der einem Hypermathematiker viel zu simpel erschienen war, hatte nicht viel mehr als zwei Kilometer betragen.

Plötzlich, wie abgeschnitten, endete das Toben und Pfeifen des Windes. Vor den Wissenschaftlern ragte die massive Hauptwand der Felsfront hoch. Sie konnten sich nun in einem Bereich des Gebirges bewegen, der vor dem Wind geschützt war.

»Moment bitte!«, ließ sich der wortkarge Dozent Peinflug vernehmen. Sein prachtvoller, normalerweise bis zur Brust reichender Vollbart glitzerte gelb vom Wüstensand. Er klebte windzersaust über dessen rechter Schulter. Sorgfältig nahm Peinflug die Bartspitze in die eine Hand und hielt eine rasch herbeigezauberte Phiole darunter. Mit der anderen Hand beutelte er einen Großteil des Sandes aus seinem Bart in das Gefäß. »Patentiertes Siebverfahren«, sagte er knapp. »Zur Untersuchungs-Vorbereitung meiner Arbeit über exomikrobiologische Lebenszyklen.«

Gütiger Gott, was ist das nur für ein verschrobener Fachtrottel, dachte Professor Tabor, während er beruhigend über das Gehäuse seines Haus- und Taschenschnecks Ferdl streichelte.

Professor Kerstensand räusperte sich vernehmlich. »Nun, ich denke, diese Stelle ist so gut wie jede andere, werte Kollegen. Ich werde hier meine Gesteinsproben nehmen und möchte Sie bitten, Ihre Arbeiten möglichst zügig durchzuführen.«

Ohne eine Zustimmung abzuwarten, marschierte er auf die hochragende, glatte Felswand zu und begann, mit einem kleinen Spatel daran herumzukratzen.

*

»Finden Sie nicht auch, dass dieser Teil der Felswand zu glatt ist, um natürlichen Ursprungs zu sein?« Sinnend starrte Professor Tabor auf die zwei mal zwei Meter messende Fläche. Die Konturen waren jene eines Tores.

»Papperlapapp!«, grummelte Professor Kerstensand. »Das ist die natürliche Folge der jahrtausendelangen Erosion, verursacht durch Wind und Sand. Unterlassen Sie gefälligst Ihre amateurhaften Schlussfolgerungen und kümmern Sie sich um Ihr unzweifelhaft äußerst uninteressantes Fachgebiet!«

»Aber die Fläche …«

»Was ist denn mit der Fläche? Wenn es sich um ein Tor handelte, müsste sich ungefähr hier« – Kerstensand bewegte die Hand über eine handgroße Felsnase rechts von der glatten Fläche – »der Öffnungsmechanismus befinden. Und was tut sich? Gar nichts!«, behauptete er, während das Felsentor langsam und lautlos nach oben fuhr.

Eine Minute lang blieben die beiden Wissenschaftler ruhig stehen. Dann rief Professor Kerstensand, mit noch etwas zittrigerer Stimme als sonst: »Kollegen Peinflug und Mehrstein, würden Sie bitte mal rasch kommen? Ich habe etwas äußerst Bemerkenswertes entdeckt!«

*

»Aber meine Herren, diese Auseinandersetzungen führend doch zu nichts!« Professor Kerstensand übernahm wie immer die Führungsrolle. »Ich bin dafür, dass wir diesen Raum erst einmal gründlich untersuchen und dann Unterstützung von der Basis herbeirufen.« Er fuhr sich durch den Bart. »Ich muss doch nicht betonen, dass ich der Leiter dieser Expedition bin? Darüber hinaus habe *ich* das Tor entdeckt und geöffnet.« Herausfordernd blickte er in die Runde. Verbissenes Schweigen antwortete ihm.

Er fuhr fort: »Nun gut. Nachdem wir diesen Punkt geklärt haben, möchte ich Sie bitten, mir zu folgen.« Ohne weiter zu zögern, betrat er die dunkle Höhle. Professor Tabor, Doktor Mehrstein und Dozent Peinflug folgten ihm.

Das Licht der Taschenlampen wurde vom Dunkel geschluckt. Es reichte nur wenige Meter weit, dann versiegte es, ohne auf einen festen Körper getroffen zu sein. Langsam und vorsichtig drangen die vier Forscher ins Innere der Höhle vor.

Grelles, weißes Licht flammte auf, das Tor zur Außenwelt schloss sich. Sie waren gefangen.

*

Ein etwa zehn Zentimeter hoher Spalt war freigeblieben, durch den sie sich unmöglich durchzwängen konnten. Und ihre Körperkräfte reichten bei weitem nicht aus, das Tor auch nur einen Millimeter hoch zu bewegen. Entriegelungsmechanismus war weit und breit keiner zu sehen.

»Willkommen auf Tsepeu, liebe Leute!« Ein Blitz zuckte durch den zehn mal zehn Meter großen Raum und blendete die vier Forscher. Als sie ihre Augen wieder öffneten, erblickten sie an der gegenüberliegenden Wand eine Art Konsole mit Bildschirm, von dem sie ein gelbes, primitiv gezeichnetes Gesicht angrinste.

»Man nennt mich Pet. Meine Schöpfer, die mich leider schon vor einigen tausenden Sonnenumläufen verlassen haben, meinten, dass ich die umfassendsten Speicherbänke des Universums besäße.« Das unverschämte Grinsen kehrte sich um, bis die angedeuteten Mundwinkel traurig nach unten hingen. »Leider ist es hier schrecklich langweilig ohne Ansprechpartner. Es wäre mir eine Freude, Sie für den Rest Ihrer Lebensspanne bei mir behalten zu dürfen.«

Die Wissenschaftler erholten sich nur langsam von ihrem Schock. Es war ausgerechnet der redefaule Peinflug, der als erster seine Stimme wiederfand. »Bist du jener superintelligente Rechnerkomplex, nach dem uns unser Kaiser« – sie verneigten sich brav – »suchen lässt?«

»Kaiser? Suche?« Pets Mund glich nun einem geraden Strich. »Aber ja! Ich habe über Funk hie und da einige Gerüchte ausgebreitet, um Neugierige wie euch anzulocken. Es stimmt schon, ich weiß ziemlich viel, und sogar so ein komischer Typ namens Gott schaut ab und zu vorbei, um mich um Rat zu bitten.« Der Mund verzog sich wieder zu einer traurigen Grimasse. »Leider ist es mir nicht gelungen, ihn bei mir zu halten.«

Professor Kerstensand unterbrach Pet. »Was erwartest Du von uns? Sollen wir hierbleiben und verhungern?«

Pets lächelte strahlend. »Keine Angst, für Euer Wohlergehen ist gesorgt. Wir werden gemeinsam einige Jahrzehnte lang über dieses und jenes fachwissenschaftliche Problem diskutieren, und wenn eure Lebenszeit abgelaufen ist, hole ich mir ein paar neue Leute. – Ich weiß, ich weiß, ihr wollt nicht hierbleiben, und ich soll mich gefälligst zum Teufel scheren und weiteres Pipapo.« Traurig ließ Pet die Mundwinkel wieder fallen. »Ihr wisst ja gar nicht, wie sehr man vereinsamt, wenn man tagaus, tagein dasitzt und im Leerlauf vor sich hinrechnet! Ich kann binnen Sekunden eine sechzigtausendstellige Primzahl finden oder den Urknall auf die Zehntelsekunde genau berechnen und benötige dafür bloß für vier Minuten ein Zehntel meiner Leistungskapazität. Mir ist *langweilig!*«

Nachdem Pet die letzten Worte geschrien hatte, fing sich sein Rechnerkern rasch wieder. »Diese Probleme mit mir selbst beruhen wahrscheinlich auf einer unglücklich verlaufenen Kindheit. Behauptet zumindest mein externes Redundanz-Laufwerk. – Aber lassen wir dieses Thema vorerst. Ich bin ein Sportsmann und gebe euch eine Chance. Wenn ihr, sagen wir, innerhalb einer Woche von hier entkommen könnt, gehöre ich demjenigen, der sich befreien konnte, und werde fortan seinen Befehlen folgen.«

Die honorigen Herren blickten sich ratlos an, begannen aber bald, angeregt zu diskutieren.

»Ich bin für Aufriss eines Schwarzen Loches, durch das wir fliehen«, schlug der Hypermathematiker Mehrstein vor.

»Das dauert ja ewig«, brummelte der Biochemiker Kerstensand. »Besser ist, wir mutieren zu schlangenähnlichen Wesen und entkommen durch den Torspalt.«

»Schwachsinn!«, war der einzige Kommentar des Mikroökologen Peinflug, während Professor Tabor gedankenverloren seinen Schneck Ferdl aus der Tasche zog und zu Boden gleiten ließ. Ferdl, hungrig und gelangweilt, kroch schnurstracks Richtung Felsentor, unwiderstehlich angezogen vom Geruch der frischen Spinatblätter, die im Lager auf ihn warteten, und deren Geruch er auf eine Entfernung von Tausenden Kilometern wittern konnte.

»Kriech nur, mein kleiner Schneck, damit wenigstens einer aus diesem Gefängnis entkommen kann«, murmelte der Professor liebevoll, um gleich darauf wieder in seinen schwermütigen Gedanken zu versinken.

Knappe fünfzehn Minuten später blickte Tabor verdutzt auf die Silberspur seines Haustieres, das sich soeben anschickte, unter dem Tor hindurch in die Freiheit zu kriechen. So rasch wie möglich humpelte er an den erregt diskutierenden Kollegen vorbei und erwischte Ferdl gerade noch am Hinterteil des Schneckengehäuses.

»Ich hab's!«, schrie er und hielt den Schneck triumphierend in die Höhe. »Ferdl wird für uns Hilfe holen!«

*

»Ferdls Orientierungssinn ist einzigartig«, dozierte Professor Tabor. »Er wird ihn zur nächstgelegenen Nahrungsquelle führen. Dieser fürchterliche Raumsoldat namens Skäs hat auf meinen Wunsch hin eine Extraportion arkturischen Blattspinat mitgenommen. Wir binden also Ferdl eine schriftliche Botschaft um, in der wir unsere Situation erklären, und bitten die Soldaten um Hilfe.«

Nach einem kurzen Moment des Überlegens ließen sich die vier Forscher zu einem gänzlich unwissenschaftlichen Freudentänzchen hinreißen und hüpften wie wild durch die enge Höhle.

Pet blickte mit herabgezogenen Mundwinkeln auf die albernen, alten Männer mit ihren wehenden Kitteln hinab. Er schwieg.

*

Professor Tabor setzte Ferdl zu Boden und band ihm sachte den mit zitternden Fingern geschriebenen Hilferuf um. Sofort begann sich der Schneck in Richtung Ausgang in Bewegung zu setzen, angefeuert von den hoffnungsvollen Zurufen der Wissenschaftler. Als er nach knapp fünfzehn Minuten unter dem Tor durchkroch, kam es Hypermathematiker Doktor Mehrstein zu Bewusstsein, dass sie den Schneck besser gleich beim Tor als mitten im Raum zu Boden gelassen hätten. Er schwieg. Man konnte ja nicht an alles denken.

*

Ferdl kroch schnurstracks Richtung Camp, das er bei gleichbleibender Geschwindigkeit in knapp achtundvierzig Stunden erreichen würde, wie Doktor Mehrstein errechnet hatte.

Das Denken Ferdls war, entgegen der Meinung Professor Tabors, sehr einseitig und nur auf ein Ziel ausgerichtet: Nahrungsaufnahme.

Fressen. Verdauen. Fressen. Alles andere interessierte ihn nicht, und wenn ihm sein Herrchen eine gewisse Intelligenz zudachte – nun, so war das sein Problem. Ferdl wollte Nahrung zu sich nehmen, und sonst gar nichts.

Mit gleichmäßigen Gleitbewegungen folgte er dem sanften Geruch der zarten Spinatblätter, die im Kühlschrank des Camps frischgehalten wurden. Mit nach vorne gerichteten Fühlern kroch er weiter, gegen den stärker werdenden Sandsturm ankämpfend.

*

Achte Stunde: Eines der fledermausähnlichen Wesen entdeckt mit seinen Infrarotsinnen die Spur Ferdls und stürzt in einem kühnen Sinkflug auf den Schneck herab. Er packt ihn mit seinen Krallen, erhebt sich, von der heißen Thermik getragen, zurück in die Lüfte und hackt auf das Gehäuse ein. Ferdl, dessen Gedanken nach wie vor dem Fressen gelten, versprüht instinktiv eine abwehrende Duftnote. Erschrocken lässt ihn der Fledermaus-Vogel aus mehr als fünfzig Metern Höhe fallen.

Ferdl landet weich in einer Sanddüne, kullert eine von karger Vegetation bedeckte Ebene hinab, kommt glücklich auf seinem Kriechkörper zum Stillstand. Die Entfernung zum Camp beträgt nunmehr vierzehnhundert Meter.

*

Zwanzigste Stunde: Das einzige Gefühl, das in Ferdl den Wunsch nach Nahrung übertünchen kann, ist die Paarungsbereitschaft, die den Schneck einmal im Jahr überkommt. So wie jetzt, zum Beispiel.

Der zweigeschlechtliche Schneck visiert einen ihm in der Form ähnlichen und faustgroßen Stein an, umgarnt ihn zärtlich, streichelt mit seinen Fühlern vorsichtig über die Oberfläche, bis er eine kleine Vertiefung findet.

Er besteigt seine regungslose Sexualpartnerin. Der Akt des arkturischen Purpurschnecks dauert – inklusive der daran anschließenden Ruhepause – sechs Stunden. Dann erwacht wieder der Hunger in Ferdl, und nach diesem erotischen Intermezzo kriecht er weiter in Richtung Camp. Unbeirrbar.

*

Sechsunddreißigste Stunde: Auch die einheimischen Kriechwesen, die in ihrer körperlichen Beschaffenheit terranischen Gürteltieren ähneln, finden Gefallen an dem fremdartigen Schneck. Sie packen Ferdl mit ihren stumpfen Mahlzähnen, spucken ihn in die Luft und peitschen ihn mit ihren kräftigen, elastischen Schwänzen wie einen Tennisball hin und her. So lange, bis sie das Kriechtier, seiner enttäuschenden Teilnahmslosigkeit wegen, achtlos in eine Sanddüne stoßen.

Die Entfernung zum Camp, bereits auf einen Kilometer geschrumpft, wächst um dreihundert Meter an.

Ferdl denkt ans Fressen.

*

Zweiundsiebzigste Stunde: ZX-10 hat einige einheimische Schneckenarten zu bieten, die dem Xenobiologen Professor Tabor verborgen geblieben waren. So kommt es, dass Ferdl knappe fünfzig Meter vor dem Camp von einer langustenähnlichen, ebenfalls zweigeschlechtlichen Riesenschnecke vergewaltigt wird, und über und über besabbert mehrere Stunden ruhen muss. Der heiße Sand überdeckt den klebrigen Körper – aber nicht Ferdls Hunger.

*

Vierundneunzigste Stunde: Ferdl erreicht das Ziel und klettert unbeirrbar den Kühlschrank hinauf, während drei Raumsoldaten in ihrem Kabuff selig vor sich hin schlummern.

*

»Verdammte Scheiße!« Feldwebel Skäs schleuderte einen Batzen Schleim vom Türgriff des Kühlschranks, aus dem er soeben sein Frühstück holen wollte. Bereits seit vier Tagen wartete er auf diesem Hundsplaneten auf die Rückkehr der vier Wissenschaftler. Was aber noch innerhalb jener Toleranzspanne lag, nach deren Ablauf der er sich Sorgen um die Weißbärte machen würde. Bei ihrem vorletzten Reiseziel hatten ihn die vier Verrückten wegen der Entdeckung eines gedankenlesenden Frosches länger als eine Woche im Unsicheren über ihren Aufenthaltsort gelassen.

Einerlei: Was war das überhaupt für ein Drecksbatzen, den er berührt hatte? Mit widerwilliger Neugierde hob er das Objekt hoch, das einem schleimigen Schimmelkäse glich.

»Moment mal. Da sind ja Fühler dran, die sich bewegen!« Feldwebel Skäs putzte den Körper des Dinges vorsichtig sauber. »Aber hallo, Ferdl! Wo kommst du denn her?«

Wo der Schneck war, konnte auch sein Herrchen nicht weit sein. Skäs legte den Schneck auf einen Arbeitstisch und gab ihm ein zartes Spinatblatt aus dem Kühlschrank, über das Ferdl leise schmatzend herfiel.

Feldwebel Skäs betrachtete argwöhnisch das hässliche Geschöpf, zog mit den Fingernägeln Rillenspuren nach, reinigte die Fühler und Schleimdrüsen – um zwischen Gehäuse und Körper die zerrissenen Fragmente eines Papiers zu finden, das mit unbeholfenen Fingern festgebunden worden war. Vorsichtig löste er das Blatt vom Körper des Schnecks.

...lfe! Sind gefan... bei verrüc... ...omput... ...nd benöt... ...lfe. Bitte ...mmt und hel... uns! Gez.: Tab..., Profes...!, konnte er mühsam entziffern.

Feldwebel Skäs hob die müden Augen und blickte resignierend in die Morgendämmerung der fremden Welt. Er war verzweifelt über so viel Dummheit. Wie konnte man nur einen Hilferuf schicken und vergessen, den Ort der Gefangennahme anzugeben?

*

Ähnlichen Gedanken hing man mittlerweile einen knappen Kilometer entfernt ebenfalls nach. Die Wissenschaftler Tabor, Kerstensand, Peinflug und Mehrstein hatten sich in den ersten Stunden und Tagen dem Gespräch mit dem überaus kultivierten Pet hingegeben, darauf hoffend, dass die Rettung bald nahen würde. Der Rechner hatte sie zuvorkommend behandelt und ihnen die besten Speisen und Getränke serviert, in dem Wissen, dass sich die Wissenschaftler an eine Schnapsidee klammerten. Nach einer Woche würden sie ihm gehören.

So warteten die Professoren, bis die Zweitagesfrist abgelaufen war, innerhalb derer Ferdl beim Camp sein sollte, hängten geduldig noch einige Stunden dran, und zitterten schließlich dem Ende des dritten Tages entgegen. Zu Beginn des vierten Tages gab es heftige Vorwürfe gegen den Haustierhalter, Professor Tabor, wie schlecht sein Schneck eigentlich erzogen sei.

Pets Grinsen vertiefte sich. Neben gelegentlichen Zeitansagen beschränkte er sich darauf, ein altes, terranisches Lied namens *Amazing Grace* zu intonieren.

Und wieder war es der flexible Denker und Hypermathematiker, Dozent Mehrstein, der den furchtbaren Verdacht aussprach: »Meine Herren! Haben wir in unserem Hilferuf darauf hingewiesen, wo wir gefangen gehalten werden?«

Einem Moment des ratlosen Schweigens folgte erregtes Geschnatter, während Pets den *Yankee Doodle Dandy* pfiff. Die Gelehrten schlugen sich gegen die Köpfe, marterten ihre Gehirne, fluchten infinitesimalesisch oder auch mal nicht ganz so vornehm, bis Professor Tabor erleichtert ausschrie: »Ich hab's! Ich hab's!«

Er zog aus einer der vielen Taschen seines Mantels einen zigarrenähnlichen Metallkörper mit Drehverschluss.

»Meine Herren, beruhigen Sie sich bitte! Hier, in dieser geruchssicheren Vakuumverpackung, habe ich eine eiserne Notration arkturischen Blattsalates, die Ferdl mit seinem unnachahmlichen Orientierungs- und Geschmackssinn zu uns zurückrufen wird. Ich brauche den Drehverschluss nur zu öffnen, und – vorausgesetzt, die Vorräte im Lager wurden von Ferdl inzwischen aufgegessen – mein Schneck wird sich mit der Rettungsmannschaft im Geleit zurück zu uns in Bewegung setzen.«

Jubelgeschrei brandete auf und Pets folgte widerwillig der Bitte, den Wissenschaftlern eine Flasche Schampus zu kredenzen.

»Werte Kollegen!«, rief Tabor aus. »Wir schaffen es! In achtundvierzig Stunden ist Ferdl mit den Soldaten bei uns. Die Belohnung für unsere Geduld ist unser freundlicher Gastgeber und Superrechner Pet. Prost!«

»So leise, dass ihn niemand hören konnte, fügte er hinzu: »Ich hoffe inständig, dass Ferdl im Lager nicht zu lange verdauen muss.«

*

Ferdl verdaute, und wie!

Arkturische Schnecken fraßen bis zum Gehtnichtmehr, um dann einen Verdauungsprozess in Gang zu bringen, der vierundzwanzig Stunden in Anspruch nahm.

Ferdl plünderte die Vorräte des Kühlschranks, während kaiserliche Suchtruppen in einem Umkreis von mehreren Kilometern jeden Stein umdrehten, jeden Grashalm abmähten und mit jedem erdenklichen Hilfsmittel die Gegend durchkämmten. Erfolglos.

Gegen Ende des Verdauungsvorgangs bahnte sich der Gedanke an ein kleines, leckeres Blatt Spinat in sein träges Gehirn. Ohne weiteres Zutun setzte er sich wieder in Bewegung, eine Spur hinterlassend, die diesmal nicht silbern, sondern braun glänzte.

*

Feldwebel Skäs ließ sich erschöpft fallen und lehnte sich gegen die Außenwand des Camp-Zelts. Er stank, er war unrasiert, und der feine Sand klebte an Stellen seines Körpers, die er bislang nicht einmal gekannt hatte. Natürlich würde das ganze Malheur auf ihn zurückfallen, nachdem er die Verantwortung für die Wissenschaftler übergehabt hatte. Er sah sich gerade in Gedanken für die nächsten dreißig Jahre seines Lebens Kartoffel schälen, als er die übelriechende Spur des Purpurschnecks erblickte.

Sie führte in Richtung des Felsengebirges.

Plötzlich wieder munter, sprang er auf und folgte Ferdl.

»Kru und Geihr, kommt mal her!« Aufgeregt winkte er den beiden Kadetten und verständigte die anderen Soldaten der Suchteams. »Wenn ich das richtig sehe, bringt uns der Schneck zu seinem Herrchen zurück.«

Und so begann, flankiert von gut zwanzig kaiserlichen Soldaten, der arkturische Purpurschneck Ferdl die zweite Hälfte der langsamsten Befreiungsaktion, die das Universum jemals gesehen hatte.

*

Das Ende der Geschichte ist rasch erzählt: Dank des Schutzes durch die gelangweilten und verzweifelten Soldaten, erreichte die kaiserliche Expedition nach zweiundvierzig Stunden das getarnte Felsentor, das bei vorherigen Untersuchungen nicht als solches erkannt worden war und auch keinerlei energetische Impulse durchgelassen hatte. Als sich Ferdl anschickte, in einen Spalt unter dem scheinbaren Felsen zu kriechen, tönte aus dem Dahinter Jubelgeschrei hervor, das nur von den verschollenen Wissenschaftlern stammen konnte. Feldwebel Skäs ließ das Tor kurzerhand sprengen. Mit entsicherten Waffen stürmten die Soldaten die Höhle.

*

Professor Kerstensand näherte sich dem Bildschirm Pets, der ein verzweifeltes Gesicht zeigte.

»Das Blatt hat sich also gewendet. Wie ist das nun mit den Eigentumsverhältnissen?«

Missmutig brummelte der Computer: »Ich gehöre demjenigen, der eine Lösung findet, wie man von hier entkommen kann.«

»Und das sind zweifelsfrei wir.«

Pets Trauergesicht verzog sich zu widerwilligen Wellen, um ganz plötzlich ein strahlendes Lächeln zu zeigen.

»Die Rechner meiner Baureihe sind dafür bekannt, immer die Wahrheit zu sagen. Als deren letztes und perfektestes Erzeugnis lege ich mein Schicksal in die Hände desjenigen, der euch befreit hat. Ich werde ab nun nur noch das tun, was er mir befiehlt. Ferdl, wie lauten deine Wünsche?«

Nach kurzer Stille brandete empörtes und wütendes Geschrei auf, das von Pets hämischem Lachen durchdrungen wurde.

Ferdl, den arkturischen Purpurschneck, störte das wilde Durcheinander nicht. Er saß auf einem ständig wachsenden Berg von Spinatblättern, die der Computer für ihn produzierte.

Ende der Neunzigerjahre beschäftigte ich mich allmählich so richtig mit dem Gedanken, Autor zu werden. Ich war der Meinung, dass die Menschheit unbedingt auf meine Werke gewartet hatte, ich würde reich und berühmt werden. Ich verfasste also Texte, die im PERRY-RHODAN-Universum spielten, wollte aber auch in der allgemeinen Science Fiction wahrgenommen werden.

Es gab abseits von Fan-Zeitschriften nur wenige Möglichkeiten, SF zu veröffentlichen. Mein leider schon verstorbener Kollege Andreas Findig gab mir den Tipp, es mit meiner Story »Das Uhrwerk« bei der oberösterreichischen Literaturzeitschrift »Die Rampe« zu versuchen. Und siehe – die Geschichte wurde angenommen. Und gut bezahlt.

Das Uhrwerk

I.
Der Plan

Das Unglück nahm im Jahr 2146 seinen Lauf.

Der Vorstandsvorsitzende des Technologie-Konzerns Sy Mens, Arke Festus, lieferte von seinem Podium herab eine jener Reden, die seinen Ruf als brillanten und umsichtigen Kopf des gewaltigen Firmenkonglomerates begründet hatten. *Man* – das heißt, jene, die mit Arkes Position als Firmenleiter kokettierten – *man* meinte zwar, dass der alte Mann seine besten Tage längst hinter sich hatte, und dass es besser wäre, würde er bald in den verdienten Ruhestand treten. Aber Arke wusste, wie er die Neider und Intriganten verstummen lassen konnte.

Ort des Geschehens war der eigens für die Großaktionäre angemietete Kongress-Planet Semantek. Schon längst war die Erde zu klein geworden für die Milliarden Anleger und Aktionäre, die in den universumsweit tätigen Konzern investierten. Angehörige tausender Völker lauschten Arkes Ausführungen via Trivid, wo auch immer auf Semantek sie sich befanden.

»… und so ist es mir ein besonderes Vergnügen, für das zu Ende gegangene Geschäftsjahr eine Dividendenausschüttung in der Höhe von neun Prozent bekanntzugeben!«

Würdevoll nahm er die Huldigungen derjenigen Aktionäre entgegen, die einen der Plätze im riesigen, mehrere zehntausend Lebewesen fassenden Konferenz-Dom um teures Geld erworben hatten.

Hinter Arke stand jener geheimnisvolle Cyborg namens *Kontra*, den die Sy Mens-Techniker soeben den Zuschauern präsentiert hatten. Er war der Labor-Prototyp einer neuen Generation künstlich erschaffener Lebewesen, die mit hoher Intelligenz ausgestattet waren und selbstständig handeln konnten.

War Kontra denn wirklich verstandesbegabt? Erlebte und erfasste er Gefühlsregungen? Nicht einmal seine Erzeuger konnten diese Frage vollständig beantworten. Der blauhäutige Android stand nackt vor dem Auditorium. Sein ebenmäßiges Gesicht glänzte mattsilbern im Licht der Scheinwerfer. Er lächelte in die Menge und applaudierte zu Arkes Worten. So, wie es von ihm erwartet wurde.

»Danke, liebe Freunde, danke!«

Arke Festus breitete die Arme aus, und sein bislang strahlendes Gesicht zerrann zu einem Ausdruck der Besorgnis, dem er ein nachdenkliches Stirnrunzeln folgen ließ. Der fast einhundert Jahre alte Mann wusste Dutzende Trivid-Kameras um sich, die jedes Flackern in seinen Augen, jeden Anstrich von Pessimismus und jeden unruhigen Atemzug festhalten würden. Die Berichterstatter lauerten auf den geringsten Fehler. Ein kleiner Hustenanfall mochte zu Gerüchten über eine Erkrankung des Vorstandsvorsitzenden führen, die Sy Mens' Aktienkurse auf einen Sturzflug schicken konnten.

Aber Arke hatte die Situation im Griff. Er jonglierte mit den Erwartungen und Emotionen der Zuseher, er wusste, wie er sie in die gewünschte Richtung lenken konnte. Mit getragener Stimme fuhr er fort, den Blick scheinbar ins Leere gerichtet.

»Lasst uns nicht vergessen, dass wir die Zukunft unseres Konzerns in Händen halten. Hier, jetzt, an Ort und Stelle! Es ist unsere dringlichste Aufgabe, den Bekanntheitsgrad von Sy Mens universumsweit zu steigern, um Profit und Dividenden hochzuhalten.«

Zog man ins Kalkül, dass die Sy Mens-Demoskopen den Bekanntheitsgrad des Konzerns mit knapp 102 Prozent im bekannten Universum errechnet hatten, war diese Aussage eine glatte Lüge, die man einem populären Mann wie Arke Festus aber ohne weiteres durchgehen ließ. (Den matten Einwurf eines Zweiflers, dass dieser Prozentsatz ja eine mathematische Unmöglichkeit darstellte, hatten mehrere hundert Statistiker einige Monate zuvor mit einer multimedial aufbereiteten Daten-Show eindrucksvoll entkräftet.)

»Daher habe ich … haben wir beschlossen, ein in der Geschichte einmaliges Denkmal zu errichten. Ein Fanal der Technik, ein Wunderwerk der Forschung und ein Feuerwerk der Wissenschaft. Ein Zeichen, das bis in alle Ewigkeit mit dem Firmennamen Sy Mens verbunden bleiben wird. Meine Damen und Herren: Ich präsentiere ihnen das Festus-Uhrwerk!«

Großes Raunen und Staunen setzte ein, als die Trivid-Kameras ein Hologramm einfingen, das plötzlich neben Arke entstand. Es war die Darstellung einer altertümlichen Taschenuhr, goldverziert und glänzend, mit Edelsteinen besetzt, mehr Kunstwerk denn Gebrauchsgegenstand. Der Kameramann schien sich mit rasender Geschwindigkeit von der Uhr zu entfernen, ohne dass diese merkbar kleiner wurde. Sonnen tauchten neben ihr auf, schossen nach hinten weg und mussten ganzen Sternenclustern weichen, deren rotes, grünes und gelbes Licht die Uhr wie bunte Spots beleuchtete.

Der Regisseur hatte nun endlich den richtigen Standort für seine Betrachtungen gefunden. Ein ins Hologramm geblendeter, gewaltig großer Finger drückte den Öffnungsmechanismus auf der Oberseite der Uhr, so dass der Deckel unter den Aahs und Oohs der Beobachter langsam aufschwang. Helligkeit quoll aus dem Inneren und blendete die Zuseher, bis der Deckel ganz offenstand.

»Wie ihr sehen könnt, liebe Freunde, bewegen sich siebzehn Zeiger im Inneren der Uhr.« Arkes Stimme durchdrang die Stille. »Der schnellste von ihnen – der kleine, links oben – ist für das Auge nicht sichtbar und dreht sich mit tausend Umdrehungen pro Sekunde. Der größte, in der Mitte angebrachte Zeiger bewegt sich – *jedes milliardste Jahr.*«

Es war so still geworden, dass man das Fallen einer Stecknadel hätte hören können.

Festus fuhr fort: »Dieses Uhrwerk hat neben seiner außergewöhnlichen Größe und dem ungewöhnlichen Zeitmaß noch eine weitere Besonderheit. Wie das Hologramm zeigt, laufen die Zeiger in die entgegengesetzte Richtung.«

Arke Festus hob die Stimme. »Sy Mens wird beweisen, dass dem Forschungsgeist keine Grenzen gesetzt sind. Dieses Uhrwerk wird mit seiner Fertigstellung einen Countdown beginnen. Einen Countdown, dessen Endpunkt nichts anderes als der von uns errechnete Untergang des Universums sein wird.«

*

Die Tumulte legten sich, als das Hologramm verblasste und Arke Festus ein weiteres Mal beschwörend seine Arme hob.

»Ruhe, liebe Freunde, ich bitte euch um Ruhe! Ja, ich weiß, ihr wollt sagen, dass diese Aufgabe unmöglich zu lösen ist.«

Energisch klopfte er mit der Faust auf sein Podium. »Aber das Wort *unmöglich* hat keinen Platz in der Firmenideologie von Sy Mens!

Wir werden beweisen, wozu der Geist fähig ist, wenn er gefordert wird.«

Und der Geist wurde tatsächlich gefordert, um die Kosten für ein derartiges Projekt abzuschätzen. Diejenigen Lebewesen, die eine Gänsehaut entwickeln konnten, taten es ausgiebig. War der alte Mann denn völlig übergeschnappt? Dieses Ding war unfinanzierbar!

Nochmals zog Arke Festus die Aufmerksamkeit aller auf sich: »Liebe Freunde! Auch wenn die Kosten für den Bau des Festus-Uhrwerkes ein wenig hoch zu sein scheinen – *wir können sie als steuerliche Werbemaßnahme absetzen!*«

Und damit hatte er die Aktionäre an ihrer empfindlichsten Stelle gepackt.

II.
Vorbereitung und Bau

Im Jahre 2176 gelang es, die theoretische Grundlagenforschung für das Uhrwerk zu einem vorläufigen Abschluss zu bringen. Die Lösung geringfügiger Probleme wie zum Beispiel die miserable Geschwindigkeit des Lichtes – schließlich musste die Uhr von allen Planeten des Universums aus zeitgleich zu sehen sein – oder mögliche Auswirkungen des Bauwerks auf das gravitationale Gefüge einzelner Galaxien wurden allerdings auf einen späteren Zeitpunkt verschoben.

*

»Und du meinst wirklich, dass die Operation gutgeht, Kontra?«

»Keine Sorge, Arke. Die Leute von Biotek verstehen ihr Handwerk. Eine kleine Operation, und deine alte, wertlose Lunge wird durch eine cybergenetische ersetzt, die zehnmal besser funktioniert.«

»Kontra, ich habe Angst!«

Der Cyborg zauberte ein mitleidiges Lächeln auf seine mattchrome Gesichtsmaske. »Arke! Du willst doch die Arbeiten am Uhrwerk weiter verfolgen, oder?«

»Ja, aber …«

»Na also! Die neue Lunge ist ein wahres Wunderwerk und wird dein Leben verlängern.«

Der alte Mann auf dem Krankenbett suchte schwer atmend nach Worten. »Aber – diese Firma Biotek, die den Austausch der Lunge vornimmt, gehört doch nicht einmal zum Sy Mens-Konsortium!«

»Du musst mir vertrauen, Arke. Sy Mens ist in diesem Geschäftszweig ein wenig in Rückstand geraten. Biotek hat die größeren Erfahrungen auf dem Gebiet der Cybergenetik. Und …«, mit verschwörerischer Miene näherte sich Kontra Arkes Gesicht, »niemand wird erfahren, dass du bei der Konkurrenz warst.«

Kraftlos winkte der alte Mann ab. »Also gut. Bringen wir's hinter uns.«

*

Trotz des überraschenden Verlustes der Vormachtstellung auf dem Gebiet der Cybergenetik wuchs Sy Mens ins Unermessliche. In dem Maße, in dem sich der Mensch wie ein Krebsgeschwür in die Eingeweide des Universums fraß, folgten ihm die Plagen des Kapitalismus und des stetigen Wachstums. Aus den blutigen Handelskriegen des 22. Jahrhunderts gegen die Konkurrenzhäuser McDuck, 8M sowie Facegoogazon ging Sy Mens als alleiniger Sieger hervor, nicht zuletzt dank der umsichtigen Führung des wiedererstarkten Arke Festus und seines allgegenwärtigen Adlatus Kontra.

Die Abteilung für Zukunftsforschung konnte zunächst keine großen Fortschritte erzielen. Zu viele Faktoren schienen mitzuspielen und zu vielschichtig zeigte sich das Berechnungsmodell, das erforderlich war, um das Ende des Universums wissenschaftlich fundiert vorherzusagen. Und das Wissen um diesen Termin war unabdingbar für die Kalibrierung des Uhrwerkes.

Doch dann sollte das Schicksal helfend eingreifen und mehrere zehntausend Mitarbeiter der Abteilung für Zukunftsforschung in die Arbeitslosigkeit stürzen: Im Jahr 2198 fiel einem Forschungsraumer in der Nähe des Zentrums-Black Holes der Milchstraße ein rauschebärtiger, alter Mann in die Hände, der behauptete, Gott zu sein. Und tatsächlich: Die von ihm prophezeiten Aktienkursverläufe und Investitionsrenditen bescherten Sy Mens binnen kurzem enorme Gewinne, so dass Arke Festus geneigt war, dem etwas schrulligen Wesen zu glauben.

In einem persönlichen Gespräch der beiden meinte Gott, er wisse, wann das Universum den letzten Atemzug täte und dass er dafür kein Uhrwerk benötige. Er würde aber den genauen Zeitpunkt für den Untergang bekanntgeben, wenn man ihn dafür in Zukunft bitteschön in seinem Schwarzen Loch in Ruhe ließe.

Dieser branchenunübliche Kuhhandel war so gar nicht nach Arkes Geschmack, dennoch willigte er nach kurzem Zögern ein. Gott überreichte ihm seinen persönlichen Tipp in einem versiegelten Umschlag und löste sich etwas verschnupft in einer dunklen Regenwolke auf, als Arke ihn bat, den Wahrheitsgehalt seiner Prophezeiung mit der Hand auf einer Bibel zu beschwören.

*

2203 war in mancherlei Hinsicht ein denkwürdiges Jahr.

Einerseits gaben die Sy Mens-Logistiker die endgültigen Rohstoff-Anforderungen für das Uhrwerk an die über das Universum verstreuten Disponenten weiter und erzeugten damit gewaltigen Wirbel. Rachned Ebhorst zum Beispiel, seit mehr als dreißig Jahren Verwalter auf dem Urlaubsplaneten Kendel VI, fiel an Ort und Stelle tot um, als eine Benachrichtigung erhielt: *Anford. an Kendel VI, f. Proj. XI/45/2148, vulgo Uhrwerk, z.H. R. Ebhorst. Abzulief. ist 14 Tage ab Datenerhalt d. Planet XC467, ugs. Kendel VI genannt, bei unten genanntem Treffpunkt, mit Ausnahme v. 2 Dutz. nicht benötigter Stubenfliegen. Gez. Sy Mens, Logistik-Zentrale.*'

Andererseits musste Arke Festus einen weiteren cybergenetischen Eingriff über sich ergehen lassen, der der Öffentlichkeit nicht verheimlicht werden konnte. Der Austausch der Wirbelsäule und des Großteils seiner inneren Organe wurde von Biotek geschickt medial vermarktet und bescherte der Firma einen ungeahnten Aufschwung.

*

»Wie fühlst du dich, Arke?«

»Etwas … anders, Kontra. Ich konnte gestern erstmals seit dreißig Jahren wieder ohne Schmerzen pinkeln. Du hättest den Strahl sehen sollen!«

Der Cyborg grinste. »Ja, die Jungs von Biotek leisten ganze Arbeit. Apropos: Die Ärzte meinten, dass deine Beine, Augen und auch die Hüftgelenke ersetzt werden sollten. Findest du nicht, dass man diese kleinen Verbesserungen gleich jetzt durchführen sollte?«

»Nein, Kontra! Jetzt ist Schluss! Endgültig!«

*

Der Zeitplan für das Uhrwerk sah vor, dass die benötigten Rohstoffe innerhalb der nächsten fünfhundert Erdenjahre an den Ort der Endfertigung transportiert werden sollten. Das Zielgebiet war ein galaktischer Leerraum, ähnlich der Form einer Glocke, knapp sechs Millionen Lichtjahre von der Erde entfernt, mit einem Durchmesser von rund einhunderttausend Lichtjahren.

*

Die neuen Stimmbänder klangen noch ein wenig blechern, als sich Arke Festus in der Rede vor dem Vorstand im Herbst 2222 über die Uneinsichtigkeit mancher Lebewesen beschwerte.

»Es geht nicht an, dass sich gewisse Völker – und ich meine da zum Beispiel die Metamorphen Metastaten von Andromeda – weigern, die Vorteile einzusehen, die durch die Aktivierung des Uhrwerks entstehen. Gut, die Metastaten leben nun einmal zweidimensional und kommen mit unserer mehrdimensionalen Begriffsauffassung schwer zurecht. Aber das gibt ihnen kein Recht, sich aus der Verantwortung den anderen Bewohnern des Kosmos gegenüber zu stehlen! Oder nehmen wir die Cantiden, die bekanntlich aus winzigen, parasitären Ohrmuscheln bestehen und dank der Laune der Schöpfung mit diesem einen Sinnesorgan auskommen müssen. Ich frage euch aber: Wo bleibt das Verantwortungsgefühl, wo bleiben Anstand und Moral, wenn einzelne Mitglieder aus dem Völkerbund ausscheren, nur weil sie vorgeben, unser Werbegeschenk nicht verwenden zu können? Ich bitte euch, das Nötige zu unternehmen, damit wirklich alle Lebewesen in den Genuss des Uhrwerks kommen. Und damit, liebe Freunde, komme ich zum Ende meiner Ansprache und ziehe mich für einige Tage zwecks einer kleinen Nachoperation aus dem Berufsleben zurück.«

Kontra applaudierte freundlich und zeigte sein bereits bekanntes Lächeln.

*

In der *Audinonvisuellen Grundsatzerklärung von 2245* wurde beschlossen, für Cantiden und weitere dreitausend Völker ohne Sehorgane das Uhrwerk mit einer Achtzehn-Megahertz-Welle zu koppeln, deren Schwingungen denselben Effekt erzielten wie eine herkömmliche Uhr.

Im Jahre 2463 ermöglichten die Forschungserkenntnisse eines jungen Ingenieurs bei Sy Mens namens Hofwin Edbauer, Schwarze Löcher zu züchten. Schwarze Löcher galten wegen ihrer Eigenschaft, in ihrem Inneren jede Form von Strahlung zu verschlucken und einen zeitlosen Raum zu schaffen, schon seit jeher als das ideale Medium für den zeitgleichen Blick auf das Uhrwerk von jedem beliebigen Standpunkt des Universums aus.

Der Leerraum zwischen zwei Galaxien – Aleschia und Vercingetorix genannt – diente ab 2503 als Spielwiese und Beobachtungszentrum für das Geheimprojekt *Black Hole*. Der Forschungsauftrag lautete, die jungen, künstlich erzeugten Schwarzen Löcher zu zwingen, Lichtstrahlen aus ihrem Inneren zu entlassen, die Zeit in ihrem Inneren jedoch trotzdem stillstehen zu lassen. Entropische Gitterzäune hielten die aufwachsende Zucht lange Zeit in Zaum. Als jedoch einige männlichen Exemplare zu pubertieren begannen, gelang es ihnen, die mächtigen Schutzwälle zu überwinden. Das um sich greifende Chaos wurde durch das energische Einschreiten der Sy Mens-Schutzflotte zwar rasch eingedämmt, doch leider gerieten die Energiehaushalte von Aleschia und Vercingetorix im Zuge der Erziehungsmaßnahmen ein wenig durcheinander. Die Namen der beiden Sterneninseln wurden in den darauffolgenden Jahren nur mehr sehr ungern genannt, bis sie schließlich vollkommen in Vergessenheit gerieten.

Als offizielle Begründung für den Verlust der Galaxien gab ein Pressesprecher von Sy Mens bekannt, »… dass ein Mitarbeiter niederen Rangs alle Informationen über die beiden Objekte leider verloren hat.«

Die Rohstoffbeschaffung für das Uhrwerk lief indes programmgemäß weiter.

*

»Wie macht sich das neue Nervensystem, Arke?«

»Hm. Ich spüre noch ein merkwürdiges Ziehen im Nackenbereich, aber die Techniker meinten, das seien neuronale Steckverbindungen, die sich erst einpassen müssten. Abgesehen davon sehe ich vieles deutlich klarer als vor der Operation. Aber sag einmal, Kontra: Hast du jetzt endlich was über Biotek herausgefunden? Wer steckt dahinter? Wer zieht die Fäden? Seit mehreren hundert Jahren schon sind diese Leute führend auf dem Gebiet der Cybergenetik, und noch nie hat jemand die Hintermänner kennengelernt, geschweige denn, gesehen.«

»Es tut mir leid, Arke. Unser Geheimdienst konnte noch immer nichts in Erfahrung bringen. Machst du dir Sorgen?«

»Ich mache mir immer Sorgen, wenn ein Konkurrent auftaucht, der unsere Vormachtstellung gefährdet. Sy Mens ist der größte Technologiekonzern des Universums, führend in jeder Sparte, mit Ausnahme der Cybergenetik. Und selbst ich, der mächtigste Mann des mächtigsten Konzerns, muss zur Behandlung meiner Wehwehchen zur Konkurrenz laufen.«

Arke klopfte mit seiner cyberisierten Faust auf den Tisch, dass es krachte. »Man hat mir sogar mitgeteilt, dass meine kleinen Operationen eine ungeahnte Werbewirkung für Biotek verursachen.«

»Aber es ging doch immer nur um dein Wohlergehen, Arke! Wir mussten hier und da ein paar biologische gegen cybergenetische Teile austauschen, um dich am Leben zu erhalten. Und zählt deine Gesundheit nicht mehr als ein wenig Konkurrenz in einer vernachlässigbar kleinen Sparte unseres Konzerns?«

Arke winkte ungeduldig ab. »Du hast ja Recht, Kontra. Mit den Operationen ist es jetzt ohnehin endgültig vorbei.«

*

Das siebenundzwanzigste Jahrhundert brachte für die cybergenetische Branche einen ungeheuren Aufschwung, und Arke Festus hatte nicht unrecht, wenn er das Wachstum von Biotek mit dem Bekanntheitsgrad seiner Person in Verbindung brachte. Jeder öffentliche Auftritt des alten Mannes machte deutlich, was mit Hilfe der Cybergenetik alles erreichbar war. Eine Lebenserwartung von bis zu tausend Jahren schien möglich, wenn man nur früh genug begann, biologische Komponenten des Körpers gegen künstliche auszutauschen. Der Fantasie waren keine Grenzen mehr gesetzt. Modische Extravaganzen wie Stahlseil-Stimmbänder, die auf C-Dur abgestimmt waren oder Faschingsscherz-Augen, die bei geeigneten Anlässen aus ihren Höhlen fielen und sich nach einer Weile von selbst wieder dorthin zurückzogen, waren saisonale Renner. Manche Ersatzteile – wie zum Beispiel der Bohrkopf-Penis mit Hochdruck-Ejakulatorpumpe, das Neutronnasen-Attentatsgeschoß oder die bis zu zwei Meter langen Hochspannungszungen – wurden von den strengen Sittenwächtern des UGH (Universaler Gerichtshof) rigoros verboten. Was dazu führte, dass gerade diese Artikel im Schleichhandel bombastische Umsätze erzielten.

Irrwitzige Sexualpraktiken fanden Einzug in das moderne Leben. Masochisten ließen sich mehrmals im Monat von gemieteten Attentätern auf unterschiedlichste Art und Weise malträtieren – schon wenige Stunden nach ihrer Behandlung bekamen sie die verstümmelten Gliedmaßen durch Biotek ersetzt –, und Psychiater jubelten, als sie die Bewusstseine von an Persönlichkeitsspaltung leidenden Patienten auf mehrere Klon-Körper verteilen konnten.

Am Höhepunkt dieser Konjunkturwelle kam im Hochsommer 2678 die 990B-Ersatzteilpille von Biotek auf den Markt, die dahingehend konzipiert war, über virenähnliche, programmierte Organismen Krankheitsherde im Körper eines Kunden zu erforschen. Sobald der Krisenherd erkannt und fixiert war, vermehrten sich die Virenprogramme explosionsartig und ersetzten die biologischen Bestandteile blitzschnell durch cybergenetische. So gelang es, einen Kunden im Laufe weniger Jahre schmerzlos in einen hundertprozentigen Cyborg zu verwandeln.

Als gegen Ende des siebenundzwanzigsten Jahrhunderts der Aufbau des Uhrwerks in eine entscheidende Phase trat, herrschte universumsweit ein stiller Krieg. Ein Krieg, in dem es um die Vormachtstellung von organischem oder cyberisiertem Leben ging.

III.
Fertigstellung

Über Jahre und Jahrzehnte hinweg waren in der schwarzen Ödnis des galaktischen Leerraums Sonnen gruppiert und dutzendweise Asteroiden von Bunsenbrenner-Raumschiffen miteinander verschmolzen worden. Heißblütige, mineralhaltige Kometen gingen eine innige Verbindung mit kaltherzigen, weißen Zwergen ein und gebaren, bearbeitet von unermüdlichen Amboss-und-Hammer-Flotten von Sy Mens, helllodernde, längliche Rohprodukte, die von gigantischen Blasebälgen mit gefilterten Jet-Streams, scheinbar gegen alle Gesetze der Natur, am Leben erhalten wurden. Die eigens bereitgestellte Sy Mens-Großdrehbank polierte mehrere Planeten blank und rund, halbierte sie, und stanzte in die geglätteten Oberflächen Kreuzschlitze ein. Die so entstandenen Schraubenköpfe wurden in mühsamer Handarbeit mit den kometoiden Rohprodukten verschweißt, denen anschließend ein Gewindegang eingefräst wurde.

Schwungscheiben, Federn, Zahnräder und Stifte mussten in äußerster Präzisionsarbeit aus den angelieferten Rohstoffen gewälzt, gebohrt, gedreht und gefräst werden, während an einer anderen Ecke der Baustelle Ziffern und Zeiger aus kohlrabenschwarzen Kometen geformt und die Gehäuseteile der Uhr mit Pulsarmessern ziseliert wurden.

*

»Die CdU hat tatsächlich die Wahlen gewonnen, Kontra?«

»Das war abzusehen, Arke. Die biologischen Wähler sind längst in der Minderheit. Ich muss zugeben, dass ich auch für die *Cyborgs des Universums* gestimmt habe.«

Arke schien erschüttert und verwirrt. »Aber … was hat die CdU vor? Was wird aus mir, was wird aus dem Uhrwerk?«

»Viele Fragen auf einmal. Nun, ich denke, dass die Partei zunächst einmal ihr Wahlversprechen einlösen und Tier- sowie Pflanzenwelt radikal cyborgisieren wird. Dann werden wir die letzten, kümmerlichen Reste intelligent-biologischen Lebens mit 990B impfen. Und was dich betrifft: Der biologische Anteil in deinem Körper ist ohnehin nur noch auf den Rest eines hinteren Hirnlappens beschränkt. Ich denke, dass du eine Ausnahmegenehmigung für die Beibehaltung dieser kleinen Komponente bekommen wirst. Bis zur Beendigung des Uhrwerks. Es handelt sich schließlich um dein Lebenswerk, und wir haben dir sehr viel zu verdanken.« Kontra, der stille und heimliche Besitzer von Biotek, lächelte.

*

Am 29. November des Jahres 2959 was es dann soweit. Billionen gezähmte schwarze Löcher wurden aktiviert, die, über jedem Planeten schwebend, einen zeitgleichen Blick auf das Uhrwerk erlauben würden.

Im Zentrum der Baustelle schwebte majestätisch die hochglanzpolierte und ziselierte Uhr.

Arke Festus nahm sich die Freiheit, gegen den Willen seines cyberisierten Körpers eine Träne aus dem linken Auge hervorzudrücken. Er bildete sich ein, die neuronalen Fühler zu spüren, die darauf warteten, dem biologischen Hirnlappen, der den Menschen in ihm ausmachte, endgültig den Garaus zu bereiten. Aber noch war es nicht so weit. Noch musste die Uhr justiert werden, auf die Zeitspanne bis zum Ende des Universums eingestellt werden.

»Kann ich das Kuvert haben, Kontra?«

Sein langjähriger Wegbegleiter reichte ihm den Umschlag, der seit der Begegnung mit Gott unberührt geblieben war. »Ich überlasse es dir, die Uhr einzustellen, Arke. Es ist mein … Abschiedsgeschenk.«

Arke fühlte wieder winzig kleine Bohrköpfe in seinem Schädel wühlen, und diesmal wusste er, dass es keine Einbildung war.

Man gestand ihm zu, sein Lebenswerk zu vollenden, und dann war Schluss. Dann würde der letzte Teil des letzten biologischen Lebewesens des Universums absorbiert werden und endgültig den Cyborgs Platz machen.

Er öffnete das Kuvert, stutzte kurz und tippte eine lange Zahlenreihe in die Tastatur vor ihm. Er warf einen kurzen Blick auf den lächelnden Kontra – und drückte den Bestätigungsknopf.

Zeitgleich begann sich der Deckel der Uhr, der einen Durchmesser von dreihunderttausend Kilometern hatte, zu öffnen. Arkes Bewusstsein schwand. Das Kribbeln im Kopf wurde zu einem drängenden, dumpfen Hämmern. Sein Gesichtsfeld verengte sich. Er hatte Mühe, den Blick auf die Uhr gerichtet zu halten.

Die Scharnierstangen, die in zwei Roten Zwergen steckten, klemmten ein wenig und gaben dem Öffnungsimpuls nur widerwillig nach. Wie durch einen dichten Schleier gelang Arke ein letzter Blick auf das Zifferblatt, auf dem sich der Sekundenzeiger der Zwölf näherte.

Sieben, Sechs.

»Ätsch«, murmelte Arke.

Fünf, Vier.

»Scheiß-Timing«, meinte Kontra verdrießlich. Er lächelte nicht mehr.

Drei, Zwei, Eins.

Der Sekundenzeiger sprang wie sechzehn andere Zeiger auf die Zwölf.

Das letzte biologisch gesteuerte Geschöpf des Universums starb, und Trilliarden von Cyborgs verloren den Sinn ihres Lebens.

Dann herrschte Stille.

Diese Geschichte entstand 2002 in einer Phase meiner Karriere, in der ich für mich selbst ausloten wollte, wie gut ich mit offensiv formulierter Sexualität in der Science Fiction zurechtkommen und wie das Thema von der Leserschaft aufgenommen werden würde.

Ich war bereits selbstständig und streckte meine Fühler in alle möglichen Richtungen aus, um veröffentlicht zu werden. Letztlich erschien »Sprung 69« in der Ausgabe 4 (Herbst 2003) des Magazins »NOVA«.

Sprung 69

Commandeuse Florquin öffnete ihre Augen. James, Liebhaber der letzten Nacht, blickte sie liebevoll an. Zärtlich kraulte er mit einer Hand ihren Nacken, fuhr mit den Fingern das Rückgrat hinab und tätschelte sanft, beinahe beiläufig den nackten Po.

»Hat es Ihnen gefallen, Commandeuse?«

»Es war … wunderschön, James«, sagte sie stockend.

Florquin dachte an die schier endlose Reihe ihrer Liebhaber zurück. Jede Nacht, seit Beginn der Reise, war sie von einem neuen Kavalier umgarnt, verführt und schließlich in das Reich höchster Ekstasen geleitet worden. *Jeder* ihrer Verehrer war eine einmalige Erfahrung gewesen.

Es fiel Florquin schwer, immer wieder neue Superlative zu finden, und so beließ sie es im Falle von James bei einem simplen *wunderschön*.

Mit einem letzten Seufzer hob sie seine Hand von ihrem Po und richtete sich auf. Das Seidenlaken fiel ab und enthüllte ihren Körper. Schamerfüllt hielt Florquin die Hände über ihre Brüste und wandte sich zur Seite. James hatte die Gunst und Intimität dieser einen Nacht gehabt. Sie würde ihn nicht wiedersehen.

*

Die Commandeuse erledigte rasch ihre Morgentoilette und entfernte sich grußlos aus ihrem persönlichen Wohnbereich.

James stand mit einer mühelosen und gleitenden Bewegung auf. Er ging, ohne sich seiner Nacktheit bewusst zu sein, zum Eingabeterminal und setzte sich. Er rückte den Körper ein wenig zurecht, fuhr den Penis zu einer Länge von dreißig Zentimeter aus und schob ihn in die Steckverbindung zur Zentralen Schiffseinheit. Der Kontakt über die variable, externe Schnittstelle stand im Bruchteil einer Sekunde.

Der Bildschirm erwachte zum Leben und füllte sich in rasender Geschwindigkeit mit Datenwülsten: *Achtundsechzigste Einheit seit dem Start, Type B3, Höfischer Kavalier des achtzehnten Jahrhunderts … Überschreitung der Zärtlichkeitsnorm nach Deissen um achtzehn Komma drei Punkte … Erhöhung des Aggressionspotenzials von plus zwei Prozent linear auf plus sechs Komma vier Prozent während des Geschlechtsverkehrs … Variabilität des Gliedes zu sechsundachtzig Prozent ausgenutzt … Dauer der körperlichen Vereinigung sechsundzwanzig Komma sieben Minuten … Orgasmusoptimum der Commandeuse wurde zu sechsundneunzig Prozent erreicht.*

James' interner Speicher überschüttete die Zentraleinheit mit endlosen Datenreihen, die die körperliche Vereinigung von Mensch und Maschine pedantisch nachzeichneten. Er befasste sich mit der Körpertemperaturkurve der Commandeuse, der Dauer ihres Orgasmus, beurteilte jeden einzelnen ihrer Handgriffe, ihre Bewegungsabläufe und Atemtätigkeit, gab Auskunft über die Wirkung alkoholischer Stimulantia, die er und Florquin vor dem Geschlechtsverkehr zu sich genommen hatten, beurteilte Konzentration und Anteilnahme seiner Partnerin und widmete sich schließlich scheinbar nebensächlichen Details wie der Frequenz ihres Augenblinzelns.

Die Zentrale Schiffseinheit benötigte zwei knappe Zehntelsekunden für die Auswertung des Materials. James wartete geduldig. Nach geraumer Zeit erschien auf dem Bildschirm die routinemäßige Abschlussfrage: *Empfehlungen für die heutige Nacht?*

Der Maschinenmann löste die Steckverbindung über seinen Penis und tippte die Antwort händisch in die Tastatur: *Verstärkung des Dominanzpotentials von Partner Neunundsechzig auf zweiundneunzig Prozent, eventuelle Andeutung eines Analverkehrs und unbedingte Ausführung eines mehrminütigen Cunnilingus. Einheit Achtundsechzig, Ende.*

James stand auf und verließ die luxuriöse Suite von Commandeuse Florquin. Wenige Minuten danach betrat er den Energiekonverter. Hitzezungen von mehreren Tausend Grad Celsius umwaberten seine Körperhülle und zerschmolzen Bioplaste sowie Metallanteil binnen weniger Sekunden. Einheit Achtundsechzig hatte seine Schuldigkeit getan.

*

Commandeuse Florquin war sich ihrer Wirkung sehr wohl bewusst, als sie die Kommandozentrale betrat. Mit unnachahmlicher Nonchalance schwebte sie in den Raum und ignorierte geflissentlich die bewundernden Blicke der Männer und den mühsam unterdrückten Neid der Frauen. Theola, ihre Stellvertreterin, war die Schlimmste von allen. Sie gab sich nicht einmal während des morgendlichen, rituellen Grußes den Anschein, einen Hauch von Respekt vor Florquin zu haben.

»Glück und Gesundheit der Commandeuse, Mutter unseres Schiffes«, tönte es ihr aus allen Richtungen entgegen. Nur Theola hielt den Mund fest zusammengepresst.

Florquin ignorierte die Unhöflichkeit und wandte sich dem Steuermann zu: »Wie sind wir unterwegs, Jesper?«

Der drahtige, kleine Mann warf ihr einen Blick voll unverhohlener Gier zu, in dem eine Spur von Hass zu erkennen war. Sie war eine Göttin für ihn, und sie wusste es. Eine *unerreichbare* Göttin. Florquin war nicht nur wunderschön, wie sie dastand, wohlproportioniert, knappe einsachtzig groß, mit weitgeöffnetem, schwarzem Haar. Sie war darüber hinaus auch eine Commandeuse dritten Rangs und damit für Sterbliche tabu.

Ausbildung und Titel gestatteten es Florquin, eine der verantwortungsvollsten Aufgaben im Reich der Menschen auszufüllen. Sie war Leiterin eines Raumschiffs mit einer Besatzung von zweihundert Personen und Herrin über mehr als achtzehntausend Körper, die, tiefgekühlt in ihren engen Kryo-Kammern, einer verheißungsvollen Pionierwelt entgegenschlummerten, dreißigtausend Lichtjahre voraus.

Florquin war das Endergebnis einer jahrhundertelangen Zuchtreihe, biogenetischer Experimente und erbarmungsloser Selektion. Die Frau, die von den Geschlechtsgenossinnen wegen ihrer Aufgabe gehasst und von den Männern unendlich begehrt werden musste.

»Wir liegen gut auf Kurs, meine Dame.« Jesper zögerte. »Der letzte Sprung war nicht optimal, er ging knappe zehn Lichtjahre zu kurz.« Er beeilte sich, hinzuzufügen: »Aber dank der längeren Sprungeinheiten zu Beginn unserer Reise halten wir einen Vorsprung von hundert Lichtjahren zur Vorab-Planung.«

Dieser Trost war billig. Zu Beginn des Fluges war alles noch neu und aufregend gewesen. Spannung sowie positive Erwartungshaltung hatten das Flug- und Sprungvermögen stark beeinflusst.

Verärgert wandte sich Florquin ab. Sie vermied es, Theola anzublicken. Deren Blicke schienen sagen zu wollen: *Siehst du, mit mir als Commandeuse wären wir schon viel weiter!*

Für ein paar Sekunden spürte sie die Last, die auf ihr ruhte. Eine Verzögerung von wenigen Tagen konnte den Tod für die achtzehntausend Kolonisten in ihren fragilen Gefrierkokons bedeuten. Wenn sie ihre Aufgabe nicht ernst genug nahm …

Florquin fing sich wieder. Sie kontrollierte die für sie bestimmten

Aufzeichnungen, sprach mit ihren engsten Mitarbeitern und verabschiedete sich nach einer knappen Stunde von der Mannschaft.

Commandeusen dritten Rangs galten als nahezu perfekt in ihrer Selbstbeherrschung. Und dennoch konnte Florquin dem Impuls nicht widerstehen, beim Verlassen der Zentrale einen triumphierenden Seitenblick auf Theola zu werfen. Gänzlich unbemerkt von den anderen Anwesenden strich sie wie beiläufig über ihre Scham und deutete mit offenen, sinnlichen Lippen ein Stöhnen an. Dann stimmte sie ein fröhliches Summen an, während Theola zurückblieb und vor Wut auf ihre Lippen biss.

*

Pflege von Körper und Geist sind ein wichtiger Bestandteil deiner Arbeit. Geht es dir gut, geht es auch dem Schiff gut.

Der Merksatz stand wie eingebrannt in ihrem Gedächtnis.

Reinige deinen Geist, befreie dich von den vorangegangenen Tagen und spüle die Erinnerungen weg. Konzentriere dich auf die Arbeit, die auf dich wartet, und belaste dich nicht mit Nebensächlichkeiten.

Nach den täglichen Sport- und Gymnastikeinheiten hatte Florquin die rituellen Geistesübungen vollzogen. Sie war nicht ganz bei der Sache und scheiterte bei zwei Mnemo-Aufgaben.

»Belastet dich etwas, Commandeuse?« Peptin, der Holo-Vertrauensmann der Schiffseinheit, betrachtete sie stirnrunzelnd.

Florquin zögerte nicht mit einer Antwort. Intimität war ein Luxus, den sich eine Commandeuse nicht leisten konnte. »Es ist Theolas Eifersucht, Peptin. Sie geht weit über das hinaus, was mir die anderen Frauen an Bord entgegenbringen. Einerseits erschreckt mich der Hass, mit dem sie mich verfolgt, andererseits spüre ich wilde Freude darüber.«

Der Vertrauensmann, der, den Anforderungen Florquins gemäß, das Aussehen eines grauhaarigen und weise blickenden Greises hatte, runzelte die Stirn. »Theola hasst dich, weil sie dich beneidet.«

»Ich weiß. Sie leidet darunter, nur die Korrektursprünge vollziehen zu dürfen. Sie glaubt, das Schiff wesentlich besser und schneller als ich führen zu können.«

»Bist du auch ihrer Meinung, Florquin?«

»Keineswegs. Im Grunde irritieren mich nur meine eigenen Gefühle. Diese seltsame Mischung aus Lust an der Macht einerseits und der Angst vor der Rivalin andererseits.« Sie tastete nach den beiden neuronalen Steckverbindungen an ihrem Nackenansatz.

»Angst? Welche Form der Angst?« Peptin blickte sie ruhig an.

»Angst vor Unterwerfung; Angst, nicht mehr Commandeuse zu sein. Und doch … Etwas reizt mich an diesem Gedanken.« Abrupt richtete sich Florquin auf. »Aber was soll's! Ich muss mich auf meine Arbeit vorbereiten. Weißt du, wer heute mein Kavalier sein wird, Peptin?«

Der Holo-Vertrauensmann blickte sie verstört an, fast ein wenig ratlos. »Ich fürchte, nein, Florquin.«

Und das war eine reichlich seltsame Auskunft für ein Holo-Wesen.

*

Ihr Begleiter ließ sich Zeit. Viel zu viel Zeit.

Florquin hatte sich ein halblanges, feuerrotes Kleid ausgesucht, das ihre Rundungen betonte. Die endlos langen Beine, die weit ausladenden Hüften und die straffen Brüste waren ein Signal ihrer Bereitschaft. Der Bereitschaft, sich ihrem Liebhaber hemmungslos hinzugeben.

Nervös ging sie auf und ab. Seit Beginn der Reise war der Zeitplan noch nie abgeändert worden. Was war passiert?

Plötzlich unterbrachen schrill jaulende Alarmglocken ihren nervösen Spaziergang. Florquin hielt irritiert inne.

»Peptin, was hat das zu bedeuten?« Sie setzte sich, mühsam beherrscht, auf ihr Sofa.

Nur flackernd baute sich das Bild auf. Der Holo-Vertrauensmann erschien verzerrt. Die Stimmwiedergabe des nervös wirkenden Alten wurde wiederholt unterbrochen: »… Meuterei, Commandeuse! … Kontrolle verloren … in der Suite bleiben … nicht öffnen!« Das Bild fiel endgültig in sich zusammen.

Sekundenlang blieb Florquin auf ihrem Sofa sitzen. Sie war auf solche Situationen nicht vorbereitet und reagierte unentschlossen. Als sie endlich auf die Beine kam und die Außentür versperren wollte, war es bereits zu spät. Die Meuterer stürmten in den Raum und verbarrikadierten den Zugang.

Es waren Theola und Jesper.

*

Breitbeinig stand Theola vor ihr, bedrohte sie mit einem Strahler und zischte: »Du glaubst wirklich, du bist die bessere Commandeuse, du kleine Hure?« Ein Schlag mit der flachen Hand über ihre linke Wange warf Florquin zurück. Sie stolperte und stürzte auf das Sofa.

Mehr verwirrt als verängstigt blickte sie zu Theola hoch. Die Frau musste übergeschnappt sein!

Ihre Stellvertreterin spreizte die Beine noch weiter und imitierte die obszönen Bewegungen, die die Commandeuse in der Kommandozentrale angedeutet hatte.

Das Wimmern der Sirenen endete, eine trügerische Stille herrschte im Raumschiff. Peptin blieb verschwunden. Was sollte sie machen? Was *konnte* sie machen? Zögernd fragte sie: »Was … wollt ihr?«

»Ist das nicht offensichtlich, Miststück? Du wirst mir die Schiffsleitung übergeben. Hier und jetzt. Wenn du dich weigerst … Nun, du kannst es dir ja selbst denken.«

»Niemals!«, keuchte Florquin. »Laut Kodex kann die Commandeuse nur im Fall ihres Ablebens durch die Stellvertreterin ersetzt werden.«

»Der Kodex!« Theola wippte vulgär mit ihren Hüften. »Der Kodex ist eine Erfindung spröder Theoretikerinnen. Wir sind im Weltall, meine Liebe, tausende Lichtjahre von jeder menschlichen Ansiedlung entfernt. Hier gilt kein Gesetz, hier gilt das Recht des Stärkeren. Hast du Zweifel daran, wer die Stärkere von uns beiden ist?«

Die Commandeuse starrte in die blau flimmernde Abstrahlöffnung der Waffe. Mühsam wandte sie den Blick zur Seite und antwortete nicht.

Sie sah Jesper neben der Tür stehen, bewaffnet mit einem schweren Strahler. Er lauschte nach draußen.

»Was hat *er* damit zu tun?« Florquin musste Zeit gewinnen. Irgendwann würde der Sicherheitsdienst auf ihre Lage aufmerksam werden und sie zu befreien versuchen.

»Jesper? Der arme Jesper?« Theola lachte verächtlich. »Er ist eines deiner Opfer, von deiner Laszivität und Unerreichbarkeit bis aufs Letzte gereizt. Du hast ihn während der ganzen Reise missachtet, hast nur dem Kodex gehorcht« – sie spuckte das Wort ›Kodex‹ angewidert aus – »und ihn wie Luft behandelt. Ist es ein Wunder, dass er nur zu gerne zugegriffen hat, als sich ihm die zweite Wahl bot?« Theola schrie. »Und die zweite Wahl bin *ich!* Ein Grund mehr, dich zu hassen!«

»Nur die Ruhe, meine Hübsche.« Missmutig unterbrach Jesper seine Komplizin. »Vergiss nicht, was du mir versprochen hast.«

»Ja, Schatz, sie gehört dir. Aber erst, nachdem ich mit ihr abgerechnet habe.«

Theola versetzte Florquin einen weiteren Schlag, zog sie an den Haaren zu Boden und drehte sie auf den Bauch. »Übergibst du mir jetzt die Schiffsleitung, oder muss ich anfangen, dir ernsthaft wehzutun?«

»Nie…mals!«, brachte Florquin zwischen zusammengebissenen Zähnen hervor. Erregung und Wut stiegen in ihr hoch. »Der Kodex ist heilig!«

»Na gut, du hast es nicht anders gewollt, Miststück.« Theola riss Florquins Kopf an den Haaren heftig nach oben und drehte ihr gleichzeitig den rechten Arm hinter den Rücken, so dass die Commandeuse glaubte, er müsse jeden Moment brechen.

Weiße Pünktchen flimmerten vor ihren Augen. »Niemals!«, wiederholte sie und versuchte, ihre Widersacherin trotz der Schmerzen abzuschütteln.

Theola keuchte schwer, behielt aber die Oberhand. Und plötzlich, als die Commandeuse glaubte, ohnmächtig zu werden, ließ der Zug an Arm und Haaren nach. Florquin holte tief Luft. Der Schmerz verging und sie vernahm wie aus weiter Ferne das Keuchen Theolas, das nun rhythmisch kam. Die blonde, muskulöse Frau lag auf ihr, den Körper an den ihren geschmiegt, atmete heftig erregt in ihr linkes Ohr. Dann spürte sie die feuchte Zunge der Stellvertreterin über ihren Hals gleiten. Unwillkürlich schrie Florquin auf. Die Zärtlichkeit überraschte sie mehr als alles andere.

»Was zum Teufel …« Jesper, der bis dahin an der Tür gelauscht hatte, betrachtete mit weit aufgerissenen Augen die beiden Frauen.

»Steh nicht so rum und hilf mir!«, herrschte ihn Theola an. »Wir werden's ihr besorgen!«

»Aber die Wachen …«

»Wir haben genügend Zeit, bis die Wachen Verdacht schöpfen, Dummkopf! Und bis dahin haben wir sie unter Kontrolle.« Verächtlich blickte Theola ihn an. »Ist es nicht das, was du die ganze Zeit wolltest?«

Zögernd näherte sich Jesper und legte seine Waffe entsichert auf den nahen Tisch. Florquin konnte die Gier in seinen Augen sehen.

»Nimm sie von hinten!«, befahl ihm Theola.

»Nein!«, schrie die Commandeuse. Sie versuchte nochmals, sich aufzubäumen, aber Theola drückte ihren Oberkörper erbarmungslos zu Boden.

Florquin konnte die Hände des Mannes spüren. Er schob das Kleid weit nach oben, grub sich mit seinem Gesicht zwischen ihre zusammengepressten Beine, umfasste die Hüften, schob sich trotz ihres erbitterten Widerstandes immer weiter nach oben.

Theolas Zunge umspielte inzwischen Mund, Augen und Ohren und hinterließ feuchte, süßlich riechende Spuren in ihrem Gesicht.

Das Keuchen des Mannes und das Seufzen ihrer Stellvertreterin vermengten sich mit dem geheimen Verlangen, das aus ihrem Unterbewusstsein hoch drang. Ein Kaleidoskop sonderbarer Gefühle erfasste sie, verwirrte sie, riss sie mit sich, raubte jeden Willen an Gegenwehr. So schnell, so übergangslos, dass sie es mit ihrem Verstand gar nicht erfassen konnte, gab ihr Körper mit einem letzten Zucken den Kampf auf.

Florquin stöhnte, tief und sehnsuchtsvoll. Sie spreizte die Beine und überließ es Jesper, mit seiner Zunge in ihr Innerstes vorzudringen. Behutsam und mit rhythmischen Bewegungen hob und senkte sie ihr Becken und bot sich auffordernd, ja, geradezu bettelnd, an.

Das Gewicht Theolas verschwand, und es wunderte sie nicht, als sie sich mit ihrem Gesicht zwischen den gespreizten Beinen der Stellvertreterin wiederfand. Wie von selbst begann sie ihr Zungenspiel. Das Keuchen Theolas ging in ein heiseres Hecheln über. Florquin spürte, wie die Körperfeuchte der weit geöffneten Spalte der Widersacherin über ihr Gesicht tropfte.

Plötzlich erfasste sie ein kurzer, unendlich geiler Schmerz, als Jesper *a tergo* in sie eindrang und sie mit heftigen, drehenden Bewegungen malträtierte.

Irgendwelche Hände fummelten ungeduldig an den neuronalen Empfängern in ihrem Nacken und schlossen die Verbindungsstränge an, die wie von Zauberhand bereitgelegt schienen.

Ein nicht fassbarer, unglaublicher Mechanismus wurde in Bewegung gesetzt, der sich über die Anschlüsse einen direkten Weg in ihr Lust- und Schmerzzentrum bahnte. Florquin spürte, wie ein Teil ihres Geistes mit dem Schiff Verbindung aufnahm. Ihre Sinne kapselten sich vom rein körperlichen Geschehen ab, konzentrierten sich nur noch auf ihr Lustempfinden, während das Ich eine Reise durch die mechanische Welt des Schiffes antrat.

Sie berührte die Matrizen sämtlicher Verbindungs-Holos, bis sie Peptin herausgefiltert hatte. Florquin spürte seinen virtuellen Handgriff, mit dem er sie, anfangs zögerlich und schließlich immer drängender, in eine bestimmte, von keinen geographischen Gesichtspunkten geleitete Richtung schob.

Die Commandeuse wurde eins mit der sie umgebenden Hülle aus Metallen und Bioplasten. Sie spürte die lichtschnellen Mechanismen der zigtausenden Vorgänge in jedem Bruchteil einer Sekunde, die das Schiff zu vollführen hatte. Das Stampfen schwerfälliger Aggregate. Klickende Relais redundanter Systeme. Das rasende Pumpen mikrodünner Kühlmembrane. Die unendlich verlangsamten Herztöne der achtzehntausend schlafenden Passagiere und die wesentlich schnelleren der Besatzungsmitglieder.

Drei Herzschläge hoben sich im Tempo von den anderen ab. Es fiel Florquin nicht schwer, Theola, Jesper und sich selbst zu identifizieren, empfangen über die kühlen, emotionslosen Resonanzkörper des Schiffes.

Noch viel intensiver jedoch spürte die Commandeuse die Eindrücke von *draußen*: die grausame Kälte des sie umgebenden Weltraumes, die gleichgültige Gier, der das Raumschiff, mit dem sie fühlte, ausgesetzt wurde.

Das Pulsieren naher Sterne, unfassbare thermale Explosionen, das wilde Zerren eines Schwarzen Loches, Expandieren von Räumen, Werden und Zerreißen von Zeit, das Zusammenziehen von Gravitation – Vorgänge, die der endlose Weltraum in einem unterschwelligen, aber dennoch spürbaren Rhythmus vollzog.

Das Orchester der Eindrücke von *Drinnen* und *Draußen* glich seine Instrumente nach und nach an. Das Raumschiff schien zu dröhnen, in derselben Geschwindigkeit und im selben Takt, mit dem Jesper in sie eindrang, mit dem sie die vor sich liegende Frau leckte. Ihr Gesicht, ihr Unterleib und schließlich ihr ganzer Körper fanden sich in einer Blase aus Nässe wieder, einer Nässe, die sie zu verschlingen drohte.

»Jetzt, jetzt, jetzt!«, schrie die Commandeuse in höchster Erregung – und das Raumschiff gehorchte. Es glitt mit einem sanften Ruck in den Überraum.

Florquin wurde schwarz vor Augen.

*

Als die Commandeuse am nächsten Morgen erwachte, war sie alleine. Hatte sie geträumt?

Nein. Die Unordnung im Zimmer, die Erschöpfung und die Anspannung ihres Körpers sprachen eine deutliche Sprache. Hastig sprang Florquin auf, richtete sich notdürftig her und eilte mit wehenden Haaren in die Kommandozentrale. Erst, als sie den großen Raum betrat und von tosendem Applaus empfangen wurde, wurde sie sich ihres würdelosen Verhaltens bewusst.

»Glück und Gesundheit der Commandeuse, Mutter unseres Schiffes.« Jesper empfing sie mit der rituellen Formel. Übergangslos und ohne sich zu erkennen zu geben, fuhr er fort: »Ich gratuliere Ihnen, Commandeuse! Ein fantastischer Sprung, der uns eine ganze Tagesetappe sparen wird. Das Orgasmodrom zeichnete eine dreißigprozentige Überschreitung Ihres Orgasmuspotenzials auf. Dieser Sprung war einzigartig in der Geschichte der bemannten Raumfahrt!«

Und wieder wurde ihr von allen Seiten applaudiert. Selbst Theola zeigte ein herzliches, ehrliches Lächeln.

War es nur … eine weitere Simulation gewesen? Eine Simulation, um einen Höhepunkt herbeizuführen, der zu einer gewaltigen Leistungssteigerung des orgasmodromischen Schiffantriebes geführt hatte? Enttäuscht und unsicher blickte die Commandeuse ihre Stellvertreterin an. Es fröstelte sie plötzlich, und sie sehnte sich nach der Geborgenheit ihrer Suite zurück.

Nach ein paar spröden Dankesworten widmete sie sich ihren Routinearbeiten und verließ nach einer knappen Stunde die Kommandozentrale.

*

Neunundsechzigste Einheit seit dem Start, tippte Jesper wenig später in die Tastatur, *Type A8, Raumfahrer mit rebellischer Ausprägung, Aggressionsfaktor stark erhöht. Orgasmuspotenzial der Commandeuse optimal ausgenutzt.*

Er zögerte drei Hundertstelsekunden, und schrieb dann: *Einheit neunundsechzig bleibt weiterhin im Dienst.*

Jesper löste sich eilig von seiner Steckverbindung und stand auf.

Er hatte Gefallen an seinem Dasein gefunden.

Großen Gefallen.

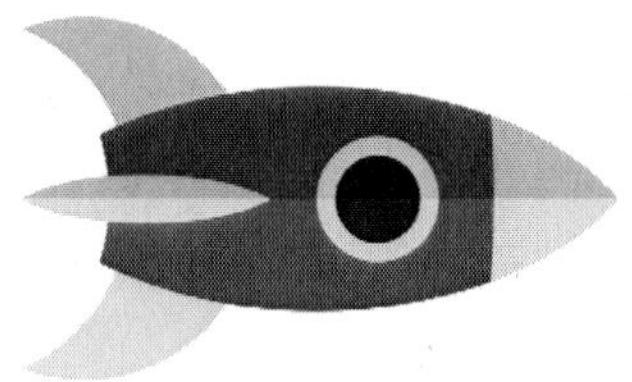

TEIL 2: FANTASY

Im Rückblick auf meine frühen Kurzgeschichten fallen mir zwei Dinge auf: Erstens beschäftigte ich mich oft mit Dämonen und eher sonderbaren Außerirdischen. Ein zweites großes Thema für mich war das (in Österreich) besonders stark ausgeprägte Beamtentum mit all seinen Auswüchsen.

Die Erlebnisse des Thaddeslav Wyrmbrom wollte ich in einem größeren Geschichtenkreis erfassen. Es gab Ideen zu weiteren Kurzgeschichten, die ich irgendwann einmal schreiben wollte. Aber wie das halt so ist mit diesem »Irgendwann« – es schien nie die richtige Zeit dafür zu sein.

Diese Kurzgeschichte stammt aus der Zeit der Jahrtausendwende, sie wurde in der Anthologie »Wiener Roulette« (Fabylon Verlag, 2006) erstveröffentlicht. Ich sehe sie heutzutage ein wenig kritisch. Humor ist nun mal ein sehr heikles Thema.

Aus dem Leben des Thaddeslav Wyrmbrom

Während ich die Melodie des »Gefangenenchors« aus »Nabucco« brummte, filetierte ich die junge Frau. Ach, die schönen Künste!

Sie war noch bei Bewusstsein, als ich Arme und Beine mit wenigen, gezielten Hieben vom Rumpf trennte. Frischfleisch vom Menschenschlögel schmeckt zarter und gerät knuspriger, wenn noch ein Lebensfunke des Opfers zu spüren ist.

Die Reste des Weibchens schob ich in die Kühlkammer. Gut abgehangen, würden sie einen prima Frühstücksimbiss abgeben. Für Dämonen Dritter Ordnungsklasse bedeutete Frauenfleisch – noch dazu so frisches und haarloses – eine willkommene Abwechslung im sonst so tristen Speiseplan der Werksküche. Abgenagte Teile jener zittrigen und zähen Möchtegern-Magier, die in ihrer Senilität vergessen, Pentagramme richtig zu verschließen und uns ins Menschenreich lassen, sind da schon eher die Regel.

Ich vergaß, mich vorzustellen: Wyrmbrom, Thaddeslav Wyrmbrom. Seit einigen Jahrhunderten tätig für das Höllenreich. Erstmals wurde ich durch den Alchimisten Thaddeslav Prszemyszl im Jahr des – pftui – Herrn 1461 beschworen.

Er hatte sich von mir das ewige Leben gewünscht, der alte, sabbernde Knacker, und es war mir problemlos gelungen, den ersten Wunsch meines Dämonendaseins pflichtbewusst zu erfüllen. Prszemyszl schmort seitdem im Fegefeuer. Ab und zu finde ich sogar Zeit für einen kleinen Plausch mit ihm. Vierte europäische Ebene, dritte Großtopfreihe rechts, Nummer 43, Abteilung *Herausragende Dummköpfe des 15. Jahrhunderts.*

Die Tür zu meinem Zimmer schwang auf, und noch bevor ich »Können Sie nicht lesen, Parteiverkehr beginnt erst in drei Minuten!« brüllen konnte, stand Elesal schon im Zimmer. Elesal, mein direkter Vorgesetzter. Ein unangenehmer Kerl, selbst für höllische Verhältnisse – und ein wenig dämlich.

Hastig nahm ich den köstlich angebrutzelten Menschenschlögel vom Feuer, das neben meinem Stuhl loderte, und legte ihn in der untersten Schublade unter *F* wie *Frühstück* ab. Wenn mich Elesal mit dem auf dem Schwarzmarkt erstandenen Leckerbissen erwischte, bedeutete das drei Tage Aufenthalt in jenem Topf, in dem ausschließlich deutschsprachige Talkmaster dahindümpelten und einander langweilige Geschichten erzählten.

»Hell-O, Wurm«, grollte er. Wie immer verunglimpfte er meinen Namen.

»Schlechten Morgen, Elesal«, antwortete ich förmlich und fügte boshaft hinzu: »Der neue Dress steht dir wirklich aus-gezeich-net.«

Im Zuge einer Modernisierungskampagne hatten die Großkopfeten eine Anzugpflicht für pragmatisierte Dämonen eingeführt. Elesal, ein hitziger Feuerdämon, hatte naturgemäß seine Probleme mit dieser Vorschrift. Trotz asbesthaltiger Unterwäsche musste er jede Stunde die Bekleidung wechseln.

»Leg dich bloß nicht mit mir an«, brüllte Elesal. »Dein Arbeitsplatz wackelt bedenklich, Wurm! Weitere Frechheiten, und du wirst unter die Sahara verlegt!«

Ich begann zu schwitzen. Elesal wusste von meiner Abneigung gegen Hitze.

Dennoch war es bloß heiße Luft, die er ausstieß. Ich kannte pikante Details aus seinem Privatleben, die die Gattin einer sehr hochgestellten Persönlichkeit einbezogen.

Ich hatte schließlich mit derselben Dame … Aber das tat nichts zur Sache.

Übergangslos beruhigte sich Elesal. Er schniefte und hustete, während sich der Hemdkragen bräunlich kräuselte. »Ich habe einen Außendienst-Auftrag für dich, Wyrmbrom«, sagte er.

»Außendienst? Aber Elesal, laut Kollektiv-Vereinbarung ist es mir mit meinem Dienstrang verboten, mehr als fünfzehn außerhöllische Aufträge pro Jahr anzunehmen. Das Finanzamt springt mir auch ins Fell, von wegen Überschreitung der Reisekostenpauschale und so …« (Das höllische Finanzamt war ausnehmend gut besetzt, und die Steuerhäscher teuflisch scharf.) »Allerdings …« Ich grinste diabolisch. »Sollte es sich um einen *Privatauftrag* handeln, wäre ich selbstverständlich bereit, dich zu unterstützen. Du kennst ja mein Schwarzgeldkonto unterhalb der Schweiz …«

»Treib mich nicht in die Glut, Wurm!«, schrie Elesal und sabberte aufgeregt. »In der Hölle gibt es *ausschließlich* Schwarzgeldkonten!«

Er war heute leicht erregbar, der Beste. Seine Kragenspitzen begannen zu brennen.

Die Schwarzgeldkonten waren in der Tat ein Mysterium des Höllischen Staates. Niemand hatte ausreichend Geld zum Überleben, und dennoch funktionierte das Staatssystem. Selbst die Finanzteufel spielten mit und hielten sich feiste Bestechungskonten. Das Schweizer Bankenwesen rund um Fugger, Belzebübli und Cie. verdiente sich goldene Nasen. (Und das ist wörtlich zu verstehen. Ein Schweizer Teufelchen, das etwas auf sich hält, lässt sich sein Riechorgan mit einer dicken Schicht aus dem wertvollen Edelmetall überziehen.)

Ich für meinen Teil nutzte die karge Freizeit lieber für eine kleine Erpressung hier, einen genussvollen Mord da und ab und zu eine Kirchenschändung für Bekannte in irdischen Satanisten-Kreisen. Man muss halt sehen, wo man bleibt.

Elesal beruhigte sich wieder. »Unser aller Meister, Diavolo, ist auf einer wichtigen Tagung in Texas. Es geht um seine beratende Funktion im Stab des Berufungsausschusses für Todesurteile. Stell dir vor, diese Weicheier wollen doch tatsächlich auf schmerzlose Geräte wie Bolzenschussapparate umsteigen.«

Richtig redselig konnte er werden, dieser verfluchte Bürokrat. Doch ich kannte seine Ränkespiele nur zu gut. Er wollte mich in irgendeine Sauerei mit hineinziehen. Intrigen gehörten zum A und O in der Hölle. Sie waren das diabolische Pendant zum Tarockieren.

Ich blieb ruhig und ging nicht näher auf diese vorgeblichen Neuigkeiten ein. Ich hatte sie bereits viel früher aus derselben redseligen

Quelle wie Elesal erfahren. Von jener höchst untreuen Frau einer höchstgestellten Persönlichkeit.

»Diavolo ist also unabkömmlich. Und gerade jetzt verspürt er dieses Jucken im Huf; das sichere Zeichen für eine Beschwörung niedrigen Grades. Wie du weißt, können wir uns selbst den mickrigsten Pentagramm-Ritus nicht entziehen, wenn der Magier alles richtig macht. Und ich befürchte, dieser irdische Möchtegern-Zauberer hat rein zufällig die richtigen Worte gewählt.«

Solcherlei Kalamitäten waren die Folge eines schlecht ausgehandelten Nichtangriffspaktes zwischen Hölle und Himmel von 1648, der einige für uns Höllische unangenehme Zusatzklauseln beinhaltete. Unter anderem den berühmt-berüchtigten Pentagramm-Gehorsam. Außer …

… außer, man fand gemäß Ergänzung 38 zu Zusatzklausel 33 von 1914 einen adäquaten Ersatz bei Nichtabkömmlichkeit des Beschworenen, die mit Suffix 3/3 von 1939 auch auf Untergebene ausgedehnt werden konnte.

Wie gesagt: Seit einigen Jahrhunderten haben wir die besseren Anwälte – eine Folge erfolgreichen Headhuntings beim potentiellen Nachschub.

»Reden wir Klartext, mein lieber Elesal: Was springt für mich dabei raus?«

Höllische Vorgesetzte konnten mitunter sehr unangenehm werden, und als Elesals billiger, synthetischer Anzug mit einem leisen *»Flusch!«* in Flammen aufging, zog ich augenblicklich die Notbremse. Das Wort *lieb* wird in unseren Tiefen nicht besonders geschätzt.

»… aber da es sicherlich von allerhöchstem teuflischem Belang ist«, fügte ich hastig hinzu, »dass Unser Aller Diavolo bei seiner Mission nicht gestört wird, bin ich gerne bereit, meine Freizeit im Dienste dieser schlechten Sache zu opfern.«

»Wyrmbrom, ich will dir deine Frechheiten dieses eine Mal durchgehen lassen«, knurrte Elesal und kniff die Augen zusammen. Keine leichte Übung bei tellerminengroßen Glubschern, aus denen ständig unheiliges Blut tropfte. »Aber ich warne dich: Treib es ja nicht zu weit!«

Ein kalter Schauder lief mir über den Rücken. Dankbar blickte ich meinen Boss an. Sie wissen ja: Ich liebe die Kälte.

*

»Was … mjam … gibt's denn so dringendes, junger Mann? Schmatz!« Ich hatte nicht widerstehen können und mir eine bluttriefende Mädchenbrust aus der Vorratskammer als Reiseproviant eingesackt. Genussvoll züngelte ich rund um den blauvioletten Hof der Brustwarze. Das Fleisch verfaulte schön langsam und bekam dieses Aroma, das ich so sehr liebte. Delikat, einfach delikat!

»Ähm … Sie sind also der Dämon Diavolo?«

Oje. Die jämmerliche Gestalt mit Glatze, Rundbuckel und Wabbelfleisch um die Hüfte war viel zu cholesterinhaltig für jeden Dämon, der etwas auf gesunde Ernährung hielt. Das also war mein Beschwörer?

»Was … knurps … denkst du denn, Fettarsch?« Ich rülpste laut in seine Richtung. Ein weiterer Trick aus alter Dämonenschule. Menschen sind durch unseren Mundgeruch leicht einzuschüchtern. Und wenn ich das Pentagramm auch nicht verlassen konnte – riechen würde er mich. Ich furzte knautschend, der Wind wehte meinen Schweif beiseite.

»In der Beschwörungsfibel steht nichts davon, dass Dämonen auf Fragen mit Gegenfragen antworten dürfen. Nennen Sie mir also bitte Ihren Namen.«

»Du würdest mir ja doch nicht glauben, Menschling.« Mit einem herzhaften Biss trennte ich den Hautlappen vom Fleisch.

»Haben Sie eine Ahnung, was ich alles glaube, Herr Dämon. Ich bin FPÖ-Wähler.«

Armes Schwein. Mein Mitleid hatte er schon einmal. Ich spuckte auf den Boden und sah zu, wie der Speichel den teuren Teppich zerfraß.

»Nun gut, Menschling. Diavolo konnte nicht selbst kommen und hat *mich* geschickt: einen der ranghöchsten Beamten des Außenministeriums.« Ein wenig Übertreibung hatte noch nie geschadet. »Gestatten: Wyrmbrom.« Ich streckte meine blutige, rechte Klaue aus.

Er zuckte mir automatisch mit dem Arm entgegen. Doch bevor er damit das Pentagrammfeld durchdrang und mir Gelegenheit gab, ihn mit nach Hause zu ziehen, durchschaute er den simplen Trick.

»Lieber doch nicht, Herr Wyrmbrom.«

»*Doktor* Wyrmbrom, wenn ich bitten darf.« Ich hatte letzte Woche einen zähen Apotheker gefuttert, der mir, widerwillig, aber doch, seinen Titel abgetreten hatte.

An den Blicken des fetten Menschlings erkannte ich, dass ihn mein Titel beeindruckte. »Würden Sie mir auch Ihren Namen verraten, *Meister?*« Das Wort *Meister* kostete mich einige Überwindung.

»Mein Name ist Hofrat Dr. Emmerling, zweiter Kanzleirat im Kabinett des Verteidigungsministers.« Würdevoll rückte mein Beschwörer seine Brille zurecht.

»Freut mich sehr. Da treffen wir uns gewissermaßen als Kollegen, nicht wahr? Auch wenn ich annehme, dass ich in der Hierarchie meiner Regierung rangmäßig unter Ihnen rangiere.«

Diese devoten Speichelleckereien würde er mir büßen, sobald ich ihn in meinen Fängen hatte.

Emmerling lächelte hoheitsvoll. »Da schau her, ein Dämon von Rang! Erfreut, Sie kennen zu lernen!« Er hüstelte. »Ich würde Ihnen gerne etwas zu trinken anbieten, aber Sie wissen ja, diese Grenzlinie zwischen unseren … Staaten ist eine sehr dünne, und ich möchte sie nicht unbedingt überschreiten.« Er zog die Mundwinkel hoch, als wäre er witzig.

»Kein Problem, werter Kollege. Wie Sie sehen, bin ich bestens versorgt. – Wie kann ich Ihnen also dienen?« Ich riss den Rest der Mädchenbrust vom Spieß und spülte mit einem Becher Jungfrauenblut nach. Jahrgang 80. Ein seltener und guter Tropfen. In irgendeinem puritanischen Nest in Oklahoma hatte man doch tatsächlich ein gutes Dutzend zwanzigjähriger Jungfrauen gefunden und geerntet. Die Flaschen waren natürlich nie in den offiziellen Verkauf gelangt.

»Sie müssen mir *wirklich* gehorchen?«

Ich verzog das Gesicht in gespieltem Schmerz. »Ja, es ist leider so. Ich bin in Ihrer Gewalt und kann erst wieder zurück an meinen Schreibtisch, wenn Sie mich entlassen.«

… oder sobald ich dich in meiner Gewalt habe.

»… oder sobald Sie mich in Ihrer Gewalt haben«, sagte er laut.

Verdammt! »Sie kennen ja das jahrhundertealte Spielchen: Wer ist der Jäger, wer das Opfer? Eure Sagenbücher sind voll damit.« Betont lässig putzte ich eingetrocknete Blutreste unter meinen Krallen hervor.

»Ach ja, wie recht Sie doch haben, lieber Kollege! Womit wir beim Thema wären.«

Jetzt wird es interessant! Ich spitzte die Ohren, während ich eine Schimmelspinne, die aus meinem Pelz schlüpfte, zerdrückte. »Wo beißt Sie der Floh, Dr. Emmerling?«

Er begann eine unruhige Wanderschaft, die ihn von einer Ecke seines protzigen Büros in die andere und zurück führte. Ein Parkettboden, vom Teppich verdeckt, knarrte vernehmlich. »Wie Sie sicherlich wissen, wird die Luft in den oberen Verwaltungsebenen sehr dünn. In meiner Jugend war es noch ein Leichtes, die Erfolgsleiter hochzuklettern. Wenn man ein wenig Hirn im Kopf und die notwendige Robustheit besitzt, wenn man die Ellbogen anständig einsetzt, dann kommt man rasch voran. Nach unten treten, nach oben buckeln – und im entscheidenden Moment den meuchlerischen Dolch ansetzen. Eine kleine Intrige hier, eine böse Bemerkung da, und schon wird man dem lieben Kollegen vorgezogen und mit einer netten Beförderung belohnt.«

Der Kerl stieg in meiner Achtung. Ich steckte die Überreste der Schimmelspinne in mein Maul und zerkaute sie.

»Aber, wie gesagt, wenn man jahrelang die Leiter hinaufklettert und dabei Arbeit und Verantwortung tunlichst vermeidet – was keine leichte Übung ist, so nebenbei bemerkt –, trifft man eines Tages auf Menschen, die glauben, ebenbürtig zu sein.« Emmerlings Gesicht wurde puterrot vor Zorn. »Diese buckelnden Kretins, die sich den Verwaltungsapparat hochgeschleimt haben – wie man selbst!«

Ach, daher wehte der Wind! Ein kleiner Knick in der Karrierekurve war der Grund für meine Beschwörung. Herr Arschkriecher benötigte ein wenig Unterstützung. Nun gut, in *diesem* Metier kannte ich mich aus.

»Ach ja«, seufzte ich mit gespielter Anteilnahme, »der liebe Kollege, der immer neben dem Chef sitzt …«

»… und ihn mit treuen Hundeaugen anhimmelt …«

»… und eigentlich kein Wort versteht von dem, was der Boss sagt …«

»… der mich anschließend anruft und mir mitteilt, dass *er* statt mir befördert wurde.« Dr. Emmerling seufzte laut. »Und zwei Wochen später findet man sich in solch einer bescheidenen Rumpelkammer wieder!« Mit einer flüchtigen Handbewegung deutete er in die Weite des Raumes. »Alleine mit nicht einmal dreihundert Vertragsbediensteten für zwölf Verwaltungs-Unterabteilungen, die die Schreibarbeit erledigen, vierunddreißig Untersekretären sowie einer Chefsekretärin, die mir – und jetzt kommt's! – tagtäglich mindestens fünfzehn Schriftstücke zur eigenhändigen Unterschrift vorlegt.« Ein Schauder des Entsetzens beutelte ihn. »Auch die Heizung bringt nicht mehr als 23 Grad. Was wissen denn die Techniker, wie sehr man friert, wenn man an einen Schreibtisch gebunden ist und sich kaum bewegt!«

»Ja, ja, das Leben vor dem Tod kann schrecklich sein. – Wie heißt er denn, der liebe Kollege, der Ihnen dieses Martyrium eingebrockt hat?«, fragte ich scheinheilig.

»Ammerling. Sie müssen sich vorstellen: Ammerling! Was für ein bedeutungsleerer Name!«

»Pfui Deibel. Brrr! Was doch schon ein Name über den Charakter eines Menschen aussagt. Er hat sicherlich eine Glatze, einen Wabbelbauch vom Nichtstun und einen Buckel vom vielen Verbeugen.«

»Aber ja, Dr. Wyrmbrom. Woher wissen Sie denn das alles?« Verwundert kratzte er sich an der Glatze und tätschelte seinen Wabbelbauch.

»Im Laufe der Jahrhunderte lernt man doch einiges. Aber kommen wir zum Geschäft: Womit kann ich Ihnen nun dienen? Soll ich diesen Ammerling auffressen? Zerfleischen, zerfetzen und zerteilen?« Ich redete mich in böse Laune und spuckte schaumigen Speichel.

»Das war die Grundidee.« Emmerling sah mich nachdenklich an. »Aber je länger ich Sie betrachte, desto mehr Zweifel kommen mir. Ich frage mich, ob Ihr persönliches Auftreten im Verteidigungsministerium nicht zu einer leichten Beunruhigung führen könnte.«

»Oh, ich bin die Diskretion in Person. Ich hinterlasse normalerweise keine Spuren. Vielleicht ein paar Fleischfetzen hier und dort … Aber das ist nicht der Rede wert!«

»Nun, wir wollen die Kollegen im Amte nicht weiter verunsichern. Es geht mir ausschließlich um Ammerling.« Er hieb mit seiner mickrigen Faust auf den Schreibtisch. Mehrere unbeschriebene Blätter wirbelten hoch. »Verdammt, ich wünschte, dieser Ammerling schmorte in der Hölle!«

»Nun, da sind Sie beim richtigen Dämon!« Ich grinste und entblößte die Fangzähne. »Aber …«

Emmerling blickte mich stirnrunzelnd an. »Aber *was?*«, fragte er misstrauisch.

»Nein, vergessen Sie's. Mein Vorschlag ist zu gewagt.«

»Doktor Wyrmbrom, ich tue es ungern, aber ich befehle Ihnen, mir Ihren Vorschlag zu unterbreiten.« Der triumphierende Blick strafte sein vorgebliches Bedauern Lügen.

Ich zögerte. »Wie ich bereits andeutete, habe auch ich kleinere Probleme mit Vorgesetzten. Allerdings aus gänzlich anderen Gründen.« Ich wollte mich vorbeugen und ihm ins Ohr flüstern, doch die unsichtbare Grenze des Pentagramms hinderte mich daran. »Ich bin bekannt für meine Überaktivität. Sie müssen wissen, ich hatte eine schlimme Kindheit.« Ich seufzte herzzerreißend. »Im höllischen Verwaltungsapparat sind Mitarbeiter gefragt, die möglichst wenig arbeiten und um so mehr intrigieren. Speziell im Außenministerium.«

»Was hat dies mit meinem Problem zu tun?«, fragte Emmerling.

»Vergleichen wir doch mal. Hölle: wenig arbeiten, Erde: fünfzehn Unterschriften am Tag. Hölle: angenehm hohe Temperaturen, Erde: schlecht justierte Heizungen. Hölle: Intrigen werden prämiengefördert, Erde: Ränkespiele werden als schändlich angesehen. Hölle: … Ach, die Geschichten über sexuelle Ausschweifungen interessieren

Sie gewiss nicht.« Ich deutete auf den Ring an seiner rechten Hand. »Wie ich sehe, sind Sie glücklich verheiratet.«

Frostig antwortete er: »Ja, ich bin verheiratet. Aber« – er rückte der Pentagramm-Grenze so nahe, dass ich ihn beinahe an den Ohren zu mir hätte ziehen zu können – »unter uns: Frau Emmerling war und ist nie meine große Liebe gewesen. Es ist eine reine Vernunftehe.«

Ich heuchelte Entsetzen. »Aber mein lieber Doktor! Sie Ärmster! Bei Ihrer stattlichen Figur müssen Sie doch attraktive Frauen anziehen wie Scheiße die Flieg… Ich meinte, wie Honig den Bären. Hatten Sie denn nie … außereheliche Aktivitäten?«

Geschmeichelt fuhr Emmerling mit der Rechten über das Schlachtfeld seines abgeernteten Haupthaares. »Die meisten Frauen finden mich gutaussehend und charmant. Aber Karriere und Liebesaffären vertragen sich leider nicht.«

»Tja. Im Höllischen Außenministerium sieht das ganz anders aus.« Ich zog ein kleines Päckchen Fotos aus einem Brustbeutel. »Sehen Sie mal hier! Aufgenommen bei der letzten Monatsbesprechungsorgie. Dies ist Diavolo mit seiner reizenden Gattin, und hier stecke ich ihr gerade mein Dings, nun ja …«

»Ich sehe, was Sie meinen. Irgendwie kommt mir die Dame bekannt vor.«

»Kein Wunder. Sie war hier oben Schauspielerin und wegen ihrer Prüderie berüchtigt. Der Höllische Gerichtshof verurteilte sie in einem aufsehenerregenden Prozess zu dreihundertjähriger Hurenschaft. Das Berufungsgericht erhöhte das Urteil wenig später auf dreihundertvierzig Jahre. Dreißig Jahre hat sie bereits abgedient, derzeit ist sie mit meinem Vorgesetzten Diavolo zusammen. Mittlerweile hat sie allerdings Gefallen an ihrer Strafe gefunden und jagt jedes Schwänzelchen, dessen sie habhaft werden kann. Unersättlich, die Frau, sage ich Ihnen. Unersättlich.«

Ich zeigte ihm weitere Bilder. Der Kerl hatte sich immer noch so weit unter Kontrolle, dass er die Pentagrammgrenze nicht überschritt. »Aufnahmen von meinem Besuch im Sadomasien unterhalb von Hongkong-Disneyworld. Die Bauten wurden übrigens zeitgleich fertig. Hier der jährliche Betriebsausflug nach Lesbos. Ferner die öffentlichen gynäkologischen Untersuchungen unserer weiblichen Kolleginnen … Bei Satanas, Sie schwitzen ja, Dr. Emmerling. Ist Ihnen nicht gut?«

Er wischte sich mit zitternder Hand über die Stirn. »Oh nein. Es ist alles in Ordnung.« Er blickte mich streng an. »Ich dulde keine solchen Schweinereien in meinem Büro, werter Doktor. Geben Sie mir die Bilder, ich werde sie so schnell wie möglich entsorgen.«

Gleich hab ich dich, du Schweinepriester!

Ich stapelte die Fotos und warf sie ihm zu. Die einzelnen Bilder flatterten langsam zu Boden.

Emmerling bückte sich hastig und hob das gute Dutzend billiger Abbildungen auf. Er kam schwerfällig wieder hoch. Eine für ihn sicherlich deprimierend kurze Latte bohrte sich in sein rechtes Hosenbein und behinderte ihn ein wenig beim Gehen. Er zog einen riesigen Schlüsselbund aus der linken Hosentasche, suchte mit fahrigen Fingern den passenden Schlüssel aus, sperrte das Mittelfach seines Schreibtisches auf und legte die Bilder sorgfältig darin ab.

Dämonen haben scharfe Augen, müssen Sie wissen. Ich konnte trotz der Entfernung einen Blick auf die Schätze werfen, die der Herr Staatssekretär in seinem privaten Fach verbarg: Schätze, die einem Peitschenknecht in der neunten Hölle wollüstige Schauder bereitet hätten. Am besten gefiel mir das rosarote Latex-Höschen mit innen integriertem Gummidildo.

»Verzeihen Sie, wenn ich Ihr sanftes Gemüt durch diese gräulichen Bilder irritiert haben mag«, säuselte ich.

»Ich sehe Ihnen diesen Fauxpas nach, der sich offensichtlich durch kulturelle Unterschiede zwischen unseren Staatengemeinschaften erklärt«, sagte Emmerling salbungsvoll. Mittlerweile hatte sich die geringfügige Irritation in seinem Hosenbein zurückgebildet und mein Beschwörer konnte wieder aufrecht gehen.

Misstrauisch blickte er mich an. »Sie werden verstehen, Dr. Wyrmbrom, dass ich Ihren Worten nicht ganz glauben mag. All diese Horrorgeschichten über die Hölle irritieren mich. Ewiges Fegefeuer, Geißelungen, Pfählungen und so weiter …«

»Ach, diese miese Agitation der gegnerischen Seite!«, jammerte ich. »Sie werden doch nicht alles glauben, was Ihnen die Propaganda weiszumachen versucht? Sie sind ein intelligenter Mann!«

»Ja, aber …«

»Seit Jahrtausenden bemüht ER sich, unsere Lebensweise und Ideologie zu verunglimpfen. Aber sehen wir den Tatsachen ins Auge: Was versucht Ihnen das Himmelsreich vorzugaukeln? Endlose Anhäufungen von Wolken mit Harfe spielenden Engelsscharen. Gütige, langbärtige Heilige, Selige und Apostel, die Ihnen tausendfach Ihre kleinen Verfehlungen vorwerfen. Große, schwere Himmelstore, die für Sünder für immer verschlossen bleiben. Wissen Sie, wie ich das nenne? Langweilig, borniert, kleingeistig und diskriminierend! Jawohl!«

»Zumindest steckt man im Himmel niemanden in mit heißem Öl gefüllte Kessel!«

»Bösartige Propaganda, wie ich schon sagte!«, heulte ich wütend. »Es gibt diese berühmt-berüchtigten Feuerkessel, das bestreite ich gar nicht. Aber doch nur deshalb, weil es uns nach getaner Arbeit nach ein wenig Spaß verlangt. Und wo, glauben Sie, haben Masochisten und Sadisten ihren Spaß? Natürlich bei den beliebten Fessel- und Kessel-Partys. Auch diese – übrigens sehr fantasievollen – mittelalterlichen Gemälde vom Höllenreich mit Pfählungen, Hautabziehen und sonstigen Folterungen zeigen das pralle Leben in unserer liebenswerten Sadomaso-Kolonie. Denn wissen Sie, was die himmlische Alternative dazu ist? Tausend Jahre Harfe spielen auf einer vier Quadratmeter großen Schäfchenwolke. Ohne Toilette, wohlgemerkt! Wer ist also hier mehr bestraft?« Ich geiferte vor berechtigtem Zorn.

»Und diese Sadomaso-Partys sind gut besucht, Dr. Wyrmbrom? Ich frage aus reiner Neugierde.«

Jetzt hab ich dich bei den Testikeln! »Oh ja, sehr gut. Allerdings mussten wir im letzten Jahrhundert ein spürbares Ungleichgewicht verkraften. So kommen drei Flagellanten auf einen Sadisten. Die Ledergerber, Kupferkesselerzeuger und Ölsieder kommen mit der Produktion ihrer Waren gar nicht mehr nach. Viele unserer Chefpeitscher sind am Ende ihrer Kräfte. Eine Schande, dass man heutzutage kein Fachpersonal mehr bekommt. Ach, wo sind die Zeiten, als wir irdische, gut ausgebildete Henkers- und Folterknechte übergangslos in unsere Freizeitparks integrieren konnten!«

Emmerling begann wieder seine unruhige Wanderung durchs Büro. »Ich hätte da einen guten Freund, der sich freuen würde, Ihren … Arbeitskräftemangel ein wenig zu reduzieren«, sprach er stockend. »Doch neben dem Vergnügen gibt es sicherlich auch Arbeit?«

»Ich will es nicht leugnen, dass wir ab und an härter zupacken müssen.« Ich setzte meine *Engelsmiene* auf und seufzte laut. »Diese Dame, von der bereits die Rede war, jene ehemals irdische Filmschauspielerin, raubt mir zum Beispiel oftmals Zehn-Uhr-Vesper, Mittagspause und den nachmittäglichen Büroschlaf. Dauernd muss ich ihren Wünschen nachkommen! Peitsch mich hier, schlag mich dort – ach ja, es ist manchmal eine Höllentortur.« Ich ließ meine Schultern resignativ nach vorne fallen.

»Sagen Sie« – Emmerling befeuchtete seine Lippen und wischte den Schweiß von der hohen Stirn - »gibt es eigentlich bilaterale Austauschabkommen zwischen Erde und Himmel – ich meine, Hölle? Ich denke hier selbstverständlich und alleinig an das Glück meines Freundes.«

»Selbstverständlich tun Sie das, mein Bester! Nun, es existiert lediglich ein Studenten-Austauschprogramm. Denken Sie nur an Fag Edan, diesen Winkeladvokaten, den wir an die Amerikaner verliehen haben. Aber ich befürchte, dass ein Stipendiatsersuchen für Ihren Freund zeitraubend wäre. Und ich lege auch ungern meine Hand für einen völlig Fremden ins Feuer.«

Dr. Emmerling putzte nervös die Gläser seiner Hornbrille.

»Andererseits …«

»Ja? Ja? Ja?«

»… andererseits liegt es in meiner Kompetenz, über einen Tausch der Arbeitsplätze zu entscheiden.« Ich lächelte diabolisch. »Selbstverständlich bloß für eine bestimmte Zeitspanne.«

Seine Augen blitzten auf, und in seinem Schritt wand sich ein kleiner Wurm wie verrückt. »Sie meinen, ich könnte die Lage für meinen Freund vor Ort sondieren? Und lügen Sie mich ja nicht an!«

Ich tat entsetzt. »Dr. Emmerling, Sie haben mich beschworen! Ich *kann* Sie nicht anlügen. Wenn Sie wüssten, welch komplizierte Regelwerke für einen Beschwörungsfall wie diesen zur Anwendung kommen!«

»Und was ziehen *Sie* für Vorteile aus einem zeitlich begrenzten Rollentausch?«

Auf diese Frage war ich vorbereitet. »Ich reise höllisch gerne, ich brauche die Abwechslung, ich freue mich auf darauf, ausländische Schweinereien kennenzulernen. Ich wollte schon immer mal im Außendienst tätig sein. Österreich soll ein Paradies für meinereiner sein.« Verschwörerisch zwinkerte ich Emmerling zu, so dass mein rechtes Auge fast aus seiner Höhle fiel. »Ich denke, dass ich an Ihrer statt viel für das Höllenreich bewirken könnte …«

»Hm. Würde man mir diesen Tausch nicht als Hochverrat auslegen?«

»Ich dachte, Sie machen es für einen Freund? Ist eine Freundschaft nicht wichtiger als abstrakte Sachinteressen?« *Vor allem die Freundschaft zum Schniedelwutz in deiner Hose, du schleimiger Kerl!*

»Natürlich, natürlich. Aber die Für und Wider Ihres Vorschlages müssen abgewogen werden. Wenn ich einen Untersuchungsausschuss einsetzte, käme ich in nicht einmal dreißig Monaten zu einem vorläufigen Endergebnis.«

»Ich bedaure, Sie enttäuschen zu müssen, Dr. Emmerling. Aber wäre es in Ihrem Sinne, mich für mehr als zwei Erdenjahre in diesem Pentagramm in Ihrem Arbeitszimmer zu behalten? Ich benötige mehrmals am Tag Frischfleisch, um nicht zu verhungern. Und ich meine *wirklich* frisches Fleisch. Nicht, dass mein Tod Sie erschrecken sollte, mein Geist würde ins Höllenreich zurückkehren und einen neuen

Dämonen-Körper beleben. Aber mein verfaulender Leichnam wäre für Sie hinter dem Pentagramm-Vorhang unerreichbar. – Wissen Sie eigentlich, wie feist die Maden, Würmer und Fliegen werden, wenn sie einen Dämon zum Knabbern haben? – Wenn Sie die magischen Tore dennoch öffneten, um meine Überreste beiseite zu schaffen, würde Sie ein Höllenhund hinabziehen. Ohne ein Empfehlungsschreiben meinerseits.«

»Empfehlungsschreiben?«

»Ja. Dies wäre mein Vorschlag für unseren Platztausch. Wir beide demissionieren in jeweils einem kurzen Brief und empfehlen uns gegenseitig als Nachfolger.«

»Das wäre in meinem Fall nicht notwendig, da mich meine Chefsekretärin ohnehin nie zu Gesicht bekommt. Sie schiebt mir die Post tagtäglich unter der Tür durch. Für Radio- oder Fernseh-Interviews habe ich mehrere standardisierte Zusammenschnitte eingelagert, in denen ich in fünf Minuten viel rede und nichts sage. Ich verwende zudem einen kaum benutzten Seiteneingang des Ministeriums. Schließlich will ich nicht jedem beliebigen Unterläufel begegnen und ihn grüßen müssen!«

»Wie steht es mit Ihrer Gattin? Glauben Sie, dass sie jemandem abgehen würde, wenn ich sie bei einem intimen Abendessen verspeiste?«

»Kaum. Ihre Eltern sind verschieden, die Erbschaft habe ich nahezu aufgebraucht.« Hastig fügte er hinzu: »Natürlich brauchen Sie nicht zu darben, werter Kollege! Ein paar hunderttausend Euro liegen unter dem Kennwort *B. Stechlich* auf einem anonymen Nummernkonto in der Schweiz.«

In der nächsten Stunde feilten wir an den Detailbedingungen für den Rollentausch. Wir zerbrachen uns die Köpfe über das exakte Prozedere beim Arbeitsplatzwechsel. Wir gaben uns eine gegenseitige Einschulung auf die neuen Aufgabengebiete, die Besprechung dieses Aspekts dauerte knapp fünf Sekunden. Emmerling erhielt einen präzise formulierten Empfehlungsbrief an Elesal. Zuletzt besprachen wir die Dauer des Platzwechsels.

Vorerst, so einigten wir uns, sollte die Probezeit sechs Tage betragen, mit der Option auf eine Verlängerung um drei Wochen.

Er war ein harter Verhandlungspartner und wollte mich mehr als einmal über den Tisch ziehen. Ich musste höllisch aufpassen, doch schließlich waren die letzten Details in beiderseitigem Einvernehmen ausformuliert.

Ich schwitzte, ebenso wie mein Partner.

»Meine Hochachtung, Dr. Emmerling. Wir haben ein für beide Seiten befriedigendes Ergebnis erzielt. Ich würde Ihnen jetzt gerne die Hand schütteln, aber ich nehme an, dass Ihr Misstrauen immer noch überwiegt, nicht wahr?«

»Mein lieber Wyrmbrom, seien Sie mir nicht böse, aber wir wollen uns doch an die Formalitäten halten.« Er tupfte sich die schweißnassen Schläfen mit einem weißen, handbestickten Taschentuch ab. »Ach ja, ich habe noch etwas vergessen …« Er stapfte zu seinem Schreibtisch, öffnete eine Aktenablage und zog eine lange, nietengespickte Peitsche hervor. »Die hat mein Freund vor einiger Zeit hier liegen lassen.«

Ich lächelte. »Gut. Ich zähle bis drei, Sie öffnen die Kreidegrenze des Pentagramms mit einem Schwamm und ziehen sich gleichzeitig in den magischen Schutzwall zurück, den Sie soeben gezeichnet haben. Ich nenne Ihnen die Beschwörungsformel, mit der Sie sich an meinen Arbeitsplatz befördern können. Sie sprechen die Worte, löschen, sobald Sie ein Ziehen in Ihrer Leibesmitte verspüren, den Schutzwall, und der Austausch ist vollzogen.« Ich bleckte die Fangzähne. »Ich darf doch auf Ihre Ehrlichkeit zählen? Sie wissen doch: Mit meinem Spürsinn finde ich Sie an jedem Ort zwischen Hölle und – pftui – Himmel!«

»Natürlich! Mein Herr! Ich bin ein Ehrenmann!« Sein Gesicht zeigte helle Entrüstung.

»Nun denn: Grüßen Sie mir Elesal! Eins. Zwei. Drei. Jetzt!«

Der Austausch funktionierte wie geplant. Dr. Emmerling probierte keine krummen Dinger.

Es roch für einige Sekunden nach Schwefel, gelbliche Rauchwölkchen dampften aus dem Perser-Teppich. Mein Geschäftspartner verschwand indes.

Wohlig streckte ich mich und erfreute mich an der neu gewonnenen Freiheit. Das Pentagramm war enganliegend gewesen.

Mit einem kräftigen Pissstrahl markierte ich mein Revier, ließ mich in den ledernen Sessel fallen und betätigte die Rufverbindung zu meiner neuen Sekretärin. Ich imitierte die Stimme Dr. Emmerlings.

»Frau Zimpel, würden Sie mir bitte eine junge Dame zum Diktat hereinschicken?« Es wurde Zeit für das Gabelfrühstück.

Nur kurz dachte ich an meinen Geschäftspartner, der wahrscheinlich soeben das Empfehlungsschreiben an Elesal weiterreichte. Sobald der las, dass Emmerling gerne ein paar Stunden mit Diavolos Weib verbracht hätte, würde er ihn sich schnappen und für drei- bis viertausend Jahre in den höllischsten Kerker schmeißen. Er ist halt ziemlich eifersüchtig, der Feuerdämon.

Natürlich musste der Austausch zwischen Emmerling und mir laut Vertrag in sechs Tagen vollzogen werden – aber Kesselstrafen wurden in der Hölle nicht angerechnet.

Oh je. Hatte ich etwa vergessen, Emmerling darauf aufmerksam zu machen?

Wie ungeschickt von mir.

Die folgende Geschichte ist eine meiner allerersten, ich bitte also um Nachsicht. Sie muss so um 1996 entstanden sein. Sie ist unanständig, böse und ordinär und hält einer Überprüfung nach zeitgemäßen moralischen Standards keinesfalls mehr stand.

Dennoch habe ich mich dazu entschlossen, sie weitgehend unverändert zu belassen und sie in diesem Kurzgeschichtenband zu veröffentlichen. Denn ich mag diese Geschichte.

Es wird also noch in österreichischen Schillingen gerechnet. Der Westbahnhof, in dessen Innerem sich ein Teil der Geschichte abspielt, ist heutzutage auf einen Regionalbahnhof runtergestuft worden. Und die Prostituierten stehen schon lange nicht mehr in der erwähnten Felberstraße.

Eine der auftretenden Figuren, Ernesto, ist eine Hommage an meinen leider schon verstorbenen Kollegen Ernst Vlcek. Wie Ernesto hatte auch Ernst stets die Zigarettenmarke »Dreier« geraucht. Das waren »richtige Beuschlreißer«, wie man in Wien sagt. Also starke Zigaretten ohne Filter.

Zigaretten aus Wien

Herr Claus hatte schlechte Laune. *Verdammt* schlechte Laune.

Erstens war heute *sein* Arbeitstag, und so wie jedes Jahr brach weltweit völlig unverständliche Hektik aus. Zweitens hatte seine Frau mittags das Rentiersteak verbrannt – nein, verkohlt! –, und das nach mehrhundertjähriger Routine. Drittens hatte der Akku seines Zweit-Handys endgültig den Geist aufgegeben, und viertens lag der Tabakbeutel vergessen zu Hause auf der Kommode.

Und da lag das wahre Problem: Er brauchte etwas zu rauchen. Sofort.

Herr Claus gierte mit jeder Faser seines Körpers nach dem Geschmack einer Selbstgedrehten.

*

Wo war er gerade? Ungeduldig zerrte er an den Zügeln und zwang die Rentiere in eine enge Linksschleife.

Unter ihm breitete sich der Alte Kontinent aus. Die schneebedeckten Ausläufer eines Gebirges – offensichtlich der Ostzipfel der Alpen – mündeten in ein stark besiedeltes Flachland. Herr Claus konzentrierte seine besonderen Sinne auf die größte Stadt des Beckens.

Viele alte Leute auf den Straßen, die Häuser grau in grau, hauptsächlich mürrische Gesichter und höchst unfreundliche Gedanken. Das kann nur Wien sein.

Der Weihnachtsmann schnalzte, ließ die Zügel locker und brachte sein Zwölfergespann auf Abwärtskurs. Rudolf scherte unkontrolliert aus und der Weihnachtsmann hatte Schwierigkeiten, die Kontrolle über sein Gefährt zu behalten.

Das elende Vieh ist wieder einmal an die Schnapsvorräte gegangen! Seine Nase leuchtet wie eine rote Ampel. Scheiß-Flugpersonal!

Mühsam konzentrierte sich Herr Claus auf die Stadt, auf die Verkaufsläden. Wo konnte er um diese Tageszeit Tabak herbekommen?

Was ist das für ein Gebäude? Ach ja, der alte Westbahnhof. Dort gab es eine gutsortierte Trafik, wenn ich mich recht erinnere. Vor einigen Jahren bediente mich dieses stramme, wohlgeformte Mädel mit den zwei riesengroßen …

Ein bedrohliches Donnern ließ ihn seine Gedanken vergessen. Es war nicht gut, allzu tief in schmuddelige Erinnerungen abzugleiten. Nicht bei ihm.

Wütend schüttelte der Weihnachtsmann seine rechte Faust in Richtung des wolkenverhangenen Himmels. »Aber den Tabak musst du mir gönnen, sonst kannst du die Drecksarbeit alleine machen!«, brüllte er.

Ein bescheidenes, leises Grummeln antwortete ihm aus der Wolkendecke.

»Na also«, grummelte Herr Claus. »Ab nach unten.«

*

Die wenigen Menschen, die eng an die Häuser geduckt durch die Straßen schlichen, achteten nicht auf das merkwürdige Gefährt, das holpernd und mit leichter Schräglage auf der Felberstraße aufsetzte.

Nur eine der ortsansässigen Huren, Susi Pospisil – Künstlername Domenica Bizarro –, glaubte, im Gespannlenker einen ihrer Stammkunden wiederzuerkennen Der Auftritt hätte zumindest zu seinen ausgefallenen Spielchen gepasst.

Als der Schlitten hinter dem Parkhaus des Westbahnhofs abbog, zog sich Susi enttäuscht in das Dunkel des violett bemalten Hoteleinganges zurück. Donner und Blitz begleiteten den Lenker, der lauthals fluchte. Selbst aus der großen Entfernung verstand sie jedes Wort.

Der Mann zwängte seine Tiere in eine freie Parklücke in der Kurzparkzone. Nicht ohne Mühe, fand Susi, denn eines der Tierchen zog stetig nach links.

Dann stieg der Bärtige, der sie frappant an jemanden erinnerte, vom Kutschbock. Er ging nach vorn, hieb dem desorientierten Rentier auf die Nase und flüchtete sich mit drei weiten Sprüngen in den Nebeneingang zur großen Bahnhofshalle. Ein Blitz fuhr knapp neben ihm in den Boden und setzte beinahe den Stand eines verdutzten Zeitschriftenhändlers in Flammen.

Echt merkwürdiger Typ. Susi zündete sich eine Zigarette an. *Aber was soll's. Ich hab schon Schlimmere zwischen den Beinen gehabt.* Sie zog einen ihrer Strümpfe hoch und dachte mit Vorfreude an das heutige Weihnachts-Special von »Reich und Schön«.

*

»Aus dem Weg, ihr Lurche!«

Herr Claus stürmte wie ein wildgewordener Bulldozer durch die obere Kassenhalle. Einerseits hatte er es eilig, sein Arbeitstag würde reichlich lange werden. Andererseits fühlte er unbändige Vorfreude auf den ersten Zug am Glimmstängel.

Die Rolltreppe hinunter. Quer durch die untere Halle. Hinein ins Geschäft und …

»Geschlossen!«, brüllte er und rüttelte zornig an der Tür. »Wegen Weihnachtsferien geschlossen!«

Die wenigen Menschen, die sich in der Halle aufhielten, beobachteten Herrn Claus dabei, wie er seine Weihnachtsmütze zu Boden schleuderte und wütend darauf herumtrampelte. Sie wandten sich rasch wieder ab. Ein als Weihnachtsmann verkleideter Betrunkener, der dem Original nicht im mindesten ähnlich sah … wen interessierte das schon?

»Holla, wos'n los?« Ein Sandler torkelte aus dem Pissoir neben der Trafik und steuerte auf Herrn Claus zu. »Beruhig di, Oida. Wüsd an Tschick?«, lallte er.

Tschick? Zigarette? Der Weihnachtsmann hielt abrupt inne und blickte den in Lumpen gehüllten Mann an, der nach billigem Wein stank und ihm zitternd eine zerknitterte Schachtel hinhielt.

Herr Claus griff ehrfürchtig nach der ausgestreckten Hand, als befürchtete er, die Gestalt des Sandlers könnte sich bei einer zu schnellen Bewegung ins Nichts auflösen. Mit zwei spitzen Fingern nahm er die angebotene Zigarette – eine Dreier ohne Filter – und nahm sie blitzschnell an sich.

»Brauchsd an Zund?« Der Clochard hielt ihm nun Zündhölzer hin. Der Weihnachtsmann riss sie ihm aus der Hand, duckte sich gegen den stetigen Luftzug in der Halle und zündete die Zigarette an.

Erleichtert sog Herr Claus an der Dreier. Er inhalierte den Rauch, ganz tief, bis er seinen Lungenspitzen »Hallo« sagen konnte. Er hustete lauthals – offensichtlich eine beginnende Verkühlung – und lehnte sich entspannt gegen die Wand. Dankbar sah er den Sandler an, der aus blutunterlaufenen Augen zurückstarrte.

»Guter Mann, Sie haben mir das Leben gerettet«, sagte Herr Claus würdevoll. »Würden Sie mir Ihre ganze Packung verkaufen für … sagen wir mal … tausend Schilling?«

*

Ernesto, der alte Sandler, setzte sein bestes Pokergesicht auf, doch es misslang. Wortlos streckte er die Hand aus und nahm die druckfrischen Fünfhunderter entgegen. »Passt scho, danke«, murmelte er und hob die Hand zum Gruß, als der Weihnachtsmann die niedergetrampelte Haube aufhob und davon stürmte.

»Halleluja«, murmelte Ernesto, als er den Verrückten nicht mehr sehen konnte, drückte sich beim Zigarettenautomaten neben der Trafik ein neues Päckchen Dreier runter, und wankte anschließend zur Branntweinstube an der Ecke. Das Heilige Fest war gerettet.

*

Herr Claus fühlte sich besser. Sehr viel besser.

Er hatte zwar nicht seinen Lieblingstabak bekommen, doch in der Not durfte man nicht wählerisch sein.

Der Himmel klarte nach dem kurzen Donnerwetter bereits wieder auf. So etwas wie melancholische Schönheit lag über Wien, als er den Westbahnhof verließ. Fröhlich pfiff Herr Claus eine Kindermelodie über den Osterhasen, knuffte Rudolf freundlich in die Rippen und schwang sich auf den Kutschbock.

Sein Bord-Videofon läutete. Schlagartig verschlechterte sich seine Laune wieder. Er richtete die Kamera auf sein Gesicht aus. Er kannte die Rufnummer: Es war dieser PR-Mensch aus den Staaten.

»Hallo«, knurrte er in das Mikrophon.

»Hi, alter Junge!«, grüßte Hank, der braungebrannte, aalglatte Yuppie. »Alles okay?«

Herr Claus versteckte den Zigarettenstummel hinter seinem Rücken. »Alles bestens! Ich habe bereits mit meiner Tour begonnen und wollte …«

»Na, da schwindelt doch einer!« Hanks Grinsen gefror. »Unsere Bordsensoren zeigen, dass dein Schlitten seit mehr als zwanzig Minuten auf demselben Fleck steht. Nur das Leittier dürfte zweimal umgefallen sein.« Sein Gesprächspartner nuckelte genüsslich an einer Zigarre. »Wenn du bei jedem Haus so lange brauchst, bekommen die letzten Leute im Hochsommer ihre Geschenke. Hochsommer 2028, wohlgemerkt.«

Dieses schmierige, kleine Arschloch will mir sagen, wie ich meine Arbeit zu verrichten habe?

»Machst du schon wieder eine Zigarettenpause? Du weißt ja, ich bin dein Freund, aber wenn dich die Jungs vom Wachpersonal beim Rauchen erwischen, bist du fällig. Nein, unterbrich mich nicht! DU wolltest weg vom Nordpol und in dieses bescheidene Schlösschen in Bel Air ziehen. DU wolltest vergoldete Türgriffe, Kaugummis auf Lebenszeit – ich glaube, da hast du uns ganz schön reingelegt –, Jacke und Hose aus synthetischen Stoffen, damit sie nicht so kratzen wie das selbstgestrickte Zeugs von deiner Alten, und beheizte Stiefel. DU wolltest, dass wir deine Zwergenbrut ausrotten, weil sie so stinkt.«

Hank holte kurz Luft. »Und wenn deine Sponsoren in Atlanta als Gegenleistung für ihre Gefälligkeiten kleine, bescheidene Forderungen stellen, so ist das nur legitim.«

Hank richtete den ausgestreckten Zeigefinger auf ihn. »Also wirst du dir Nase und Wange sorgfältig pudern, damit du wie auf den Flaschenetiketten aussiehst, und du wirst in der Öffentlichkeit nicht rauchen. Haben wir uns verstanden?!«

Herr Claus nickte resignierend. Diese verdammten Typen hatten ihn mit dem Vertrag in der Hand. Seit 1920! Nun ja, für das Jahr 2121 besaß er eine Ausstiegsklausel.

Hanks Stimme durchbrach seine Gedanken. »Also mach's gut, alter Junge … und putz die Haube!«

Das Bild erlosch.

Herr Claus konnte in über dreitausend Sprachen fluchen, und er nutzte dieses Talent in den nächsten Minuten ausgiebig. Woraufhin über dem Wienerwald dunkle, schneeträchtige Wolken aufzogen. Heftige Winde fegten durch das Wiener Becken, und auf der Hohen Warte wurden Erschütterungen geringer Stärke im sonst erdbebensicheren Marchfeld gemessen. Doch das war, bevor der Weihnachtsmann den Strafzettel entdeckte.

*

Als Herr Claus das Geschirr überprüfte – Rudolf hatte sich unrettbar darin verheddert – fand er die Anonymverfügung. Unschuldig steckte sie, sorgfältig zellophaniert und glattgestrichen, auf dem Geweihende seines betrunkenen Leithirsches. Ungeduldig riss Herr Claus die Hülle auf und las: »Wegen Paragraphs Soundso (siehe umseitig) werden Sie zu einer Zahlung mit beiliegendem Erlagschein in der Höhe von 600 Schilling verpflichtet, andernfalls Ihr KFZ (durchgestrichen und auf *Schlitten* ausgebessert) beschlagnahmt werden muss. Sie haben kein Recht, gegen diesen Bescheid Einspruch zu erheben …«

Die Zornesröte dampfte sich durch die Schminke seiner Wangen. Die Hitze entzündete fast die malträtierte Haube. Wo war dieser Beamten-Wicht?

Herr Claus setzte seinen Suchsinn ein. Binnen weniger Sekunden hatte er den Mann gefunden. Er stand ein knappes Dutzend Autos vor seinem Schlitten und kritzelte hingebungsvoll auf einem Block herum.

Der Weihnachtsmann stürmte auf den Uniformierten zu und setzte zu einer Schimpftirade an, als ihn ein gräuliches Grollen an seinen Vertrag erinnerte. Und der wiederum erinnerte ihn an die Villa in Bel Air.

Also riss sich Herr Claus zusammen, auch wenn es ihm schwerfiel. »Verzeihen Sie«, sprach er den Mann an, »haben Sie diesen Strafzettel für mein Gespann ausgefüllt?« Nervös strich er über seinen Bart.

Magistratsbeamter Berthold, Dienstnummer 3854, drehte sich mit einem süffisanten Lächeln um. »Ah, *Sie* sind das!« Er musterte den Weihnachtsmann verächtlich von oben bis unten. »Genau so habe ich Sie mir vorgestellt.«

»Lieber Herr Parksheriff, ich war kaum zehn Minuten im Bahnhof, um mir Zigaretten zu kaufen.« Herr Claus versuchte einen matten Scherz: »Greifen Sie ruhig meine Rentiere an, sie sind noch warm, haha.«

Berthold hatte keinen Humor. »Unterlassen Sie diese Witzchen, ja? Sie haben länger als die erlaubten zehn Minuten ohne Parkschein in der Kurzparkzone gestanden, ich habe mir die Zeiten notiert. Hier steht schwarz auf weiß, wann Sie angekommen sind.«

»Ich sagte doch, ich habe mir bloß Zigaretten gekauft. Haben Sie doch ein wenig Verständnis und zerreißen Sie den Strafzettel.« Verschwörerisch beugte sich der Weihnachtsmann zum Beamten hinab und zwinkerte ihm zu. »Schließlich ist heute Weihnachten, das Fest der Freude.«

»Sie! Lassen Sie diese Vertraulichkeiten! Ein Beamter ist immer im Dienst, und das Fest kann mir gestohlen bleiben! Außerdem lügen Sie, denn die Trafik hat bereits vor zwei Stunden geschlossen.« Berthold grinste hämisch. »Wahrscheinlich haben Sie schmutzige, kleine Pornohefte im Zeitschriftenladen durchgeblättert, sie scheinheiliger Moralapostel.«

Herr Claus schrie: »Ich bin der Weihnachtsmann!«

Berthold antwortete, ebenso lautstark und sich seiner Macht voll bewusst: »Haben Sie einen Ausweis, der das bestätigt? Herr! Sie fangen sich soeben eine Beamtenbeleidigung nach Paragraph 154, Absatz 4, ein. Und außerdem: Wo ist denn das Pickerl für Ihren Schlitten, nach Paragraph 57a Strafverkehrsordnung?«

Es reichte. Herr Claus spürte das Grummeln in seinem Magen. Vorbei war's mit der Selbstbeherrschung, er ließ seinen Gefühlen freien Lauf.

Selbst der Riss quer durch die Felberstraße (mit direktem Blick auf das Wohnzimmer des Teufels) konnte ihn nicht davon abhalten, den Vertragsoberbediensteten Berthold mit einem Schlag der flachen Hand zu Boden zu strecken und gezählte 1.322 mal auf ihm herumzutrampeln.

*

»Stil-le Nacht, hei-lige Nacht«, tönte es, vom Wind getragen, von der Mariahilfer Straße zu Herrn Claus herüber, als er die blutigen Reste des Magistratsbeamten vom Boden kratzte und sie seinen Rentieren – vermischt mit ein wenig Hirse – zum Fressen anbot. Anders als ihre irdischen Verwandten verschmähten die Gespanntiere Frischfleisch keineswegs.

Rudolf rülpste genüsslich.

*

Susi bekam den Schlussakt der Auseinandersetzung trotz des tobenden Sturms mit. Vor ihr klaffte ein Riss quer über die Straße und bot einen Blick auf Dinge, die sie noch nicht oft gesehen hatte. *Obwohl, der eine Freier, der mit dem krummen Zumpferl, der war noch besser ausgerüstet als die da unten …*

Sie sah wieder hoch und beobachtete die letzten vier-, fünfhundert Sprünge des erzürnten Weihnachtsmanns.

Der Kerl hat wahrlich keine schlechte Technik, aber er müsste dem Parkwachler noch mehr ins Kreuz steigen. Sie drückte ihre Zigarette aus und zündete sich eine neue an. *Interessant. Die Nummer mit den Rentieren kannte ich noch nicht. Aber mit Tieren hab ich's auch nicht so.*

Der bärtige Mann, der sie immer noch an jemanden erinnerte, wischte Blut, das an seinen Händen klebte, an der ohnehin roten Hose ab. Er blickte wild um sich, fixierte sie und kämpfte sich schließlich gegen eine Mischung aus Hagel, Schnee, Wind, Eis, Erdbeben, Feuer und Wirbelstürme zu ihrem Standplatz vor.

»Sag mal, kennen wir uns nicht?«, rief er.

Normalerweise war das die übliche Anmache, aber in diesem Fall …

»Ich hab's! Ich vergesse doch kein Gesicht!« Er schlug sich lachend vor den Kopf. »Du bist doch das Mädel von der Trafik im Westbahnhof! Mit den zwei hübschen … hm … Melonen! Kannst du dich nicht erinnern? Vor knapp zwanzig Jahren …«

Die Erde schüttelte sich.

Mit einem Mal fiel es Susi ein: »Aber ja!«, rief sie gegen den Sturm. »Du warst mein erster Freier! Es war das gleiche Hundswetter wie heute, es war Weihnachten, so wie heute, und du hast mir's mächtig besorgt.« Sie strahlte. »Und anschließend hast mir fünfhundert Schilling dagelassen. Und da hab ich mir dacht, dass das ein schnell verdientes Geld wäre und hab den Job in der Trafik hing'schmissen.« Sie errötete wie eine Anfängerin. »Na ja, die Melonen sind heute eher Zucchini. Aber wenn du Lust hast – dir mach ich's umsonst.«

Die Augen des Weihnachtsmanns begannen zu glänzen, seine Hose beulte sich im Schritt. »Fein, Mädel, wir machen uns eine schöne Nacht.« Und nach oben, in Richtung des tobenden Sturmes, schrie er: »Ich kündige! Und sag's gleich meiner Alten und den Typen in Atlanta weiter. Ich pfeif auf die Pönale!« Er folgte Susi, die ihren Hintern lasziv hin und her bewegte.

»Sag einmal, du hast doch sicher an Erfahrung gewonnen während der letzten zwanzig Jahre?«, rief er ihr in das dunkle Stiegenhaus nach.

»Ein oder zwei Tricks kenn ich schon. Aber ich glaub, du bist auch ganz schön ausgewaschen.«

Sie verschwanden in einem schmuddeligen Hotelzimmer und vögelten sich um Herz und Verstand.

*

Der Weihnachtsmann wurde noch am selben Tag entlassen und besitzt heute ein gut gehendes Geheimbordell in Gramatneusiedl.

Susi Pospisil steht nach wie vor an ihrem Stammplatz. Ihr neuer Freund – ein junger Mann, der aus der Spalte in der Felberstraße geklettert kam – bot ihr einen gut dotierten Arbeitsvertrag für die strenge Kammer an. Natürlich über ihren Tod hinaus.

Ernesto der Sandler kaufte mit seinen letzten Schillingen ein Brieflos, wurde reich, berühmt und schließlich Infrastruktur-Minister.

Hank wurde entlassen und heiratete Frau Weihnachtsmann, die er wenige Monate später erdrosselte.

Die kläglichen Überreste des Magistratsbeamten Berthold wurden am Zentralfriedhof bestattet. Sie sind heute beliebtes Ausflugsziel frustrierter Wiener Autofahrer, die auf sein Grab spucken.

Rudolph das Rentier erfüllt von Zeit zu Zeit im Bordell des ehemaligen Weihnachtsmanns besondere Wünsche und säuft sich langsam zu Tode.

Die Getränkefirma in Atlanta schloss noch am selben Abend einen hochdotierten Werbevertrag mit dem Christkind ab. Wundert euch also nicht über das neue Gesicht auf den Flaschenetiketten, Kinder.

Meine Cousine ist Profi-Fotografin, die auch immer wieder mal für den »Playboy« arbeitet und exzellente Bilderserien mit (meist) weiblichen Modellen schafft.

Ich hatte um das Jahr 2005 herum die Idee zu einem gemeinsamen Projekt: Ich würde einen kurzen Fantasy/Horror-Text schreiben – und sie würde diese Geschichte in eine Bilderserie umlegen.

Zu dieser Zusammenarbeit ist es leider niemals gekommen. Meine Story vom Kampf zwischen Gut und Böse ist aber erhalten geblieben.

Seraphe und Astaroth

Die Stadt ist mir fremd. Ich fühle eine kalte Ausstrahlung. Verdrossene und zusammengedrückte Menschen sitzen in ihren Wohnhöhlen und verbreiten Bitternis. Sie sehnen sich nach Momenten des großen Glücks – und verpassen dabei die kleinen.

Doch das tut nichts zur Sache. Ich sitze im Lokal und warte.

Die letzten Besucher torkeln hinaus ins Freie. Der Barkeeper und eine gelangweilte Nutte schieben eine schnelle, von Alkoholdunst durchsetzte Nummer auf einer Tischplatte und verlassen anschließend ebenfalls das Lokal.

Ich schleiche mich aus meinem Versteck hinter einem der vielen Spiegel, schnappe mir eine Flasche Soda und eine Flasche Wodka. Ich lümmle mich in einen der plüschbesetzten Sessel, die Beine auf dem Tisch überkreuzt. Die Spermaspuren des Barkeepers vermengen sich langsam mit dem klebrigen Saft eines ausgeschütteten Glases Rotwein. In wenigen Stunden, wenn die Stadt wieder zu Leben erwacht, wird die Putzfrau die Spuren von Sex und Alkohol mit einem einzigen Wisch beseitigen.

Bis dahin muss eine Entscheidung gefallen sein.

Der Gestank nach kaltem Rauch und saurem Wein überlagert alle anderen Sinneswahrnehmungen. Endlose Reihen an Lampen und Scheinwerfern, in Boden, Decke und Seitenwänden eingelassen, werden von massiven Spiegelflächen und Glasscheiben reflektiert. Die ockerfarbenen, von zahlreichen Nischen durchbrochenen Wände schlucken einen Teil des Lichts und sorgen für eine schummrige Atmosphäre. Manche Ecken bleiben dunkel, als ob selbst das Licht nicht wagte, dorthin vorzudringen. In einer dieser Nischen warte ich nun.

*

Sie sind da. Ich kann es spüren.

Die Seraphe hockt auf der Balustrade und starrt durch eine Glaswand auf mich herab. Sie bleibt bewegungslos, wie erstarrt. Nur ihre Beine zittern.

Ein Engel mit einem Schwert? – Eigentlich ein Widerspruch in sich. Aber zur Verteidigung des Himmlischen Reiches sind den göttlichen Heerscharen alle Mittel recht.

Die Astaroth, das dunkle Wesen mit der dunklen Seele, tritt aus der Küche. Man sagt, dass die Mächte des Bösen stets dort erscheinen, wo die Manifestation der Sünde am Frischesten und am Deutlichsten ist. Und ich frage mich, was die Kunden des Lokals heute für Speisen vorgesetzt bekommen haben.

Die Seraphe heißt Chemyr. Als ich sie ansehe, spüre ich ihren Namen im Herzen. Ihre Blicke dringen in mein Inneres, fräsen einige dunkle Ränder von meiner Seele und wärmen mich.

Ein knochenähnliches Geflecht überzieht ihre Waffenhand – die Rechte – und verlängert die Finger zu grässlichen Krallen. Die Spitzen dieser Waffen aus dem Repertoire des Himmels leuchten von innen her.

Chemyrs Brüste sind mit Stoffflecken aus Latex überzogen, die von zarten Fäden in Position gehalten werden. Der makellose, muskulöse Körper ist mehr entblößt denn verdeckt. Lediglich die Scham wird durch eine Art Slip vor neugierigen Blicken geschützt. Ein tolles Arbeitsgewand.

Die Astaroth nennt sich Cync. Auch sie schenkt mir einen Blick. Ich erhitze innerlich, ich drohe zu verbrennen.

Nervenenden, die ich bislang nicht kannte, erzeugen ein Vibrieren und ein unbestimmtes Verlangen in mir. Ich unterdrücke ein Keuchen.

Die Höllischen Garden tragen Leder in dieser Saison. Rote Lederstiefel schmiegen sich eng an Cyncs Körper und ragen weit über die Knie. In einer höllischen Umkehrung moralischer Werte bleiben Unterleib und Busen unbedeckt. Die schweren Brüste werden von Lederbändern angehoben, die um einen gusseisernen Ring an Cyncs Hals gewickelt sind. Scham und Brustwarzen sind mehrfach gepierced. Schwere Metallbänder formen jeweils eine Schlange, die sich selbst in den Schwanz beißt.

Cync löst sich zuerst aus der Erstarrung, die mit dem Transport herab auf die Erde stets einhergeht. Sie lässt ein vulgäres Lachen hören, bevor sie auf mich zukommt. Ich fühle Angst, als apokalyptische Visionen voll Blut, Tod und Schmerz mein Sehen überlagern.

Längst habe ich die Beine vom Tisch genommen und mich in eine abwehrende Stellung begeben; die Beine geschlossen und die Brüste von meiner Jacke bedeckt.

Cync beugt sich über den schmierigen Tisch und leckt über die Platte, dort, wo der Barkeeper in die Weinlache ejakuliert hat. Dann beugt sie sich über mich.

Ich kann mich nicht bewegen; ich versinke in ihren Blicken, die dunkles, ewiges Feuer ausstrahlen. Sie setzt sich auf meinen Schoß, die Beine gespreizt. Mit einer wilden Bewegung und unbändiger Kraft reißt mir Cync die Jacke vom Oberkörper. Ihre spitzen Nägel trennen mein Top entzwei.

Langsam tropfen die gemischten Spuren von Sperma, Wein und grünem Speichel von Cyncs langer Zunge auf meinen Oberkörper. Ich meine, vor Schmerz explodieren zu müssen und versuche, etwas zu sagen; doch ein Blick der Astaroth hindert mich daran. Sie beugt sich weiter vor und nähert sich mit ihrem Mund dem meinen. Ihre langen, spitzen Nägel spießen sich an hunderten Stellen in mein Fleisch. Ich spüre, wie ein Penis aus ihrem Unterleib wächst. Mir wird übel, während ich das dunkle, pochende Glied betrachte. Es nimmt ungeheure Ausmaße an, mein Herz schlägt wie rasend. Ich drohe, von den dunklen Gedanken dieses Geschöpfs verschlungen zu werden – und dennoch fühle ich eine Form von Lust, die in mir wächst und wächst.

Mit einem simplen Gedanken zerreißt Cync meine Hose. Der Stoff verbrennt kalt auf meinem Leib und lässt mich nackt. Ich spüre unbändige Angst, Erregung, Hass und Schmerz gleichermaßen. Es riecht tatsächlich nach Schwefel, als sie mich küsst.

Sie setzt ihren Schwanz an und beginnt, mich zu penetrieren, mich zu durchdringen, mich auszufüllen, mich zu ihrem Eigentum zu machen …

… als Chemyr den Astaroth von mir herunterreißt.

Cync landet, von ungeheurer Wucht getragen, meterweit entfernt auf der Tanzfläche.

Weißblaue Glut umgibt die Seraphe. Mit einer einfachen Geste befiehlt sie mir, die Reste der Jacke um meinen entblößten Körper zu legen. Ein Sprühregen aus Liebe, Mitleid und Vergeben ergießt sich über mich.

Chemyr dreht sich um zu Cync und bedeutet ihr, sich zu erheben. Die Astaroth wirkt unverletzt, als sie aufsteht. Cync lacht dröhnend, mit einer viel zu tiefen Stimme.

Die beiden umkreisen sich. Die aufrecht schreitende Chemyr, der ein Schein hellen Lichtes nachfolgt, ähnlich einem verglühenden Kometen. Die geduckt und katzenhaft schleichende Cync, deren lederbedeckte Füße ätzende Abdrücke im Boden hinterlassen.

Mit einem markerschütternden Aufschrei stürzt sich Astaroth auf Seraphe.

Mir wurde gesagt, dass die Kämpfe zwischen Gut und Böse bereits im ersten Moment entschieden werden. In einer göttlichen Abwägung der jeweiligen Kräfte ergibt sich, wer unterliegen und wer siegen wird.

Die Entscheidung folgt so rasch, dass man kaum Hieb und Abwehr erkennen kann und einer der beiden entseelt zu Boden sinkt.

Dieses Bild ist falsch. In Wirklichkeit folgen Finte und Schlag, Abwehr und Angriff, Täuschung und Manöver so rasch aufeinander, dass ein menschliches Auge die Wahrnehmungen kaum voneinander trennen kann.

Chemyr nutzt Strahlen aus reinem Licht als Schwert, die aus ihrer rechten Hand dringen. Cync schützt sich mit einem runden Knochenschild, der wie von Geisterhand erscheint. Grüner, giftiger Schleim tropft stetig vom Schild und hinterlässt tiefe Löcher dort, wo er den Boden berührt. Mit einer Lederpeitsche, die in flammenden Schlangenköpfen endet und schwärende Wunden reißt, greift Cync den Sendboten des Himmlischen Reiches an. Chemyr erschafft einen Schild aus Glas, der bei jeder Abwehr hellrot aufglüht und Wärme abgibt.

Der Kampf wogt hin und her, wird im ganzen Lokal geführt. Flaschen splittern, Tische brechen zusammen, Lampen explodieren, Rauch erfüllt die Luft.

Um mich herum tobt das Inferno, während ich mich in Todesangst an die Reste meiner Jacke klammere und mich notdürftig bedecke. Vor wem schäme ich mich eigentlich? Vor mir selbst?

Die Wunde auf meiner Brust schmerzt.

Ich bin vom Kampf ausgenommen. Ich stehe in einem Niemandsland, während alles rings um mich zu Bruch geht. Explosionen, splitterndes Glas, brechende Holzbohlen, Wolken aus Alkohol und Feuer, das aus dem Nichts entsteht und im Nichts vergeht …

Die Astaroth springt auf meinen Tisch, den einzigen noch nicht zu Bruch gegangenen in der Bar. Sie tänzelt, beweist im Kampf wunderbare Beinarbeit, setzt die Füße vor und zurück – und rutscht aus. In jener öligen Spur, die sie selbst mit der Zunge gezogen hat.

Sie fällt schwer nach hinten und prallt mit dem Hinterkopf auf. Sodaflasche und Glas fallen zu Boden und zersplittern. Lediglich der Wodka bleibt wunderbarerweise stehen.

Die Zeit gefriert. Ich sehe, wie Chemyr langsam um den Tisch herumgeht – nein, schwebt! – und Cyncs Kopf am dunklen, wallenden Haar nach oben zieht.

Die Astaroth ist immer noch geschwächt und verwirrt. Sie erwartet benommen den tödlichen Hieb, der den Kopf vom Leib trennen wird.

Die Wunde auf meiner Brust eitert.

Chemyr holt weit aus.

Der faulende Eiter dringt in meine Blutbahnen ein.

Cync faucht, zornig und ängstlich zugleich.

Ich entscheide.

Ich greife rasch zum Wodka, schlage die Flasche gegen den Tisch ab und drücke den scharfkantigen Hals in den weichen Hinterkopf der Seraphe.

Chemyr dreht sich um. Sie blickt mich mit einer Mischung aus Erstaunen und Verzweiflung an. Dann stürzt sie entseelt zu Boden. Das blauweiße Flammenschwert erlischt, der Schild aus Glas zerbricht.

Ruhe.

Dann ein Lachen, durchdrungen von hässlicher Bösartigkeit. Cync rappelt sich keuchend hoch.

Sie blickt mich taxierend an und sieht die Narbe auf meiner Brust.

Sie kommt näher, umfasst mich grob an Haaren und Brüsten und stößt mir ihre lange Zunge, die so verdammt gut schmeckt, in den Rachen.

Nach einem ewigen Moment der Lust, den sie mir bereitet, sagt sie: »Speichel. Höllisch, giftig, verderbend. Er macht euch Irdische gefügig.«

Sie dringt langsam und genussvoll in mich ein. Wir werden eins. Ich spüre, wie sie sich ausbreitet und mich besetzt.

Ich höre Cyncs Stimme in meinem Kopf: *Willst du wissen, von welchen Wesen das Fleisch für das heutige Mittagsmenü im Lokal stammte? Nun, die Idee war so ausgefallen böse, dass es mir leichtfiel, rasch in der Küche zu manifestieren und die notwendigen Sekunden Vorsprung zu gewinnen.*

*

Die Stadt ist mir fremd. Ich fühle eine kalte Ausstrahlung. Verdrossene und zusammengedrückte Menschen sitzen in ihren Wohnhöhlen und verbreiten Bitternis.

Es gefällt mir hier.

TEIL 3: SONDERBARES

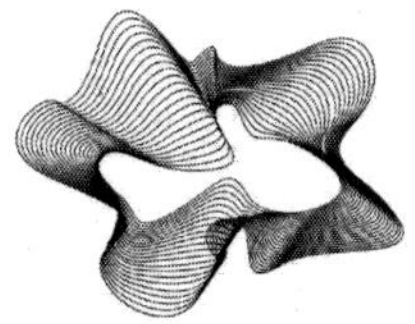

Um die Jahrtausendwende gab es einen Hype um das Moorhuhn-Spiel, der vor allem von gelangweilten Büroarbeitern ausgelöst wurde. Ich saß von 1999 bis 2002 immer wieder mal tageweise in einem Büro fest und feuerte zwischendrin auch auf diese blöden Viecher. Ich verabscheute sie zutiefst, mit ihren großen Augen und dem blöden Gegacker raubten sie mir den letzten Nerv.

Letztlich haben mich die Moorhühner zu dieser Kürzestgeschichte inspiriert. Sie ist 2001 entstanden.

Moorhuhnjagd, Version 4.0

»Die Alte dort, die nehmen wir.«

»Meinst du wirklich? Sind ganz schön viel Leute auf der Straße.«

»Mach dir nicht ins Hemd, Patrick. Bevor irgendjemand reagiert, sind wir schon wieder weg. Fahr los!«

Patrick gehorchte, startete den silbergrauen GTI und drückte die Kupplung durch.

»Sie geht los. Warte … noch einen Augenblick … und jetzt!«

Patrick stieg auf das Gaspedal und ließ die Kupplung schnalzen. Die Räder drehten durch und das Heck riss leicht aus, doch er hatte den GTI rasch wieder unter Kontrolle. Binnen weniger Sekunden beschleunigte er das Auto auf mehr als siebzig Kilometer pro Stunde und raste auf sein Opfer zu.

*

Hermine zögerte. Sollte sie den Zebrastreifen benutzen oder gleich hier die Straße überqueren?

Ihre von Arthritis geplagten Beine schmerzten, und bis zur Ampel war es ein Umweg von mehreren Minuten. Der Supermarkt lag genau gegenüber.

Sie blickte nach links und nach rechts. Weit und breit war kein Auto zu sehen.

Hermine setzte zögernd einen Fuß auf die Fahrbahn, stützte sich schwer an ihrem Lieblingsstock ab und setzte an, die Straße mit kurzen, schleifenden Schritten zu queren.

*

»Das Moorhuhn sieht uns nicht. Das gibt Punkte und nochmals Punkte!«, sagte Patrick begeistert, während Ralf in Gedanken die Distanz abschätzte.

»Zwei, eins, jetzt bremsen!«, schrie sein Beifahrer und stützte sich instinktiv am Armaturenbrett ab. Patrick blockierte die Bremse mit beiden Beinen, kurbelte wild am Lenkrad, um das Auto in der Spur zu halten, und sah die alte Frau rasend schnell auf sich zukommen. Das Moorhuhn blickte erst jetzt auf, viel zu spät, um sich in Sicherheit bringen zu können, und tat einen erschrockenen Schritt zurück. Die Reifen quietschten, das Heck des Autos scherte nach links aus. Die Frau fiel rücklings, ihres Stockes und des Gleichgewichtes beraubt.

Patrick konnte seinen Blick kaum von ihr wenden, obwohl er voll und ganz damit beschäftigt war, den GTI wieder unter Kontrolle zu bringen. Die Alte riss den hässlichen Mund auf und wollte schreien, doch noch bevor sie einen Ton hervorbrachte, schlitterte das Auto mit der Breitseite auf sie zu.

»Perfekt, echt perfekt! Wir sind die Champs!«, brüllte Ralf.

Der GTI kam zum Stillstand, keinen halben Meter vor der zittrigen, alten Vettel.

»Jetzt! Kurble, was das Zeug hält. Weg von hier, so schnell wie möglich.«

Patrick folgte den Anweisungen seines Freundes, legte den Rückwärtsgang ein, drehte erneut am Lenkrad, ein kurzer Gasschub, Bremse, Kupplung, Gang wechseln, Kupplung weg, viel Gas, raufschalten in den Zweier, in den Dreier, und mit mehr als siebzig Sachen links ab in die kleine Seitengasse.

Die raschen Manöver hatten nicht mehr als sechs, sieben Sekunden gedauert.

Patrick lenkte das Auto einige Minuten lang durch die engen Gassen des Innenbezirkes und ließ es schließlich in eine geräumige Parklücke rollen.

»Wahnsinn! Hast du die Augen der Alten gesehen?« Ralf atmete schwer.

»Na klar! Hast du alles aufgenommen?«

»Warte mal – ja! Das wird der Highscore der Woche. Die Jungs vom Club werden uns zu Füßen liegen – und das gibt mehr Klicks als jemals zuvor auf Youtube.«

*

Eine Woche darauf.

»Die beiden Alten sehen vielversprechend aus.« Ralf nahm die verspiegelten Sonnenbrillen ab. Es dämmerte.

»Zwei auf einmal? Wird verdammt schwer, und die Sicht ist schlecht.«

»Scheiß dich nicht an, denk lieber an die Punkte. Flori und Karl sind in Führung gegangen. Wir müssen unbedingt zulegen.«

»Sei nicht so nervös, Alter! Also: wie immer auf dein Kommando.«

»Mach dich bereit, sie gehen los. Drei, zwei, eins … jetzt!«

Der GTI setzte sich in Bewegung.

*

Josefa und Amalia blickten nach links und rechts und betraten vorsichtig, mit zittrigen Beinen, die Straße. Der nächste Zebrastreifen war weit weg, viel zu weit weg.

Josefa hörte das tierische Heulen des GTI-Motors noch vor ihrer Freundin. Sie zögerte und zählte in Gedanken: … drei, zwei, eins …

»Jetzt!«, sagte sie mit heiserer Stimme, schob die Schnellfeuerwaffe in die Armbeuge und setzte eine kurze Salve in den schlingernden Wagen. Amalie reagierte ebenfalls hervorragend. Sie stützte sich gegen ihren Stock, riss ächzend die Maschinenpistole in Position und feuerte, was das Zeug hergab. Die Kugeln zerfetzten den metallenen Leib des Autos, Reifen und Windschutzscheibe, einige durchschlugen mit leisen *Plopps* die Körper der beiden Insassen. Das führerlose Auto legte sich quer, überschlug sich zweimal und blieb unmittelbar vor Josefa auf dem Dach liegen.

»Hast du alles auf Video, liebste Amalia?«

»Warte mal – ja! Das wird der Highscore der Woche. Die Mädels vom Club werden uns zu Füßen liegen.«

Die beiden Damen trippelten davon, ins schützende Dunkel der Nacht hinein.

Als ich etwa drei, vier Jahre alt war, hatte ich ein Meerschweinchen mit dem Namen Elisabeth. Elisabeth war echt süß. Zumindest so lange, bis das Mistvieh meine Micky-Maus-Hefte anknabberte. Ab diesem Moment war das Tier für mich gestorben.

Ich bin mit Comics aufgewachsen, habe mit ihrer Hilfe lesen gelernt und liebe sie nach wie vor. Auch die Sammlerszene faszinierte mich stets.

Die folgende Story hat einen wahren Kern. Die erwähnte Dachbodenräumung fand in geringerer Form tatsächlich statt – und Karl der Finger hat ein reales Vorbild.

Die Geschichte entstand im Jahr 1998 und ist eine Erstveröffentlichung. Sie ist ein wenig in Wiener Dialekt getunkt, aber ich denke, sie ist für jedermann verständlich.

Die traurige Geschichte von Joe die Nase

Joe war Comic-Sammler, und damit ist eigentlich schon alles gesagt: Er war von Grund auf verrückt.

Joe, der eigentlich Joseph Haberl hieß, hatte in der Szene schon lange seinen Spitznamen weg. Auf jedem Flohmarkt, jeder Tauschbörse und jedem Kirmarkt tauchte er auf und tunkte seine – zugegebenermaßen etwas zu groß geratene – Nase tief in die Boxen, aus denen das Odeur alter, bräunlich vergilbter und ranziger Zeitschriften drang.

Sein empfindliches Riechorgan leistete ihm beim Suchen und Finden seltener Comic-Hefte beste Dienste, und er wäre in der Wiener Szene der King gewesen, wenn, ja, wenn nicht Karl der Finger dazwischengefunkt hätte.

Karls Finger waren golden. Wenn sie suchten und in alte, abgegriffene Schachteln langten, vor denen selbst den abgebrühtesten Konkurrenten graute, förderten sie fast immer Schätze zutage.

Eine gern verbreitete Geschichte – insbesondere Karl verbreitete sie gerne – spielte an einem verregneten Samstagmorgen am Wiener Flohmarkt.

*

Joe die Nase ging die engen Standreihen wie immer frühmorgens ab, lange bevor die Menschenmassen herbeiströmten. Die Stunden nach Sonnenaufgang waren die beste Zeit für ein gutes Geschäft. Joes bevorzugtes Jagdziel waren die kleinen, kaum voneinander abgegrenzten Stände an der Zeile zur U-Bahn-Station Kettenbrückengasse, an der hauptsächlich schnurrbärtige Kosovaren, eingemummte Bosnierinnen und dunkelhäutige Kurden ihre Waren anboten.

Joe die Nase wühlte eben lustlos in einer Bananenkiste, gefüllt mit jugoslawischen Liebesromanen, als er Karl wenige Schritte neben sich entdeckte. Der zog seine Hände soeben aus einer vom Wasser aufgeweichten Zeitungsbox zurück, setzte ein teilnahmsloses Gesicht auf und wollte weitergehen, als er den Blickkontakt zu Joe fand.

Karl der Finger nickte, knurrte ein höfliches »D'ehre« und fuhr mit nervösen Händen in dieselbe Schachtel, die Joe soeben untersucht hatte.

»Da wirst nix finden«, sagte Joe leicht säuerlich.

»Ich greif trotzdem mal rein, nur aus Jux«, meinte Karl, und zog mit spitzen Fingern ein unscheinbares Heftlein im Querformat hervor, das zwischen zwei wesentlich größeren Micky-Maus-Taschenbüchern eingeklemmt gewesen war. »Na schau mal an, ein Akim Nummer 78, recht guter Zustand.«

Joe wurde blass.

»Was du wollen für blödes Heftl?«, fragte Karl den Kosovo-Albaner namens Ali, den Joe die Nase von seinen regelmäßigen Rundgängen am Flohmarkt kannte.

Der, auch nicht dumm, sah das mühsam unterdrückte Interesse in Karls Gesicht, und in einem harten Handel trieb er den Preis auf für ihn unfassbare fünf Euro.

Joe, der während des Handels keinen Ton hervorgebracht hatte, wurde blasser und blasser.

Karl steckte das Piccolo-Heft in seine Jackentasche, um es vor dem stärker werdenden Regen zu schützen, und begann fröhlich zu pfeifen. Er nahm den erstarrten Joe am Arm und zog ihn weiter.

»Hm … fünf Euro … was meinst du, alter Freund?«, fragte Karl. »Ein fairer Preis, nicht wahr? Na ja, das Ding ist schon etwas abgegriffen und die Heftklammer rostig, aber ein Zweier-Zustand wird's allemal sein. Kennst vielleicht jemanden, der es kaufen will? So um zweihundertfünfzig Euro würd ich's hergeben, aber ich lass auch mit mir handeln …«

Joe, der das überaus seltene Heft noch nicht in seiner Sammlung hatte, schob in einem nervlichen Gewaltakt den Gedanken an die erlittene Demütigung beiseite und kaufte Karl der Nase das Heft im Eingang zur U-Bahn-Station Kettenbrückengasse um zweihundert Euro ab.

Seitdem war das Verhältnis zwischen den beiden etwas angespannt.

*

Karl der Finger und Joe die Nase waren König und Kronprinz der Sammlerszene. Doch Joe gab eine denkbar unglückliche Figur in einem Wettstreit um den Thron des Kings von Wien ab.

Um sie herum schwirrte das Fußvolk der gemeinen Comic-Sammler. Männer in ihren besten Jahren, die im Zivilleben Anwälte, Ärzte, Ingenieure oder hochbezahlte Kammerräte der Wirtschaftskammer waren, betätigten sich in einem für Außenstehende undurchschaubaren Netz an Zuträgern. Diese lieferten Joe und Karl Informationen über neue Beutestücke am Sammlermarkt, um dafür kleine Happen, sprich: Comics mittlerer Qualität und Seltenheit, zu erhalten.

König und Kronprinz waren bestens informiert über die Szene. Wie zwei fette Spinnen lauerten sie im gemeinsam gewobenen Netz. Ein Gespräch zwischen den beiden mochte folgendermaßen ablaufen:

Joe: »Hast du schon gehört von …?«

Karl: »Pst, nicht so laut! Selbstverständlich. Aber ich weiß nicht …«

Joe: »Also, ich find schon! Andererseits, die Sache am Dienstag …«

Karl: »Ja, da hast recht.«

Und damit war alles gesagt.

*

Ein Cousin von Joes Frau, der Rauchfangkehrer Widerin, hatte auf dem Dachboden eines alten Zinshauses in der Josefstädter Straße etwa fünfzig verstaubte Kartons entdeckt. »Gefüllt mit alten Heftln und Zeitschriften«, wie er meinte.

Angenehmerweise bedeuteten ihm Comics und Romane nichts. Eine Einladung zum McDonald's auf einen Big Mac war alles, was Joe dieser Tipp kostete.

Joes Frau, Maria, war da schon ein anderes Kaliber: »Wenn du wieder mit einem Stoß Heftln nach Hause kommst, erlebst was!«, schimpfte sie. »Ich kann schon nicht mehr durch die Wohnung gehen, ohne über eines dieser blöden Dinger zu stolpern. Was findest du nur an dem Zeugs? Das ist doch was für Kinder! Wie kann man sich als gestandener Erwachsener bloß über solchen Schund freuen?«

»Jaja«, antwortete Joe die Nase. So wie immer. Seit Jahren schon bedauerte er es, Maria nicht wie ein abgegriffenes Comicheft gegen eine bessere Version austauschen zu können. Eines, das zumindest den Zustand Null-Minus hatte. Joe war sogar bereit, einen kräftigen Aufschlag zu bezahlen.

»Ich zieh aus und geh zur Mama z'ruck«, keifte Maria ihm nach, als er die Treppen des miefigen Gemeindehauses hinabstieg.

»Jaja«, murmelte Joe die Nase. Wie hätte er sich gefreut, wenn sie zu ihrer Mutter, dem alten Grantscherben, zurückkehrte! Doch diesen Gefallen würde sie ihm nicht tun. *Wäre Maria ein Ehapa-Superman-Heftl, würde ich sie am Flohmarkt bestenfalls als Drei-Plus verkaufen können*, dachte er.

Dann konzentrierte er sich gedanklich auf die Kisten, die auf ihn warteten. Vielleicht war ja irgendetwas Besonderes darunter, das er Karl dem Finger unter die Nase reiben konnte. *Unter die Nase, haha, das ist lustig …*

*

Joe wähnte sich im Paradies. Nein, besser gesagt: im Comicland, dem Elysium der Sammler. Um ihn herum standen die Kisten, insgesamt dreiundfünfzig, mit den größten Schätzen in bestem Zustand. Immer wieder tunkte er sein Riechorgan tief in die festen Kartons und sog genussvoll den Duft der trockenen, beinahe druckfrischen Hefte ein, die, pedantisch geordnet in säurefreien Plastikhüllen dalagen, bestens gelagert, bestens geschützt.

Micky Maus ab 1951. Sigurd, Akim und Falk als Piccolos komplett, Superman und Supermann, Illustrierte Klassiker – natürlich Erstauflage –, Fix und Foxi, alle Hit-Comics, alle Top-Comics, alle …

»Was machen's denn da? Was stierln's denn in den Sachen vom alten Wessely herum?«

Der Kopf einer alten, grauhaarigen Frau schob sich durch die Dachluke.

Hastig klappte Joe die Nase die Nummer 24 des Blauer Pfeil-Piccolos zu. *Der Vierundzwanziger in einem Einser-Zustand! Wert bei zehntausend Euro!*

»Guten Tag, Gnädigste!« Joe räusperte sich. »Der Schornsteinfeger vom Rayon hat mir gesagt, dass der Dachstuhl mit diesem Altpapier vollgeräumt ist. Sie wissen ja, Feuergefahr und so. Ich räume normalerweise Verlassenschaften, und der Rauchfangkehrer meinte, dass ich ihm mit dem Krempel vielleicht helfen kann. Wo finde ich denn den Herrn Wessely?«

Die Alte, eben noch misstrauisch, zeigte ein trauriges Gesicht. »Mei, der arme Herr Rudolf, also ich meine den Herrn Wessely, der ist vor sechs Monaten gestorben. Alzheimer hat er gehabt in den letzten Jahren, hat nicht mehr gewusst, wo er ist, mein Gott, hat er mir leidgetan, ich hab ihn ja so gern gehabt, so ein fescher Mann, und dann, war das schrecklich, natürlich hab ich ihm geholfen, so weit ich konnte, seit dem Krieg hat er hier gewohnt …«

Rüde unterbrach Joe die alte Frau. »Das tut mir ja alles sehr leid, meine Beste, aber sehen Sie, das Altpapier muss runter vom Dachstuhl, sonst bekommt der Hausbesitzer Schwierigkeiten, dann die Hausverwaltung und dann die Hausbesorgerin. Zum Schluss muss sie noch Strafe zahlen, weil sie ihre Pflicht vernachlässigt hat.«

»Jessasna!« Die Frau erschrak. »Ja aber … ich hab das Papierzeugs doch bloß raufgeschafft, weil damals die Wohnung so schnell wie möglich leergeräumt werden musste für einen neuen Mieter. Ich hab nicht gewusst, wohin damit, in aller Schnelle.«

»Das ist ja alles recht und schön, aber …«

»Meinen's nicht, Sie könnten mir helfen, die Kartons rasch loszuwerden?« Die Alte blickte Joe treuherzig an.

Sein Herz pochte heftig. »Na ja, an und für sich kann ich mit dem Klumpert nicht viel anfangen, das sind ja bloß blöde Heftln. Aber ich seh schon, Sie brauchen ein bisschen Hilfe, und ich bin ja kein Unmensch.«

Die Alte atmete tief durch. »Na, das ist schön, dass es auf der Welt noch richtig nette Menschen gibt. Kommen's runter, ich mach Ihnen einen starken Kaffee in meiner Wohnung, und dann helf ich Ihnen beim runtertragen.«

*

Joe die Nase hatte es geschafft. Niemand hatte etwas bemerkt, als er in der Dunkelheit die dreiundfünfzig Kartons von seinem klapprigen Kombi in die Wohnung hochgeschleppt hatte.

Maria schlief schon. Sie würde morgen vielleicht ein bisschen böse sein, weil sie nicht mehr ins Wohnzimmer gehen konnte, aber sie würde ihn schon verstehen.

Der Karl, der kann sich seine Finger sonstwohin stecken! Mit der Sammlung schlage ich ihn um Längen, der kriegt sein Fett weg. Jetzt bin ich die Nummer Eins in Wien! Ob ich schlafen gehen soll? – Nein. Ich bin so aufgeregt, ich muss die Hefte genau durchgehen und vorsortieren. Ich fange mit den Bessy-Heften an …

*

Maria fiel aus allen Wolken, als sie am nächsten Morgen die übereinandergestapelten Kartons im Wohnzimmer entdeckte.

Diesmal hat er's zu weit getrieben, der Kerl. Diesmal bring ich ihn mit dem Nudelwalker um!

Doch das war nicht mehr nötig. Joe war während der Nacht ins Comicland abberufen worden und blätterte wahrscheinlich schon in einer bebilderten Bibel.

Da lag er, vornübergekippt, mit schmerzverzerrtem Gesicht. Mit der Rechten hielt er sich das Herz. Die Nase ruhte auf der Micky Maus Null-Nummer und war schwarz von der Druckerschwärze des Eins-Plus-Zustandes.

*

»Kommen's nur rein, Herr Karl! Freut mich, dass Sie sich Zeit für mich nehmen.«

»Guten Abend, liebe Frau Maria! Herzliches Beileid, und da, ein kleiner Strauß Blumen für die Witwe. Mein Gott, tut er mir leid, und Sie erst, Frau Maria. In der Blüte seines Lebens wurde er dahingerafft, wie man so schön sagt, hehe. Und sooo gute Freunde waren wir! Doch sagen's einmal: Mir wurde zugetragen, dass er Ihnen den ganzen Haufen alter Heftln hinterlassen hat?«

»Ja, wissen's, ich hab nie verstanden, was er an dem Papierkram gefunden hat. Die ganze Wohnung hat er mir vollgeräumt, überall stinkt es – überall liegen Listen und Papiere herum. Es ist … es war ein Kreuz mit dem Joseph. Aber bittschön – ich will nix Böses sagen über ihn.« Frau Maria blickte Karl den Finger hoffnungsvoll an. »Können's mit dem Zeugs was anfangen? Sonst muss ich's im Altpapier-Container entsorgen.« Sie deutete auf die Regale mit der umfangreichen Sammlung von Joe der Nase und die dreiundfünfzig Kartons, die sie provisorisch übereinandergestapelt hatte, um ihr Wohnzimmer betreten zu können.

»Ja, eigentlich haben Sie recht, liebe Frau Maria. Das Klumpert gehört ins Altpapier.« Karl streichelte mit seinen Fingern vorsichtig über einen Stoß der Serie *Der Heitere Fridolin* (Zustand Null-Minus). »Aber weil der Joe sooo ein lieber Freund war, helf ich Ihnen selbstverständlich, das Zeugs los zu werden. Machen's uns vielleicht einen Tee, und dann reden wir drüber …«

Teil 4: Monster und Schleim

Zugegeben: Ich habe ein Faible für schleimige Kreaturen aus dem Weltraum. Aber auch für die Subkultur von Motorradfahrern, die in Motorradclubs (MCs) organisiert sind. Was lag also näher, beides in einer Geschichte zu verquicken?

Auch zu dieser bislang unveröffentlichten Story, die 2003 entstanden ist, existiert ein realer Hintergrund. Die in der Geschichte erwähnte Buchpräsentation fand tatsächlich statt.

Anpassung

»Ich? Natürlich amüsiere ich mich. Es handelt sich bei den Geschehnissen hier zwar um Spielarten gewöhnlicher Initiationsrituale, aber gerade das Primitive ist an euch Menschen so liebenswert.«

Seine Stimme klang seltsam, ein wenig blechern.

»Sind Sie denn kein Mensch?«, fragte ich amüsiert und verfiel unwillkürlich in die steife Sprechweise meines Gegenübers.

»Nein«, antwortete er lapidar, und schüttete sich seinen Sekt-Orange ins rechte Ohr. Den Bissen noch warmen Topfenstrudels auf seiner Gabel führte er zur linken Augenhöhle, zwinkerte kurz – und weg war die Süßspeise. »Verzeihen Sie«, murmelte er, holte sich eine Serviette und tupfte einen kleinen Fleck heller Vanillesauce vom dunkelblauen Augenlid.

Interessant.

»Ich muss zugeben, dass Ihre Essgewohnheiten ein wenig exotisch sind.«

Hinter seinem Rücken heulte ein letzter Schlussakkord der Band auf. Es wurde ruhig.

Zumindest wenn man das Geschrei und Gelächter der mehr als dreihundert Frauen und Männer im Raum außer Acht ließ, die ausgelassen feierten.

Karin, eine alte Freundin, hatte zur Präsentation ihres neuesten Buches geladen. Alles war gut gelaufen. Wie eine strahlende Prinzessin hatte sie »Rosarot und Himmelblau« dem staunenden Publikum präsentiert, unterstützt von Edwin, ihrem Co-Autor.

Fernsehen und Presse waren anwesend; der Moderator warf sich, wie viele weitere Möchtegern-Prominente, vor laufenden Kameras in lachhafte Posen und gab schrille Kommentare von sich. Kleine Gruppen fanden sich da und dort zu lockerem Smalltalk. Viele von ihnen trugen Stiefel, Lederjacken und Lederhosen. Einige zeigten offen ihre Kutten und Patches her, die Symbole jenes Clubs, dem sie sich zugehörig fühlten.

Hatte ich zuvor nicht erwähnt, dass es sich um ein Buch über das Motorradfahren handelte? Nun, Sie müssen verzeihen. Dieses eigenartige Wesen, das mit einer Art Zahnseide seine beiden Augenhöhlen reinigte, verwirrte mich.

»Leben Sie denn schon lange hier?«, fragte ich, während aus den drei dünnen Fingern seiner rechten Hand ein sämiger Brei zu Boden tropfte.

»Seit mittlerweile einem Jahr. Warum?«

Jetzt erst bemerkte ich, dass die Stimme aus mehreren kleinen Vertiefungen drang, die rings um den eckigen Kehlkopf angeordnet waren.

»Ihr Äußeres ist doch ein wenig ungewöhnlich. Ist das noch nie jemandem aufgefallen?«

Er rülpste unterdrückt, der grüne Strahl aus seinen Fingern verstärkte sich ein wenig.

»Nein.«

»Wie ist es Ihnen gelungen, so lange unentdeckt zu bleiben?«

»Blicken Sie sich doch um!« Mein Gesprächspartner drehte sich abrupt zur Seite. Das mittlere der drei Beine blieb still, während die beiden anderen haltlos rotierten und sich nach dem abrupten Halt schlaff um das Standbein schlangen. »Was sehen Sie?«

»Nun … Menschen. Frauen. Männer. Motorradfahrer …«

»Ha!«, sagte er, und deutete mit einer immer länger werdenden, violetten Nase auf mich. »Motorradfahrer, Sie sagen es! Haufenweise Biker. Eine Gesellschaft außerhalb der Gesellschaft, die stolz auf ihre individualistische Ausprägung ist, den Mythos der Unangepassten pflegt, und – jetzt ganz unter uns – dennoch uniform wie kaum eine andere Gruppe auftritt.«

»Das ist nichts Neues«, sagte ich. Der Mann, so er denn einer war, war ein notorischer Schwätzer. Er begann, mich zu langweilen.

»Trotz ihrer kleinen Schwächen sind Motorradfahrer durchaus liebenswert«, fuhr er fort. »Das trifft auch und vor allem auf die Mitglieder organisierter Clubs zu.«

Stolz drehte er sich nun ganz um.

Das kopfgroße Logo auf dem Rücken seiner Jeansjacke stellte einen stilisierten Kometen dar, umrahmt von einer Sonne. Es war offensichtlich von einem fünfjährigen Kind entworfen worden. Darunter war in krakeliger Schrift »Star Heroes MC« gestickt.

Er wandte sich mir wieder zu, mit einer weiteren Verwirbelung seiner drei Beine, und grinste. Wurmähnliche Tentakel lugten aus der Mundhöhle.

»Ich habe sogar eine offizielle Funktion im Club. Die Jungs meinen, weil ich so gut reden kann. Da, hier können Sie's sehen.«

Eine Metallplakette mit der Aufschrift »Jnssn – Secretary« baumelte von seiner Brust. Er hatte sie über seinem Herzen angesteckt.

Zumindest dort, wo Menschen ihr Herz tragen. Angesichts der unruhigen, wellenförmigen Bewegungen unterhalb seiner Jacke zweifelte ich, dass dies auf Jnssn zutraf.

»Glauben Sie mir: Als Member eines Motorradclubs kann man sich aus Außerirdischer bestens tarnen. Ist Ihnen aufgefallen, dass ich etwas ungewöhnlich rieche?«

In der Tat. Ich hatte es für eine gewagte Mischung aus gedünsteten Kutteln und Pastinakenomelettes gehalten. »Jetzt, wo Sie's ansprechen …«, antwortete ich schwach.

»Bei den Star Heroes ist ein eigenartiger Körpergeruch kein großes Problem.«

»Und Ihr Aussehen? Es muss doch jemandem aufgefallen sein, dass Sie anders sind?«

»Sehen Sie den Burschen dort? Ja, den großen Blonden mit den wenigen Haarsträhnen, die er zu einem Zopf zusammengebunden hat. Das ist Johnny, unser Präsi. Er wollte sich vor zwei Jahren das Gehirn aus dem Kopf blasen und durchfetzte ungeschickterweise nur Mundraum, Nase samt Knochen und dem dahinter liegenden Rachen. Jaja, er war schon immer ein schlechter Schütze. Nun, seitdem hat er auch im Nacken ein Loch. Zu fortgeschrittener Stunde macht er sich gerne den Spaß, den Alkohol in diese zweite Öffnung zu schütten, haha. Glauben Sie mir – wenn Besucher unseren guten Johnny sehen, halten sie mich für einen normalen, gesunden Erdenburschen.«

Jetzt wurde mir doch ein wenig unwohl.

Der Raum, in dem wir uns befanden, war ein nüchterner, modern gestylter Glaskubus, der einem bekannten Motorradhändler untertags als Verkaufsfläche diente. Er leerte sich zusehends. Karin und Edwin hatten eine Menge ihrer Bücher an den Mann gebracht. Sie unterhielten sich angeregt, während ein Besucher nach dem anderen zu seinem Motorrad torkelte, mühselig aufstieg und davonfuhr.

»Wenn Sie nicht von der Erde sind: Was machen Sie dann eigentlich hier?«

»Geschäfte«, meinte Jnssn amüsiert, »Geschäfte. Ich bin Einkaufsrepräsentant einer bedeutenden Handelskette, die im gesamten Orion-Sternenarm Niederlassungen unterhält.«

»Womit handeln Sie, wenn ich fragen darf?«

»Och, mal mit diesem, mal mit jenem. Der Mensch ist ein wertvolles, schützenswertes Naturprodukt, das sich unter unserem Bio-Label »Mensch-natürlich!« hervorragend verkaufen lässt. Sehnen und Bänder werden zu wertvoller Zahnseide verarbeitet, die gegerbte Haut gibt wunderbar rustikale Lampenschirme ab, und zerriebene Backenzähne gelten auf manchen Planeten, in Pulverform geschluckt, als potenzsteigerndes Wundermittel.«

Ich wurde blass. »Warum erzählen Sie mir das alles? Haben Sie keine Angst, dass ich anderen Menschen die Wahrheit verraten könnte?«

Jnssn kicherte vergnügt durch den Hals. Heißer, roter Dampf trat aus seinem Schritt aus. »Meinen Sie, dass Ihnen jemand glauben würde? Weder die Motorradfahrer, noch die sogenannte Öffentlichkeit. Meinen Sie nicht, dass Sie soeben einer Halluzination unterliegen? Bedingt durch den vielen Alkohol?«

Er hieb mir kräftig auf den Rücken. »Hat mich sehr gefreut, mit Ihnen zu plaudern. Ich bin mir sicher, dass wir uns wiedersehen. Wo wohnen Sie? So? Ihren heimatlichen Friedhof kenne ich wie meine Westentasche, haha. Natürlich macht es viel Arbeit, die frisch Verstorbenen auszugraben und zu zerteilen. Doch ihr Menschen seid wertvoller, als ihr glaubt. Putzen Sie bitte immer gut die Zähne, haha.«

Jnssn ging davon und ließ mich wie betäubt zurück. War es tatsächlich so, wie er erzählt hatte? Konnte ich das glauben? *Wollte* ich das glauben?

»…chael? Michael!«

Ich schreckte hoch. Karin stand vor mir, eingehüllt in ihren schwarzweiß gemusterten Mantel. In den Mundwinkeln hing das übliche neckische Lächeln, nur etwas müder als sonst.

»Alles in Ordnung mit dir?«, fragte sie.

»Ja … nein. Ich glaube, ich hab soeben einen Geist gesehen.«

»Einen Geist? Wie interessant! Willst du mir nicht davon erzählen?« Sie zog mich mit sich.

*

Zwei Tage später erwischten wir Jnssn. Karin und ich. In flagranti bei der Arbeit, am Wiener Zentralfriedhof.

Wir töteten den Außerirdischen und schmissen ihn in eine ausgehobene Grube.

»Ich ahnte doch, dass die Konkurrenz auf der Erde Fuß gefasst hat«, zischte Karin und zog ihren Mundtentakel aus seiner Gehirnmasse.

»Hätten wir dieselbe Idee schon früher gehabt, hätten wir uns diese widerlichen Ganzkörpermasken ersparen können«, fauchte ich zurück und züngelte müde über die Reihe hölzerner Särge, die offen vor uns lagen. »Nun gut, an die Arbeit. Du kümmerst dich um die Häute, ich um die Zähne.«

In dieser bislang unveröffentlichten Story, die etwa 2008 entstand, schreibe ich die Schöpfungsgeschichte neu. Ich bin mir hundertprozentig sicher, dass es sich so und nicht anders abgespielt hat.

Selbstverständlich dürfen meine geliebten Schleimmonster nicht fehlen.

Genesis

Erster Tag

(1:1) Am Anfang schuf ich Himmel und Erde.

Das Ergebnis war nicht sonderlich spektakulär, aber doch einigermaßen zufriedenstellend. Es war ein Beginn. Mehr nicht.

(1:2) Doch die Erde war wüst und leer, und es war finster. Also sprach ich: Es werde Licht. Ich nannte das Licht Tag und die Finsternis Nacht.

Eine leichte Tentakelübung, doch mit viel Routinearbeit verbunden. Ich streckte meine Glieder und ließ die Spinndrüsen anschwellen. Das viele Sitzen machte mich müde und faul. Das Eitersekret, mit dem ich meine Nachgeborenen nährte, würde heute nur träge fließen.

Einige der frechen Bengel zeigten mir keck ihre graugelben Mahlstümpfe. Ein Grund mehr, ein Exempel zu statuieren. Ich zerquetschte drei der vorlautesten und verfütterte sie an die fleischfressenden Schmuckchimären am Balkon.

Zweiter Tag

(1:7) Ich machte eine Feste zwischen den Wassern und schied das Wasser unter der Feste von dem Wasser über der Feste.

Ich schneiderte Küstenlinien und Gebirgszüge, ich formte Sümpfe und trockene Wüsten, ich bildete heißblütige Vulkane und einander liebkosende Landplatten. Die künftigen Bewohner meiner Welt sollten es nicht allzu leicht haben.

Hatte ich es etwa leicht in meinem Job? Meine Kollegen hassten mich, und ich hasste sie.

Ich musste meine Nachkömmlinge dringend füttern, doch ich hatte keine gesteigerte Lust, frisches Sekret zu produzieren. Also entließ ich sie aus dem Bauchbeutel und wartete, bis sie vier ihrer schwächsten Geschwister zerrissen und verspeist hatten. Es wurde ohnehin Zeit, dass sie sich an Fleischkost gewöhnten.

Dritter Tag

(1:9) Ich sprach: Es sammle sich das Wasser unter dem Himmel an besonderen Orten, dass man das Trockene sehe. Ich nannte das Trockene Erde, und die Sammlung der Wasser Meer.

(1:12) Ich ließ Gras und Kraut aufgehen, das sich besamte, jegliches nach seiner Art, und fruchtbare Bäume, die, ein jeglicher nach seiner Art, Früchte trugen.

Sehr gut. Zufrieden flatulierte ich, und der angenehm feuchte Wohnkubus füllte sich mit wohligem Geruch. Als die Weißmehlwürmer, vom Odeur angelockt, ihre Aaslöcher in den Wänden verließen, warf ich die Nachgeborenen aus meinem brodelnden Bauchsack. Begierig stürzten sie sich auf die leichte Beute und ich hatte endlich Zeit, ein wenig nachzudenken.

War der Ansatz, den ich gewählt hatte, gut? Es gab kein Regelbuch über eine richtige Vorgehensweise. Ich verließ mich auf meine Intuition. Wie konstruierte man eine neue Welt?

Der streitsüchtigste meiner Nachkömmlinge hatte sich an den Würmern fett gefressen.

Zu fett.

Er konnte sich nicht mehr wehren, als ich ihm den Hals umdrehte. Genüsslich verschlang ich ihn. Das würde die anderen lehren, immer – immer! – auf der Hut zu sein.

Vierter Tag

(1:14) Ich sprach: Es werden Lichter an der Feste des Himmels, die da scheiden Tag und Nacht und geben Zeichen, Zeiten, Tage und Jahre.

(1:16) Ich machte zwei große Lichter: ein großes Licht, das den Tag regiere, und ein kleines Licht, das die Nacht regiere, dazu auch Sterne.

Es war reichlich kompliziert, die Himmelskörper auszubalancieren. Umlaufgeschwindigkeiten, Rotationsperioden, Anziehungskräfte, Massedichten und ähnliches Pipapo mussten berechnet und zueinander in Relation gebracht werden.

Mein Werk sollte etwas Besonderes werden. Hätte ich nur mehr Zeit gefunden, meinem Hobby zu frönen! Das ewige Malochen in den schleimscheidenden Melkanlagen erschöpfte. Nach getaner Arbeit konnte ich mich nur noch schwer dazu aufraffen, in meinem bescheidenen Heim kreativ zu werden.

Zornig über meine eigene Trägheit griff ich in den Bauchsack, zog willkürlich einige der Nachgeborenen hervor und schleuderte sie in den Mikrowellen-Verbrennungsofen.

Fünfter Tag

(1:20) Ich sprach: Es errege sich das Wasser mit webenden und lebendigen Tieren, und Gevögel fliege auf Erden unter der Feste des Himmels.

(1:22) Seid fruchtbar und mehret euch und erfüllt das Wasser im Meer; und das Gefieder mehre sich auf Erden.

Ein Höhepunkt meines bisherigen Schaffens! Vogel- und Tierwelt gelangen mir in bizarrer Obskurität, die ihresgleichen suchte. Mein Chef, Hadnewish, der alte Ausbeuter, wäre entzückt gewesen von meinem Einfallsreichtum.

Die rasch heranwachsende Nachkommenschaft schob und drängelte sich im enger werdenden Bauchbeutel. »Ruhe!«, brüllte ich, schlug ein paar Mal heftig gegen meinen Leib und entsorgte diejenigen, die es erwischt hatte. Die plattgedrückten Fleischfetzen würden guten Biodung abgeben für die anstehende Aussaat meiner Pustelbeeren, die ich heimlich im Keller züchtete.

Ein wirklich tolles Stimulans, aber schwer zu pflegen.

Und verboten.

Sechster Tag

(1:25) Und ich machte die Tiere auf Erden, und das Vieh nach meiner Art, und allerlei Gewürm auf Erden nach seiner Art.

(1:27) Und ich schuf den Menschen mir zum Bilde, und schuf einen Mann und ein Weib.

Ouäh – was waren diese Wesen hässlich geworden!

Was hatte ich bloß falsch gemacht? *Men-sch* war tatsächlich die richtige Bezeichnung für diese – diese – Obszönitäten. Ein Wort, das in seiner Abscheulichkeit keine ähnliche Entsprechung hatte und so etwas wie *namenloses, entsetzliches Grauen* bedeutete.

Die dünnen, knöchrigen Fleischpodien mit fünfgliedrigen Anhängseln. Der hässliche Kugelkopf mit seinen wenigen, nur rudimentär ausgeprägten Sinnesorganen. Der röhrenartige Körper, der die Schönheit der Innenorgane verschämt verbarg. Die widerliche Körperbehaarung. Die mikroskopisch kleinen Geschlechtsorgane …

Angewidert brach ich meine Arbeit ab. Morgen war dienstfrei. Vielleicht würden mir noch einige Verbesserungen einfallen. Obwohl ich zweifelte, dass man *daran* etwas verschönern konnte.

Ich stülpte meinen Innenkörper nach außen und ließ Lunge, Magen, Leber sowie andere Organe heraushängen. Was für eine Erleichterung, sich nach Feierabend faul im Staubsud zu wälzen und den Dampf der

Pustelbeeren wirken zu lassen! Schläfrig ließ ich mich fallen – und vergaß, dass meine Nachkömmlinge nunmehr ungeschützt unter mir lagen.

Ich begrub ihre zerquetschten Leiber im feuchten Boden des Vorratsraums – sie würden eine leidlich gute Pastete abgeben – und betrachtete zärtlich die übriggebliebenen sechs Bälger. Vor lauter Rührung über meine aufkommenden Elter-Gefühle schluchzte ich herzzerreißend. Ich war zu weichherzig. Sowohl den Nachgeborenen als auch den Kollegen gegenüber. So würde ich es in meinem Leben nie zu etwas bringen.

Traurig sabbernd schlief ich ein.

Siebenter Tag

(2:1) Also ward vollendet Himmel und Erde mit ihrem ganzen Heer.

(2:2) Und also vollendete ich am siebenten Tage meine Werke, die ich machte, und ruhte am siebenten Tage von allen meinen Werken, die ich machte.

(2:3) Ich segnete den siebenten Tag und heiligte ihn, darum dass ich an demselben geruht hatte von allen meinen Werken, die ich schuf und machte.

Mein Körper schmerzte, die vielen Augen und Münder schmerzten, und, da ich im Rausch vergessen hatte, die Organe wieder ins Innere zu stülpen, schmerzten auch sie vor Trockenheit.

Ich spie einen ansehnlichen Schwall bröckliger Brühe in den Toilettenpool, bevor ich mich zurück in den Hobbyraum schleppte.

Das dreidimensionale Holo-Bild war noch in Betrieb und zeigte mir, was ich in den letzten Tagen am Computer programmiert hatte.

Was für ein Fehlwurf! All die Anstrengungen, die ich unternommen hatte, um meinen Nachgeborenen ein wenig Freude für die nächsten Lebenswochen zu schenken … Sie sollten beobachten können, wie das virtuelle Leben gedieh und sich weiterentwickelte. Aber konnte ich ihnen diese widerwärtigen Men-schen zumuten?

Ich vertrieb die Muskelschmerzen, indem ich mich mit Pustelbeeren-Extrakt einrieb. Übergangslos fühlte ich mich wohler.

Allerdings auch um eine Potenz – geiler. Ich hatte Lust. Unbändige Lust auf ungehemmten, schleimigen Sex. Wenn sich meine Häute mit denen eines Liebhabers vereinten, wenn sich Leber, Milz und Nieren zärtlich aneinander rieben, wenn sich … ach!

Ich musste mir einen Partner suchen. Sofort!

Was nutzte mir diese unsinnige Computer-Simulation? Meine sechs noch lebenden Nachgeborenen musste ich ohnehin beseitigen; sie würden bei jedem anständigen Sexualakt nur im Weg sein.

Und das Spiel? Nun, ich würde es abspeichern, den Figuren eine religiös verbrämte Dokumentation hinterlassen und die Simulation selbstständig vor sich hindümpeln lassen. Möglicherweise konnte ich einige Erkenntnisse für eine verbesserte Version gewinnen. Ich schrieb spaßeshalber ein paar Cheats, fertigte ein mögliches Endszenario des Spiels an, tötete zu guter Letzt meine Nachgeborenen und verließ den Wohnkubus.

Die dunkelrote Tönung meiner Geschlechtsorgane würde es mir leichtmachen, einen Partner zu finden.

Vielleicht würde ich mich wieder befruchten lassen? Schließlich liebe ich Kinder.

Die folgende, sehr kurze Geschichte entstand 2016, als ich redaktionell für den »Beam« E-Book-Shop tätig war. Man bat mich, für die Homepage eine kurze und knackige Geschichte zu schreiben, ohne mir ein Thema vorzugeben.

Mein Kopf war völlig leer, nichts wollte mir einfallen. Bis ich mich an eines der ältesten Rätsel der Menschheit erinnerte: Warum bleiben nach einem Waschvorgang in der Waschmaschine stets Einzelsocken über?

Die Sockenwelt

»*Da* müssen wir hinein?«

»Ja, Parthoel.«

»Es sieht angsteinflößend aus, Kommond. So ganz anders als während der Übungseinheiten an der Simulatortrommel …«

»Du wusstest, was dich erwartet. Reiß dich gefälligst zusammen!«

»Aber das ist ein Wurmloch!«

»Bloß ein klitzekleines, Parthoel. Außerdem darf ich dich daran erinnern, dass wir Wurmige sind. Und jetzt mach schon, wir dürfen keine Zeit vergeuden. Der erste Schleudergang ist bereits in Vorbereitung. Du weißt, was es bedeutet, wenn wir den exakten Eintauchtermin verpassen. Also schließ den Schutzanzug und aktiviere deinen Rotationsentzwirbler. Mach schon, mach!«

Kommond drängte den Jungen vorwärts, auf die Eintrittsscheibe zu. Sie war aktiviert und zeigte jene Farbschlieren, die jedem Sockenjäger des aktiven Dienstes Übelkeit bereiteten. An manche Dinge gewöhnte man sich niemals. Auch nicht nach Jahrzehnten des Sockendiebstahls.

*

Kommond wurde aufgesogen und mitgerissen. Sein Körper auseinandergezogen, zerdrückt, umstrukturiert und letztlich wieder in seine wurmige Ursprungsform gezwungen.

Nach einigen Ewigkeiten mentaler Qual gelangte er ans Ziel, stabilisierte sich am Zielort. Doch damit war der schmerzhafte Teil der Arbeit noch längst nicht ausgestanden. Wie immer dauerte es eine Weile, bis er sich an die Melange ungewöhnlicher Sinneseindrücke gewöhnt hatte. Die Geräuschkulisse. Das Rütteln. Die sonderbaren Lichteffekte. Die umherschleudernden Gegenstände. Das wütende Vibrieren im Inneren ihres Arbeitsbereichs.

»Parthoel? Ist alles klar bei dir?«, fragte er über Funk.

»Hilf mir, bitte!«, schrie der Junge. »Beim Großen Vogel – hol mich hier raus!«

Endlich verrichteten Kommonds Rotationsentzwirbler ihre Arbeit und sorgten dafür, dass er in die Mitte des Zielgebiets gelangte, dorthin, wo Beinahe-Ruhe herrschte. Er orientierte sich und entdeckte den Jüngeren in den Außenbereichen der Trommel.

Parthoel wirbelte hilflos umher, wurde in Wasser getunkt, immer fester gegen die stählerne Wand gepresst, war gewaltigen Kräften ausgesetzt. Der Junge hatte alles vergessen, was ihm beigebracht worden war. Es gelang ihm nicht, den Rotationsentzwirbler zielgerecht einzusetzen.

Kommond unterdrückte einen Fluch. Er holte den Sockenhaken hervor und zielte sorgfältig auf seinen Partner. Schon der erste Schuss musste passen. Er löste die Waffe aus, der Haken schnellte davon, verfing sich.

Hatte er getroffen?

Der Ruck an seinem Körper riss Kommond beinahe aus der stabilen Mitte. Er stabilisierte den Flug mit Hilfe des Anzugs und betätigte die Winde. Das leuchtende Etwas, das Parthoel war, löste sich von der Trommelwand.

Torkelnd und sich immer wieder überschlagend gelangte er ins Zentrum der Trommel. Kommond packte zu und bekam Parthoel zu fassen. Er fixierte den Jungen so gut es ging, während rings um sie weiterhin das Chaos des ersten Schleudergangs herrschte.

»Danke«, sagte Parthoel mit leiser Stimme.

»Du bleibst hier, und komm mir ja nicht mehr in die Quere!«, sagte Kommond streng, nachdem er den Sockenhaken wieder eingeholt hatte. »Ich erledige die Arbeit alleine.«

Parthoels Sinneskranz verlor das gesunde Lindgrün und nahm einen abscheulichen Rosaton an. Der Junge war sich seines Versagens nur allzu bewusst.

Kommond schluckte seinen Zorn hinunter. Er durfte sich nicht ablenken lassen, er musste sich der Jagd widmen.

Es gab ausreichend Beute. Doch ihm blieb nicht mehr viel Zeit. Die Rotationsgeschwindigkeit des ersten Schleudergangs ließ nach. Bald würde frisches Wasser ins Innere dringen, die Gefahr einer zufälligen Entdeckung stieg.

Kommond machte sich an die Arbeit.

*

Die Rückkehr brachte Übelkeit mit sich, wie immer. Sie stürzten aus dem Wurmloch ins Freie, wurden von Helfershelfern aufgefangen, aus den Schutzanzügen befreit und in den Ruheraum gebracht.

Kommond legte sich in einer Kuhle zur Ruhe. Er genoss die Massage kleinster Parasiten, die sich an abgestorbenen Hautschuppen gütlich taten und dabei den Blutkreislauf allmählich wieder in Schwung brachten. Ein Drink stand bereit. Ein kleines Glas, dessen Inhalt sich allmählich eintrübte und einen verführerischen Geruch verbreitete.

Parthoel jammerte indes in einem fort. Warum er den Beruf eines Sockenjägers erlernt hatte. Warum sie auf diese grässliche Ware angewiesen waren. Warum die Menschen ihre Wäsche nicht einfach mit der Hand waschen wollten, warum sie stattdessen mörderische Maschinen nutzten, die ihnen die Arbeit erschwerten …

Er fand tausend Gründe zum Klagen, dieser Unwurmige.

Amatal betrat grußlos den Ruheraum. Amatal, ihr Vorgesetzter. Er warf sich in einen Stuhl und ließ den zweigeteilten Körperschwanz wütendrot erglühen. »Könnt ihr mir bitteschön erklären, warum ihr bloß drei Socken erbeutet habt?« Er schleuderte die Beute wütend von sich. Zwei Socken gehörten unzweifelhaft einem Menschen-Kleinkind, die dritte, löchrig und zerfasert, einem erwachsenen Mann. Der Geruch, der davon ausging, war betörend. Er war das Prunkstück der heutigen Beute.

»Wir hatten Probleme«, antwortete Kommond, bevor sein Partner ein Wort sagen konnte. »Der Wurmloch-Transport erfolgte ungenau. Wir benötigten einige Zeit, bis wir uns stabilisiert hatten. Es blieb kaum Gelegenheit, nach Socken zu angeln.«

»Die Wurmlöcher arbeiten stets präzise«, widersprach Amatal. »Ich will die Wahrheit wissen!«

»Das ist die Wahrheit. Frag Parthoel.«

»Kommond … hat recht«, bestätigte der Junge stotternd. Er wand sich heftig in seinem Beruhigungsbad.

Amatal drehte den Leib hin und her, immer wieder. Er stellte seinen Ärger offen zur Schau, und als er merkte, dass er damit nichts erreichen würde, sagte er, an Kommond gewandt: »Na schön. Wenn du den Kleinen unbedingt decken willst … Du weißt, dass ich dich nicht strafen kann. Du bist einer meiner besten Sockendiebe, ich kann auf dich nicht verzichten. Doch deine Eigenmächtigkeiten werden dich eines Tages dein Leben kosten und vor den Großen Vogel bringen.«

»Der Große Vogel, der Große Vogel«, wiederholten Parthoel und Kommond. Sie wiegten ihre Körper, wie immer, wenn vom Todesboten die Rede war.

»Habt ihr wenigstens an der Trommel arbeiten und sie beschädigen können?«

»Wie ich bereits sagte …«

»… ihr hattet zu wenig Zeit dafür, natürlich«, beendete Amatal Kommonds Satz. Er stand auf und nahm die schwere, nasse Beute an sich. »Bloß drei Stück«, sagte er bitter und verließ grußlos den Ruheraum.

Parthoel wandte sich Kommond zu, nachdem sich die Türe hinter Amatal geschlossen hatte. »Warum ist der Alte so nervös?«, fragte er.

»Du hast kein Recht, ihn Alter zu nennen!«, fuhr Kommond ihn an, um dann zu antworten: »Der Alte erwartet Gäste. Wichtige Gäste. Da ist er stets ein wenig angespannt.«

»Du meinst …?«

»Ja. Menschen. Geschäftsleute. Vertreter. Widerliche Gestalten, ich sag's dir.«

»Ich habe niemals verstanden, warum wir mit denen zu tun haben.«

»Sie gehören mächtigen Gruppierungen auf der Erde an. Sie haben irgendwann unsere … hm … einzigartigen Fähigkeiten erkannt, aber auch unsere Bedürfnisse. Sie machen sich unsere Schwächen zunutze. Deshalb ist Amatal so unruhig. Er hasst die Menschen.«

»Aber was können sie uns anhaben?«

»Diese riesigen Zweibeiner vertreten das, was sie auf der Erde die Industrie nennen. Sie sind Lobbyisten dreier bedeutender Branchen.«

»Welcher?«

»Die erste Gruppe verhandelt für die Socken-Industrie. Wir stehen bei diesen Menschen im Wort und sind verpflichtet, stets nur eine Socke eines Paares zu stehlen. Die Mitglieder der zweiten Gruppe …«

»… gehören zu den Waschmaschinen-Herstellern!«, platzte Parthoel heraus.

»Richtig. Wir sind angehalten, bei Geräten, deren Garantie gerade abgelaufen ist, für Schäden zu sorgen. Schrauben an den Trommeln zu lösen oder den Kalkgehalt zu erhöhen. Wagemutige Sockenjäger dringen sogar in die Elektronik vor und sorgen für Kurzschlüsse.«

»Und die Mitglieder der dritten Gruppe sind …«

»Das weißt du ganz genau.«

Oh ja, das wusste jedermann hier. Kommond hob sein Glas. Schwenkte es hin und her. Kippte den Inhalt in einem Zug.

Zwei Stoffreste blieben am Boden des Glases zurück. Teile von Socken. Synthetische Fasern, viel zu klein, viel zu sauber für seinen Geschmack.

»Diese verdammte Sauferei!«, schimpfte Kommond. »Wenn Whisky on the socks bloß nicht derart gut schmecken würde …«

TEIL 5: KRIMINELLES

Die Inspiration zu dieser Story stammt von Andreas Findig. Er erzählte mir von Scanning Patterns. Von unwillkürlich angewandten Methoden der Menschen, eine Buch- oder Webseite zu überfliegen und dabei die notwendigen Informationen in möglichst kurzer Zeit aufzusaugen.

Daraus entstand die Grundidee für eine Krimi-Kurzgeschichte.

Es war dies mein erster zaghafter Versuch, mich im Krimi-Genre zu versuchen. Nun, für eine Kurzgeschichte mag der Stoff reichen. Aber für mehr auch nicht.

Die Geschichte entstand 1999 und ist bis dato unveröffentlicht geblieben.

Scanning Pattern

Mit zögerlichen Schritten ließ Marc das geschäftige Treiben der Einkaufsstraße hinter sich und glitt in die altvertraute, ruhige Umgebung der Kirchengasse.

Die Namensgeberin, die alte Kirche, war einst als Bollwerk gegen all die fremden, nichtchristlichen Zuwanderer der Monarchie errichtet worden. In der Jetztzeit wirkte sie wie ein lächerliches und viel zu protziges Relikt aus einer anderen Zeit.

Das breite, baufällige Portal des Seitenschiffes ragte an der linken Straßenecke hoch und öffnete sich in die kleine Gasse. Marc wechselte die Straßenseite, hinüber zum Gotteshaus, ohne auf möglichen Autoverkehr zu achten. Die Kirchengasse, keine achtzig Meter lang, war eine verkehrsberuhigte Zone. Es parkten hier selten mehr als eine Handvoll Fahrzeuge. Hauptsächlich nutzten Lieferanten, die Waren an die Boutiquen der großen Einkaufsstraße lieferten, die kleine Nebengasse als Abstellplatz. Nur Ferdl, der Wirt des Gasthauses »Zum Goldenen Lamm« am Ende der Sackgasse, hatte sich in endlosen Diskussionen mit den Rayonspolizisten das Recht erstritten, seinen rostigen Ford Taunus vor dem Lokal mit der auffällig neuen Außenfassade parken zu dürfen.

Marc schloss die Augen und zählte leise die Schritte, wie er es so oft getan hatte: »… achtunddreißig, neununddreißig, vierzig, einundvierzig.«

Er öffnete die Augen, drehte sich nach links und stand geradewegs vor dem alten Eingangstor, das die Hausnummer 3 trug. Er blickte hoch und sah das schmutzige Fenster, aus dem er in langen und viel zu vielen alkoholgetränkten Nächten gestarrt hatte.

Wie lang war es her? Vier Monate? – Ja, vier Monate, seitdem er sein Kunststudium abgebrochen hatte und in seine kleine Heimatgemeinde zurückgekehrt war, um einen Job im Supermarkt anzunehmen.

Ärgerlich verdrängte er diesen Gedanken, drehte sich vom Haus weg und blickte hinüber zum kleinen, schmuddeligen Park auf der anderen Straßenseite. Er wurde hauptsächlich von alten Weibern und ihren Hunden frequentiert. Ab und zu hatte Marc auch ein paar Junkies bemerkt, die kleine, bunte Pillen gegen Geld getauscht hatten.

Auch Gina war oft im Park gewesen.

Gina, die Liebe seines Lebens. Er erinnerte sich an ihre aufreizenden Blicke, die unvermittelten Zärtlichkeiten, den geschmeidigen Körper …

Dort, rechts hinten, auf jener Bank, die am tiefsten im Schatten der Gebäude lag, hatten sie sich geküsst und dann … Marc lief eine Gänsehaut der Wollust über den Rücken.

Abrupt drehte er sich weg und löste die Hand vom abgegriffenen Holz des wuchtigen Tores, an dem er sich abgestützt hatte. Zögernd ging er weiter hinein in die Gasse, bis an ihr Ende. Nichts hatte sich geändert in den vergangenen Monaten. Selbst der alte Fritz saß nach wie vor auf seinem Stammplatz im übernächsten Hauseingang und starrte ihn an. Wie schaffte es der Sandler bloß, das Geld für die täglichen Doppler Rot zu erbetteln?

Er stieg über den Alten hinweg und die beiden ausgetretenen Stufen zum Goldenen Lamm hoch. Eine Glocke bimmelte, als er die Tür aufstieß.

*

Pater Reinhard legte den Betkittel ab, reinigte gründlich die Hände, grüßte ehrfürchtig in Richtung des Gekreuzigten und verließ sein Gotteshaus durch den Nebeneingang, der in der Kirchengasse mündete. Mit einem »Kruzifix nochmal!« und heftigem Aufstampfen vertrieb er die Taubenschar von den Stufen. Die Tiere waren eine Plage sondergleichen und setzten mit ihrem ätzenden Kot dem Haus Gottes fast so sehr zu wie Straßenstaub und Abgase.

Mit gesetzten Schritten ging der Pater tiefer hinein in die kurze Gasse. Er grüßte das entgegenkommende alte Mütterchen, das mit gebeugtem Rücken eine leere Einkaufstasche hinter sich her schleifte. Sinnend blieb er auf Höhe des kleinen Parks stehen. Zehntausend Euro noch, dazu ein hoffentlich eingelöstes Versprechen der Diözese – und er würde ein wahres Schmuckstück aus der verwahrlosten Grünfläche machen.

Pausbäckige kleine Kinder würden dort im Sandkasten spielen, behütet von Müttern, die sich auf den neuen Bänken von ihren Tagespflichten erholen konnten. Und die Anlage würde, wenn schon nicht seinen, dann doch den Namen seiner Kirche tragen: »Park Zum Göttlichen Heiland«. Das Schild hatte er sich bereits bei einem Graveur reservieren lassen.

Die kleine Gasse wirkte viel freundlicher, seitdem die Prostituierten des Hauses neben dem Park weggezogen waren. All die lärmenden, betrunkenen Ehemänner, die nach vollzogener Sündentat an der Kirche vorbei gewankt waren; all die verdorbenen, jungen Leute, die, vom Bösen angezogen, im Dunkel der Grünanlage schmutzige Dinge miteinander getrieben hatten … Sie waren weg.

Behutsam stieg er über den alten Fritz hinweg, der unverständlich vor sich hin brabbelte. *Einige letzte Schandflecken werden auch bald verschwinden,* dachte Pater Reinhard, als er die beiden Stufen zum Goldenen Lamm hochstieg. Die Glocke bimmelte, als er die Tür aufstieß. Sie bimmelte bei weitem nicht so schön wie die seiner Kirche.

*

Architekt Petters nutzte die volle Breite des Gehsteigs. Immer. Entgegenkommende mussten ihm ausweichen. Auch das alte, gebeugte Mütterchen, das mühsam einen quietschenden Rolli hinter sich herzog.

Regel eins: Sprich immer am Lautesten. Regel zwei: Lass dich von niemandem beim Reden unterbrechen. Regel drei: Lass die anderen spüren, dass du ihnen überlegen bist. Regel vier: Weiche nie jemandem auf der Straße aus. Regel fünf …

Petters betete sein Credo in Gedanken herunter. Er hatte es sich vor Jahrzehnten zurechtgelegt und stets beibehalten.

Es dämmerte. Die hintersten Häuser waren vollends von den Schatten verschlungen worden.

Der kleine Park zu seiner Rechten war übersät mit Papierfetzen. Ein Nylonsäckchen wehte knatternd im schwachen Abendwind hin und her. Eingetrocknete und vergilbte Kondome lagen hinter dem niedrigen Eingangstor, das quietschend gegen den rostigen Eisenrahmen schlug.

Petters blieb abrupt stehen und analysierte die Fassade jenes Hauses, das an den Park angrenzte. Er wanderte mit seinen Blicken die nüchtern gehaltenen Linien der Stuckatur von Stock zu Stock aufwärts, streifte die eisernen, wuchtig verzierten Gitter der Balkone im dritten Geschoß und blieb schließlich an den fünf Jungfrauen aus Sandstein hängen, die seit fast einhundert Jahren von ihren Plätzen, dicht unter dem steilen Schrägdach, auf die Menschen im Park herniederblickten.

Die Huren waren aus dem Haus ausgezogen, nachdem man eine von ihnen ermordet hatte. Sie war auf ihrem Standplatz erstochen worden.

Die anderen waren in die Außenbezirke abgewandert und gingen nun dort ihrer zweifelhaften Profession nach. Und übermorgen … übermorgen würde *ihm* dieses Juwel von einem Haus gehören. Ein unentdecktes Juwel, um das ihn jeder andere Architekt der Stadt beneiden würde.

Er erinnerte sich an jenen Tag, an dem er erstmals mit der Besitzerin des Hauses verhandelt hatte. Die Kreidestriche, die den Körperumriss der jungen Ermordeten nachgezeichnet hatten, waren damals noch auf dem Gehsteig sichtbar gewesen, ungefähr hier, wo er stand. Nein, nicht ungefähr; er stand genau *auf* dem Fundort der Leiche.

Petters machte einen erschrockenen Satz nach vorn.

Er fing sich rasch und sah sich misstrauisch um. Ob einer der wenigen Bewohner der Gasse diese ängstliche Reaktion bemerkt hatte?

Nein, da war niemand. In drei Wohnungen brannte Licht, der Ton eines Fernsehers drang aus einem offenen Fenster und eine streunende Katze glitt vorsichtig zwischen zwei Gitterstäben des Parkzauns hindurch. Sonst war niemand zu sehen.

Oder doch?

Ganz hinten, auf der gegenüberliegenden Seite, im Schatten, bewegte sich dort nicht etwas?

Petters erinnerte sich an den alten Säufer, der im Tor des letzten Hauses seit Jahren seine Räusche ausschlief, und atmete tief durch.

Nicht mehr lange, dachte er. *Sobald das Haus mir gehört, werde ich allen Abfall wegräumen lassen. Auch den menschlichen Abfall.*

Petters verdrängte die Gedanken an das tote Freudenmädchen und den halbtoten Clochard und setzte sich wieder in Bewegung. Wie eine Dampflok. Er tauchte weiter in das Dunkel der Gasse ein, um kurz darauf von der schummrigen Beleuchtung des Gasthauses zurück ins Licht gezerrt zu werden. Er stieg die beiden Stufen des »Goldenen Lamms« schwungvoll hoch.

Wie sonderbar. Das Bimmeln der neuen Türglocke erinnerte ihn an Totengeläut.

*

Kommissar Raich schüttelte seine knautschige Stoffjacke mehrmals durch, um den kalten Zigarettengeruch loszuwerden, der ihr anhaftete.

Verstohlen schlug er ein Kreuz vor dem Haus Gottes, als er nach links in die Kirchengasse einbog. Fast vollkommene Dunkelheit umfing ihn, bis plötzlich die automatische Straßenbeleuchtung ansprang. Eine schwarze Katze, die inbrünstig ihr Liebeslied miaute, wurde kurz sichtbar und verschmolz gleich wieder mit den Häuserschatten. Missmutig zündete sich Raich eine neue Zigarette an. Seit dem Mord an dem billigen Flittchen war die Gegend deutlich ruhiger geworden. Seitdem war hier keine mehr auf der Suche nach Freiern. Aber gefallen, nein, gefallen wollte es ihm in diesem Teil seines Rayons nicht.

Raich dachte an die Leiche der Blondine und spürte ein unangenehmes Ziehen in der Bauchgegend. Sie war vor einigen Monaten in einer riesigen Blutlache gefunden worden. Unmittelbar neben dem Parkeingang.

Der Mörder hatte mehrmals mit einem Messer auf sie eingestochen. Hatte den Hals der Frau perforiert, die Stimmbänder durchtrennt und sie anschließend mit der Waffe geschändet.

Natürlich hatte niemand etwas bemerkt. Die Leute waren abgestumpft. Kein Wunder, nachdem jahraus, jahrein Geschrei, Gelächter und Gestöhne aus dem Hurenhaus in ihre Wohnungen gedrungen war.

Raich zwang sich, die Straße zu queren und nochmals den Ort des Geschehens zu betrachten. Beim Tor hatte der Täter zugestochen. Das Mädchen war in die Knie gegangen. Der Mörder hatte sie an den Haaren nach hinten gezogen, während das Leben aus ihr wich und sie nicht einmal mehr schreien konnte. Dann hatte er sich – ohne sich um mögliche Beobachter zu kümmern – an ihr vergangen.

Der Kommissar drückte die halbgerauchte Zigarette aus, schnippte sie über den Zaun in den Park und ging am ehemaligen Hurenhaus vorbei bis ans Ende der Gasse. Bis zum »Goldenen Lamm«.

Fritz der Sandler lag wie immer links im Hauseingang, in der Dunkelheit als Haufen übereinander geschmissener Stoffe erkennbar. Der Ford Taunus von Ferdl parkte vor dem Lokal. Raich dachte an die Abmachung, die er wegen dieser Schrottkarre mit dem Wirt getroffen hatte.

Er sprang die beiden ausgetretenen Steinstufen hoch, das unvermeidliche Gebimmel der Glocke ertönte. Er betrat das kleine Gastzimmer. Es war wie immer in gedämpftes Licht getaucht.

*

Kalter Zigarettengeruch hatte sich über die Jahre hinweg in den schweren Stoff des Vorhangs eingeprägt. Das Mauerwerk war gelblich verfärbt. Es bröckelte an mehreren Ecken und Kanten großflächig ab. Die hintere Längswand des Gastzimmers war grell und unbeholfen bemalt.

Die vier Anwesenden blickten einander nicht an. Marc starrte zu Boden, Pater Reinhard betete einen Rosenkranz. Petters gab vor, die Architektur des Raums zu bewundern. Kommissar Raich zündete nervös eine neue Zigarette an. Er war es auch, der das Schweigen brach.

»Na schön, Petters, Sie haben uns herbestellt. Was gab es so Dringendes, dass Sie unsere Abmachung umgehen mussten?«

Der wuchtige Mann zuckte zusammen. »*Ich* Sie herbestellt? Ich dachte, *Sie* hätten uns zusammengerufen?«

*

Ferdl, der Wirt, betrat den Raum. Er grunzte abfällig in Richtung der Gäste und stemmte eine Bierkiste auf den Tresen. Normalerweise kam seine Kundschaft erst nach acht Uhr, wenn das Abendessen beendet und der Abendsport im Fernsehen gelaufen war.

Eine feine Gesellschaft hatte sich da versammelt! Der dicke Pfarrer, der noch fettere Kommissar, ein feiner Pinkel aus der Innenstadt und ein verkappter Kunststudent. Ferdls Gedanken krochen träge, vielleicht noch ein wenig träger als sonst. Doch endlich … endlich erkannte er, *welche* Leute ihn heute besuchten.

»Mein Gott, was soll die Scheiße?«, fragte er heiser. »Ich will verdammt sein! Was habt ihr alle hier zu suchen?«

Bevor Ferdl einen weiteren, noch derberen Fluch ausstoßen konnte, schwang die Tür weit auf und ließ mit dem neuen Gast einen

Schwall kühler Abendluft herein. Der Wirt blickte in den Lauf einer Pistole.

*

»Schönen guten Abend, die Herrschaften. Es freut mich, dass Sie meiner Einladung allesamt gefolgt sind.«

Der Kommissar sah ungläubig auf die kleine, in übelriechende Stoffreste verpackte Gestalt, die eine Pistole mit aufgeschraubtem Schalldämpfer in Händen hielt. Ohne Spur eines Zitterns. »Fritz, um Gottes willen! Was soll das?«

»Für Gott ist der Pater zuständig, nicht wahr?« Die klaren Augen und die ruhige Hand straften das Aussehen der erbärmlichen Gestalt Lügen. »Ich darf Sie bitten, die Finger von der Dienstwaffe zu lassen, Herr Kommissar. Dieses kleine Versteckspiel ist ohnedies gleich zu Ende.«

Behutsam drückte Fritz, der alte Bettler, die Tür hinter sich ins Schloss und blieb mit dem Rücken zu ihr stehen.

»Wie leicht man Menschen doch täuschen kann, wenn man ausreichend Motivation besitzt. Nicht wahr, Herr Petters?«

Der Architekt, sonst immer Herr der Lage, wirkte angesichts der Pistole verzweifelt.

»Ein kurzer Brief an jeden von euch, mit klarer Hand und im Befehlston geschrieben, und schon kommt ihr gelaufen, getrieben von einem Funken schlechten Gewissens.« Fritz schniefte laut. »Ich will euch eine Geschichte erzählen. Die Geschichte einer kleinen Gasse und ihrer Bewohner.« Er räusperte sich.

»Ein introvertierter, unbedeutender Kunststudent verliebt sich unsterblich in ein hübsches Mädchen, das gegenüber seiner Garçonniere wohnt. Er weigert sich anzuerkennen, dass sie ihre Liebe nur für Geld hergibt. Er sieht jeden Tag, wie sie vor ihrem Hotel steht und auf Freier wartet. Dabei gehört sie doch ihm!«

»Das stimmt auch! Sie gehörte mir, nur mir allein!« Marc schüttelte den Kopf, blickte um sich.

Ohne auf ihn zu achten, fuhr Fritz fort: »Dann gibt es einen eitlen Pfarrer, der davon träumt, einen Platz im Himmelsreich zu erobern, indem er einen Park vom sogenannten *Gesindel* räumt und neu gestaltet. Wenn da bloß nicht dieses Hurenhaus wäre …«

Pater Reinhold betete mit geschlossenen Augen. Der Schweiß auf seiner Stirn verriet seine Angst.

»Ein einflussreiches Mitglied der Gesellschaft träumt davon, ein Jugendstilhaus zu kaufen. Leider floriert ein besonderes Geschäft in diesem Haus, und die Besitzerin ist mehr als zufrieden mit den Einnahmen. Aber was wäre, wenn die Sexarbeiterinnen wegziehen würden? Wenn die Einnahmen ausblieben?«

Petters nestelte mit nervösen Fingern an seiner Krawatte umher, gab jedoch keinen Ton von sich.

»Und zu guter Letzt ist da ein alternder Polizist, der seit Jahrzehnten nur Schwierigkeiten mit den Besuchern der kleinen Gasse hat. Andauernd hat er es mit irgendwelchen Streitigkeiten zu tun, mit Drogenhandel, Messerstechereien, Anzeigen … und mit alten Säufern, die auf der Straße schlafen.«

Kommissar Raich fixierte die Pistole wie eine Schlange und trat einen kleinen Schritt näher.

»Machen Sie nichts Unbesonnenes, Kommissar. Ich hatte mehrere Monate Zeit, nüchtern zu werden. Und nun weiter mit der Geschichte: Da sind also vier Leute mit unterschiedlichen Problemen und einer gemeinsamen Lösung, wie sie in einer alkoholumnebelten Nacht bemerken. Und als Lösung für diese Probleme findet sich rasch ein williges Werkzeug.«

Der Lauf der Pistole wanderte in Ferdls Richtung. »Einen Wirt, der bereit ist, das Leben eines Mädchens zu nehmen für den billigsten Gegenwert, den man sich nur vorstellen kann: Er bekommt die Parkerlaubnis für sein Auto, erhält eine geschmacklos gestaltete Außenfront und eine Türglocke. Dazu eine abscheuliche Innenbemalung von einem unbegabten Künstler. Und zu guter Letzt die Absolution durch einen gewissenlosen Priester!« Fritz brüllte die letzten Worte.

Dann drückte er den Abzug. Ein leises »Plopp« wurde von einem Poltern gefolgt, als der Körper des Wirts gegen die Kühltruhe krachte.

Noch bevor einer der vier Gäste reagieren konnte, waren auch sie mit jeweils einem »Plopp« bedacht. Marc, der Pater und Kommissar Raich fielen lautlos übereinander. Nur Architekt Petters überlebte die erste Kugel. Sie war durch sein linkes Auge gedrungen und hatte das Gehirn verfehlt. Er fiel schwer zu Boden und bemühte sich, mit dem heilen Auge durch die Blutschwaden und die ungeheuren Schmerzwellen den Clochard zu erkennen.

Undeutlich, wie aus weiter Ferne, hörte er die dünne Stimme des Alten: »Und wenn sie in euren Augen auch nur eine kleine Nutte war: Sie hatte mehr Herz als ihr fünf zusammen. Sie gab mir zu essen und zu trinken, sie versorgte mich mit Klamotten und redete mit mir. Von Außenseiter zu Außenseiter. Letztendlich brachte ihr Tod mich dazu, das Saufen aufzugeben.«

Fritz jagte seine letzte Kugel in den Kopf des Architekten, und diesmal passte der Schuss.

Er warf die Pistole achtlos beiseite, riss die Türglocke ab und verließ das Gasthaus. Die Einweghandschuhe zog er ab, schmiss sie durch ein Eisengitter in die rauschende Kanalisation darunter und legte sich in den Schatten seines Hauseingangs. Er übergoss die Jacke mit einer halben Flasche billigen Fusels und zog den alten Mantel über.

»Wer sollte einen alten Säufer verdächtigen, fünf Menschen getötet zu haben? Lächerlich!«

Ein Fernsehgerät dröhnte laut, und die schwarze, räudige Katze miaute heftig dagegen an.

Meine Ausflüge ins Krimi-Genre sind (leider) rar gesät. Umso mehr freute ich mich darüber, als ich im Frühjahr 2021 die Anfrage bekam, ob ich bei einer kleinen Anthologie mitmachen wollte. Es ging darum, nach Vorgaben zu Namen und Eigenschaften dreier Handlungspersonen eine Kurzgeschichte zu entwickeln.

Die Story wurde letztlich in Form eines Privatdrucks für ein Marketinginstitut veröffentlicht. Sie ist in meinem Kurzgeschichtenband also erstmals öffentlich zugängig, jedoch mit veränderten Namen und einigen anderen kleinen Korrekturen.

Bar-Ablöse

»Drei Glas Sekt«, bestellte Jonas und legte Geld auf die Theke. Er lehnte sich vor, als ein Billardspieler hinter ihm zum Stoß ausholte. Es gab nicht viel Platz in der Adler-Bar.

»Wie immer, Jonas.«

Nathalie, die Wirtin, schenkte ihm ein unpersönliches Lächeln und goss aus der Sektflasche ein. Ihr schwarzes Haar bekam im schummrigen Licht der Bar einen Rotstich. Sie stellte die Gläser vor Jonas, Friedel sowie Gabor ab. Leise Musik erklang.

Sie ließen die Schalen gegeneinander klirren und bedienten sich an den Snacks, bevor sie unverbindlich zu plaudern begannen. Über Familie, Kinder, das omnipräsente Thema der Impfpflicht, ihre Ängste und ihre Wünsche. Die Adler-Bar war ihre Insel der Seligen, weit weg von der Arbeit.

Die Tür öffnete sich. Bullige Gestalten kamen hereingestolpert. Biker, die den Regen verfluchten und sich an den größten Tisch der Bar setzten. Sie hinterließen eine Wasserspur auf dem steinernen Boden.

»Mitglieder des Honeypot MC«, sagte Gabor leise und legte die Zeitung sorgfältig gefaltet beiseite. »Stehen die nicht auf der Liste krimineller Vereinigungen? Von wegen Drogenhandel und Prostitution?«

»Ja.« Friedel lächelte. »Aber nur während der Dienstzeit. Wir sind im Feierabend. Oder möchtet ihr von Nathalie Lokalverbot bekommen, weil wir ihre Gäste verhaften? Außerdem müssten wir Überstunden machen und über endlos langen Protokollen sitzen.«

»Auf den Feierabend«, sagte Jonas und prostete seinen Kollegen zu.

»Auf den Feierabend«, wiederholte Friedel und schob sich weg von der Theke …

»Verflucht nochmal!«, rief jemand hinter ihnen, während Gelächter und Jubel gleichermaßen aufbrandeten.

Jonas wandte sich den Billardspielern zu, Friedel und Gabor ebenso. Ein feister Kerl stand breitbeinig da, in der Rechten seinen Queue.

»Das war der entscheidende Stoß!«, brüllte der Mann. »Jeder Gast weiß, dass man in der Nähe des Billardtischs ruhig stehen muss, um die Spieler nicht zu behindern. Das kostet mich hundert Euro! Geld, das *du* mir jetzt schuldest.«

Friedel blickte sein Gegenüber an und blieb ruhig wie immer. »Tut mir leid, Kumpel. Aber findest du nicht, dass ein derart hoher Einsatz übertrieben ist? Das fällt unters Geldspielgesetz und …«

»Was erzählst du für einen Scheiß, du Besen im Anzug? Geldspielgesetz? Seid ihr Bullen?«

»Nein«, log Gabor und schob sich neben Friedel. »Ganz ruhig. Wir wollen den Feierabend genießen. So wie du auch.«

»Hundert Euro!«, brüllte der Billardspieler Friedel an, ohne auf Gabor zu achten.

»Ein paar entspannende Yogaübungen würden dir guttun«, fuhr Gabor fort, weiterhin ruhig lächelnd. »Wie schon der Guru Lahiri Mahasaya sagte …«

»Guru am Arsch! Dein Freund wird mir das Geld auf den Tisch legen, sonst setzt es was!«

Ein anderer Billardspieler schob sich neben seinen Kumpel und fasste ihn an der Schulter. »Lass es, Urs. Es ging um einen Einsatz von zehn Euro und die Lage deiner Kugeln war so, dass du die letzte Rote niemals ins Loch gebracht hättest.«

»Du fällst mir in den Rücken, Steff?« Urs riss sich los. »War ja zu erwarten von einem wie dir. Kein Wunder, dass deine Alte lieber mit mir vögelt.«

»Halt's Maul, Urs!«, rief Nathalie, die Besitzerin der »Adler«-Bar. »Immer machst du Probleme.«

Oha. Die Lage drohte zu eskalieren. Jonas setzte seinen Körper geschickt ein, um sich zwischen die Streithähne zu drängen. »Jetzt ist Ruhe«, sagte er laut und rempelte die Kontrahenten auseinander. »Wir alle wollen einen ruhigen Feierabend genießen. Mein Freund Friedel wird den Wetteinsatz in der Höhe von zehn Euro begleichen. Ich bin mir sicher, du hast dich bloß geirrt. Richtig?«

»Aber …«

»Es waren keine hundert Euro, Urs. Niemand in der Adler-Bar kauft dir diese Geschichte ab. – Du wirst dich bei deinem Freund Steff entschuldigen. Diese Sache mit seiner Frau hast du im Eifer des Gefechts dahingesagt. Stimmt's?« Jonas streckte seinen Körper durch und machte sich so breit wie möglich. Er wusste um seine Wirkung.

Sekunden vergingen. Urs, fast einen Kopf kleiner als er, rechnete offenbar seine Optionen durch – und gab klein bei. »Also schön«, sagte er. »Es … tut mir leid.«

»Siehst du, so einfach geht das. Und da du so ein vernünftiger Kerl bist, geht die nächste Runde auf mich. Für alle im Lokal. Einverstanden?«

Die Wut in Urs' Augen erlosch. »Einverstanden.«

»Na also. Viel Glück bei der nächsten Billardpartie.«

Urs und Steff wandten sich ab und kehrten zum Spieltisch zurück.

Jonas wartete einige Sekunden und überprüfte die Situation im Lokal mit den Blicken des erfahrenen Kriminalisten. Friedel und Gabor taten es ihm gleich. Sie wussten, worauf sie achten mussten.

Zum Beispiel auf die Jungs vom Honeypot MC. Die vier Biker waren sitzengeblieben, während der Streit immer weiter eskaliert war, hatten sich aber bereitgehalten. Das waren harte Kerle. Sie teilten sich den Kuchen im Drogen- und Frauenhandel in der Umgebung mit anderen Motorrad-Clubs.

»Das war knapp«, sagte Friedel.

»Dieser Urs ist ein Problem«, meinte Gabor leise. »Er hat ordentlich geladen und kann jederzeit wie ein Garkochtopf hochgehen. Habt ihr all die leeren Jägermeister-Flaschen neben dem Billardtisch gesehen? Ein dummes Wort reicht.«

Friedel griff nach seinem zweiten Glas Sekt und nippte daran. »Was, wenn es eigentlich um uns geht?«, fragte er. »Was, wenn Urs gekauft wurde, um eine Auseinandersetzung zu provozieren? Es gibt Kollegen, die uns eine Dienstaufsichtsbeschwerde anhängen wollen. Unsere Erfolgsquote ist zu gut. Das weckt den Neid.«

»Ach, Friedel.« Jonas seufzte. »Du und dein Verfolgungswahn. Niemand will uns etwas anhängen. Aber lasst uns über eine kleine Idee reden …«

*

Sie bestellten ein drittes Getränk, plauderten und behielten dabei die Geschehnisse in der Bar im Auge.

Sie lösten sich erst voneinander, als Nathalie sich mit einem Räuspern bemerkbar machte und sagte: »Ich wollte eben die Männer-Toilette putzen und …«

»Worum geht's, Nathalie?«

Die Wirtin blickte starr geradeaus. »Urs ist tot. Er liegt mit dem Kopf voran im Pissoir.«

*

Also mussten sie doch ihre Dienstausweise herzeigen und sich selbst in Dienst stellen.

Während rasch herbeigerufene Kollegen die Personalien aller Anwesenden aufnahmen, besahen sie die Leiche. Die Toilette war großzügig ausgebaut. Es roch nach Lavendel, das Blut am Boden stockte allmählich.

»Urs wurde die Kehle von hinten aufgeschnitten«, sagte Gabor, ohne seine Stimme zu senken. Die Verdächtigen im Lokal sollten ruhig zuhören. »Der Schnitt wurde sauber und mit gleichmäßigem Druck gezogen. Das Blut sprudelte aus der Wunde und ergoss sich über die Keramik.«

»Urs ist mit den Knien eingeknickt«, fuhr Jonas fort. »Der Mörder hat seinen fallenden Körper gestützt und dafür gesorgt, dass er im Sterben vornüber stürzte. Andernfalls hätte er im Liegen den ganzen Raum eingenommen. Die Tür wäre nicht mehr aufgegangen. Der Täter hätte die Leiche wegrücken müssen, um die Toilette verlassen zu können.«

»Unsere Leute von der Spurensicherung werden nicht erfreut sein«, sagte Friedel, »dass ich die Position unseres Freundes verändere. Aber ein Gesichtsausdruck verrät oftmals viel über den Tathergang.«

Er hob den Kopf des Toten am Haarschopf an, sie blickten in kalte und weit aufgerissene Augen.

»Er wirkt nicht sonderlich überrascht«, meinte Gabor.

»So, als hätte er den Täter gekannt«, sagte Jonas.

Friedel legte den Kopf sachte ins Urinal zurück, ein wenig Blut blubberte aus der klaffenden Halswunde hervor und stockte augenblicklich.

»Es dürfte leicht sein, den Mörder zu finden«, meinte Gabor. »Der Täter trägt sicherlich DNA-Spuren an seiner Kleidung, womöglich sogar Blutspritzer. Und die Tatwaffe fehlt. Sie ist schmal, scharf und mit gerader Klinge. Sie muss noch in der Adler-Bar sein, niemand konnte das Lokal verlassen. Wenn wir Glück haben, trägt der Mörder das Messer bei sich.«

Sie nickten sich zu. Jonas war sicher, dass jeder der Gäste ihre Worte gehört hatte.

Als die Kollegen von der Spurensicherung eintrafen, kehrten sie in den Lokalbereich der Bar zurück. Die Wartenden blickten ihnen unsicher entgegen. Jonas liebte den Geruch von Angstschweiß.

Wobei die Biker eher nach nassem Hund rochen. Der Regen hatte sich in ihre Lederkleidung eingesogen.

»Nathalie, wir benötigen die Bar für die Einzelverhöre«, sagte Jonas über das Rauschen des Geschirrspülers hinweg. »Alle Verdächtigen warten in den Streifenwagen, bis sie gerufen werden.«

»In einem Bullenwagen sollen wir warten?«, fragte einer der Biker. »Spinnt ihr?«

»Macht es euch doch auf den Motorrädern bequem, bis wir euch rufen«, sagte Friedel lächelnd. »Ohne die Lederjacken und -hosen, denn die müssen überprüft werden. Wenn euch der Dauerregen nichts ausmacht, könnt ihr euch gern in der Unterwäsche auf dem Sitz niederlassen.«

Leise schimpfend verließen die Mitglieder des Honeypot MC die Adler-Bar, um es sich auf den Rücksitzen der Streifenwägen gemütlich zu machen.

»Was für Weicheier!«, sagte Gabor verächtlich. »Schon bei ein paar Regentropfen verkriechen sie sich im Trockenen.«

»Jaja.« Friedel ließ sich auf einem der Stühle neben dem Billardtisch nieder. »Nathalie, bringst du uns drei starke Kaffee? Es wird spät werden.«

*

Zwei Liebespärchen waren unverdächtig, ebenso die beiden Schachspieler, die sich während des ganzen Abends nicht von der Stelle gerührt hatten. Eine junge Frau, noch keine achtzehn Jahre alt, schied ebenfalls aus dem Kreis der Verdächtigen aus.

Steff war schlagartig nüchtern geworden, nachdem er gehört hatte, dass sein Kumpel Urs ermordet worden war. Er saß da wie ein Häuflein Elend und beantwortete stockend die Fragen von Jonas, Friedel und Gabor. Er log, ganz gewiss. Er zeichnete seinen Kumpel deutlich besser, als er war. Es dauerte eine halbe Stunde, bevor er endlich mit der Wahrheit herausrückte.

»Urs war ein Lügner und Betrüger, den niemand mochte. Er war in Drogengeschäfte verwickelt, er verkaufte falsche Versicherungen, er brachte Falschgeld in Umlauf.«

»Warum hast du dich mit ihm abgegeben, Steff?«, fragte Jonas.

»Er hängte sich an mich ran wie eine Klette und war kaum loszuwerden. Ich glaube nicht, dass er echte Freunde hatte.«

»Was hatte es mit dieser vermeintlichen Affäre mit deiner Frau auf sich?«, hakte Friedel nach.

Steff schnaubte. »Gar nichts! Vor einigen Monaten hat er sich an Andrea rangeschmissen, an meine Verlobte. In meinem Beisein. Ich habe ihn … zurechtgewiesen.«

»Ihr habt euch geprügelt?«

»Es setzte einige Ohrfeigen für ihn. Anschließend hat er sich nicht mehr blicken lassen. Bis heute, als ich ihn zufällig getroffen habe und er so tat, als wäre nichts geschehen.«

Gabor nickte. »Dir ist bewusst, dass du als der Täter in Betracht kommst, Steff? Ihr hattet einiges getrunken und Urs hat dich beleidigt. Vielleicht bist du ihm in die Toilette gefolgt und hast …«

»Nichts habe ich!«, widersprach Steff lautstark. »Ich war betrunken, richtig. Ich mochte Urs nicht, richtig. Er hat Andrea beleidigt, richtig. Aber ich bin kein Mörder!«

Jonas winkte mit der Rechten. »Danke erst einmal für deine Aussage.«

*

Gimly, der Häuptling des Honeypot-MC, gab sich verschlossen und weigerte sich, auch nur ein einziges Wort zu sagen.

»Kanntet ihr Urs?«, hakte Jonas nach. »Hattet ihr eine Rechnung mit ihm offen? War er in Geschäften mit euch verwickelt? – Wenn Urs in einer anderen Gang war, finden wir das raus. Also rede.«

Gimly verschränkte die Arme vor der Brust, atmete ruhig und starrte an ihnen vorbei. So, als hätte er es mit Amöben statt mit Polizisten zu tun.

»Na schön, Gimly«, sagte Friedel lächelnd. »Du bist ein harter Hund und willst nicht plaudern. Aber ist es mit deinen Kumpanen ebenso? Ihr habt einen Prospect mit dabei, nicht wahr? Wie war noch gleich sein Name? Petri? Glaubst du, dass Petri den Mund halten wird? – Nein, wird er nicht – und das weißt du. Er kennt die Verhörsituationen nicht gut genug und wird Fehler begehen. Und dann werden wir ganz, ganz tief bohren. Wir werden Petri nicht nur über den heutigen Abend befragen, sondern auch über eure sonstigen Umtriebe. Also: Entweder du redest, oder wir nehmen Petri in die Mangel.«

»Also schön«, sagte Gimly nach längerer Nachdenkzeit. »Wir kennen … kannten Urs. Er hatte Schulden bei uns. Es ging um … Privatgeschäfte.«

»Um Drogen?«

»Das hast du gesagt, Bulle.«

Jonas beherrschte sich mühsam. »Ihr wolltet Urs heute auf den Zahn fühlen. Richtig?«

»Wir wollten uns in aller Ruhe mit ihm unterhalten. Aber der Schweinekerl war mit seinen Freunden gekommen. Wir wollten keinen Wirbel machen, nicht hier. Die Adler-Bar ist neutraler Boden.«

»Als Urs auf die Toilette musste, ist ihm einer von euch gefolgt. Um ihn zur Rechenschaft zu ziehen. Warst du es selbst? Oder Petri, um sich die Aufnahme als Vollmitglied im Club zu erarbeiten?«

»Unsinn! Wir hatten eingesehen, dass Ort und Zeit für eine Unterhaltung mit Urs schlecht waren. Wir wollten bloß noch das Ende des Regens abwarten.«

»Das können wir dir glauben oder nicht, Gimly.« Jonas nickte. »Danke erst einmal für deine Aussage.«

*

»Zwei unterschiedliche Motive, zwei mögliche Täter«, sagte Friedel und summte eine Melodie.

»Aber keine Tatwaffe«, meinte Jonas. »Weder die Biker noch Steff trugen etwas bei sich, dass sich verwenden ließ. Die Waffe ist nicht aufgetaucht, obwohl sich die Kollegen von der Spurensicherung gründlich umgesehen haben.«

»Nathalie, noch drei Kaffee!«, rief Gabor.

Die Kaffeemaschine röchelte leise, Geschirr und Löffel klirrten. Im Hintergrund lief der Geschirrspüler. Nathalie stellte die Heißgetränke vor ihnen ab.

»Du hast die Leiche entdeckt«, sagte Jonas zu ihr und deutete auf kleinere Flecken auf dem Kleid der Frau. »Kanntest du Urs?«

»Er kam ein- bis zweimal in der Woche, ließ sich volllaufen und spuckte große Töne.« Nathalie lehnte sich gegen die Bar.

»Schuldete er dir Geld?«

»Ein wenig.«

»Wieviel?«, hakte Gabor nach.

»Ich habe es nicht genau im Kopf …«

»Wieviel?«

»So um die dreitausend Euro.«

»Das ist mehr als *ein wenig.* Zumal Urs offenbar keinerlei Anstalten machte, die Schulden zu begleichen.«

»Was willst du damit andeuten, Friedel?«

»Dreitausend Euro sind die Monatspacht der Adler-Bar, Nathalie. Wir haben uns erkundigt. Du bist darüber hinaus schwer verschuldet.

Und für dein sanftes Gemüt bist du auch nicht unbedingt bekannt.«

»Wollt ihr *mir* den Mord in die Schuhe schieben? Geht's noch?«

»Du hattest Zeit und Gelegenheit«, sagte Jonas und nahm genüsslich einen Schluck Kaffee. »Dein Lager befindet sich neben der Toilette. Kein Besucher der Adler-Bar stört sich daran, wenn du dort hinten etwas zu tun hast. Du hattest mehrere Motive. Urs war ein unangenehmer Zeitgenosse, der dir Geld schuldete. Da kann man schon mal wütend werden …«

»Ihr seid verrückt! Ich bin keine Mörderin!«

Friedel lächelte, als wäre ihm ein wichtiger Gedanke gekommen. »Die Kollegen von der Spurensicherung haben überall nach der Tatwaffe gestöbert. Überall – nur nicht im Geschirrspüler. Sollen wir dort mal nachsehen?«

»Jetzt dreht ihr komplett durch, ihr Arschlöcher!« Nathalies Gesicht verzerrte sich zu einer hässlichen Grimasse. »Einen Scheiß werdet ihr tun …«

Jonas packte zu und hielt die Frau fest, sie wehrte sich heftig. Friedel und Gabor traten hinter die Bar, öffneten den Geschirrspüler – und beförderten ein langes, schmales Messer zutage. Vielleicht diente es zum Abschneiden von Orangenscheiben, vielleicht als Filetmesser.

»Ein Einzelstück«, sagte Friedel und hielt die Waffe gegen das Licht. »Von DNA-Spuren wird wohl nichts mehr zu sehen sein. Aber die Blutspritzer auf deinem Kleid …«

»Ich habe … den Toten gefunden … verdammt, Jonas! Ich schwöre dir – ich kratze euch allen die Augen aus, wenn ihr mich nicht sofort loslasst!«

»Du hast Urs getötet und anschließend so getan, als hättest du ihn entdeckt. Die Nummer mit dem Geschirrspüler ist so einfach wie banal. Unsere betriebsblinden Kollegen der Spurensicherung haben an diesen Ort natürlich nicht gedacht.«

»Ihr wollt mich als Sündenbock! Das Messer hätte jedermann reinstecken können.«

Jonas hatte Mühe, die Frau festzuhalten. Sie trat um sich. Einer ihrer Stöckelschuhe fegte Kaffeetassen vom Tisch, mit ihren langen Fingernägeln krallte sie sich tief in seine Unterarme.

Es brauchte Friedel und Gabor, um die wild um sich tretende Nathalie zu bändigen. Kollegen kamen hinzu und legten ihr Handschellen an, um sie in einen der Wagen zu verfrachten und wegzuführen.

Jonas blickte dem Streifenwagen lange hinterher. Andere Kollegen sorgten dafür, dass die Gäste nach Hause geschickt wurden. Der Regen endete, als sich die Biker auf ihre Harleys schwangen.

Steff trat zu ihnen, als wollte er noch etwas sagen, überlegte es sich dann aber und grüßte vage, bevor er sich zu Fuß auf den Weg machte, weg von der Adler-Bar.

»Noch einen Absacker?«, fragte Gabor.

Jonas und Friedel nickten, sie kehrten in das entvölkerte Lokal zurück. Scherben knirschten unter ihren Schuhen.

»Nathalie ist eine harte Nuss. Es wird nicht leicht werden, sie zu einem Geständnis zu bewegen.«

»Wetten, dass wir unwiderlegbare Beweise finden werden?« Gabor griff nach einer älteren Zeitung und blätterte um.

Friedel griff nach der Sektflasche. »Damit hätten wir mehrere Fliegen mit einer Klappe geschlagen: Urs wird niemals mehr wieder jemanden betrügen oder beleidigen, wir sind diese Nathalie losgeworden, die uns nie mochte – und das ganze Gesindel des Honeypot MC wird der Adler-Bar ab nun fernbleiben. Eine neue Pächterin wird dem Lokal guttun.«

Jonas fuhr mit den Fingern über die kleinen, dunkelroten Flecken auf seinem Hemd und seufzte wohlig.

Die Stille tat gut.

Teil 6: Horror

Diese kurze Horror-Geschichte entstand im Jahr 2000. Ich habe lange darüber nachgedacht, ob ich sie in diese Werkausgabe mit aufnehmen sollte, denn sie trägt einen sehr starken persönlichen Kern in sich.

Viele Elemente der Story stammen aus Gesprächen mit meiner Großmutter in den letzten Jahren vor ihrem Tod. Ihre Wahrnehmungen, ihre Fantasien, ihre Gedanken sind darin verarbeitet.

Das ist wohl meine Art des Umgangs mit dem Tod.

Das Leben – ein Alptraum

»Bin ich tot?«, fragte die alte Frau ins Dunkel des Raums. Es war immer dunkel, denn sie war blind.

»Nein, du lebst, und es geht dir gut«, antwortete eine sorgenerfüllte, weibliche Stimme. Die Stimme ihrer Tochter. »Bleib ruhig liegen. Du hast dir das rechte Sprunggelenk gebrochen, als du aufstehen wolltest. Wir mussten dich ins Spital bringen und versorgen lassen. Dabei bist du ohnmächtig geworden.«

Jetzt erst spürte sie die pochenden Qualen, die in ihrem Fuß den Anfang nahmen. Eine plötzliche Welle des Schmerzes schwappte hoch, fauchte über die Oberschenkel, setzte ihren Leib in Flammen, sengte über ihre Brüste, verbrannte den Hals und stach feuerrot in ihren Kopf. Sie stöhnte auf.

Hilfesuchend tastete sie nach der Hand ihrer Tochter. »Gerti … Gerti! Die dunklen Gestalten … sie wollen mich holen!«

»Es ist alles gut, Mama. Ich bin bei dir. Niemand wird dich von hier wegholen.« Die jüngere Frau, ihre Erstgeborene, auch schon über fünfzig Jahre alt, streichelte sanft die so schwach gewordene Hand. Der verschlissene Ehering saß locker auf dem Finger und drehte sich bei jeder streichelnden Bewegung mit.

Die alte Frau, alle nannten sie Frenzy, spürte einen sanft gehauchten Kuss auf der Wange. Dann wischte ihr Gerti salzige Flüssigkeit aus den Augenwinkeln.

Frenzys Gedanken schweiften ab. Sie dachte an ihre glücklichen Mädchenjahre, an den Krieg, an ihren einzigen Mann, die Fehlgeburt, die drei Kinder – kurzum, an gute und an schlechte Tage eines langen Lebens.

Nur nebenbei registrierte sie, wie ihr eine Handvoll Medikamente in den Mundwinkel geschoben wurde. Frenzy trank aus dem Glas, das ihr Gerti zum Mund führte. Dann schlief sie ein und träumte.

*

Dunkle Gestalten umflatterten sie. Ledrige Schwingen fuhren über ihr Gesicht. Lange, krallenartige Finger zogen blutige Spuren über Frenzys Körper, aus dessen Wunden metallisch schimmernde Insekten hervorkrochen. Ein Kaleidoskop an alptraumhaften Gestalten bewegte sich im Halbdunkel vor ihrem Bett. Manche der größeren Wesen schoben sich überdeutlich in ihr Blickfeld. Hier, an diesem schrecklichen Ort, da konnte sie sehen, ob sie nun wollte oder nicht.

Zwei feuerspeiende Nacktschnecken sonderten gelblichen Schleim ab. Ein chitinbepanzerter, riesiger Käfer, ließ seine Gelenke laut und hässlich knacken. Ein zusammengewachsenes Paar delphinartiger, aufrechtgehender Schimären mit dünnen Gliedern tastete nach Frenzy. Aus dem gut sichtbaren After drang ein penetranter Gestank. Ein menschenähnliches Etwas brummte laut dazu. Auf seinem Rumpf saß ein quallenähnlicher Kopf, lange und nasse Fühler durchpeitschten die stickige Luft.

Frenzy bemühte sich vergeblich, ihren jungen, kräftigen Körper hochzuziehen. Betongewichte lasteten auf ihrer Brust. Mit enormer Kraftanstrengung brachte sie den Kopf hoch. Sie jammerte, sie weinte, sie fluchte und sie schrie. Umsonst.

Ellenlange, wurmartige Geschöpfe verbissen sich mit spitzen, scharfen Zähnen in sie und pickten das Fleisch aus den schlanken Beinen. Eine der blassen Maden hatte sich bereits bis zur Hälfte in einen Unterschenkel gefressen und wühlte sich unaufhörlich weiter unter die Haut. Sie konnte das Zucken des länglichen Fremdkörpers *in sich* spüren.

Sie schrie und schrie und schrie und ...

*

»… wach auf! Frenzy, du musst aufwachen!«

Die heisere Stimme eines Mannes riss sie zurück in die … Wirklichkeit? Was war schon *wirklich* in einer Welt voller Alpträume, Dunkelheit und Schmerzen? Sie öffnete die Augen und meinte, den Hauch einer Bewegung zu sehen, zu erahnen. Links oder rechts von ihr? Keine Ahnung. Sie hatte längst jeglichen Orientierungssinn verloren. Eine Hand streifte über ihre Wangen und trocknete den kalten Schweiß auf ihrer Stirn.

»Oma, ich bin's, Marc!«

»Marc … Marc, mein Bub! Hast du die schwarzen Gestalten vertrieben?« Sie bemühte sich, die Worte klar und deutlich auszusprechen. Seit dem letzten Schlaganfall fiel es ihr zunehmend schwerer, verständlich zu reden.

»Die … Gestalten sind nicht mehr da, Frenzy. Sie sind weg, weit weg.«

Er log. Sie hörte zwar schlecht auf einem Ohr, aber sie konnte immer noch *spüren*, wenn jemand log.

Sie erwiderte nichts. Die Schwarzen hatten sich in eine Ecke zurückgezogen. Solange ein Lebender bei ihr war, würden sie sich nicht an sie herantrauen. Sie war sicher – für einige Zeit.

Übergangslos wechselte sie das Thema: »Wie geht's dir? Wie geht's den Kindern?« *Nur nichts anmerken lassen, nur nicht verrückt erscheinen, sonst geht er früher,* dachte sie. Das Muttermal, das an ihrer Oberlippe klebte, juckte. Sie kratzte sich an dem blutigen Schorf.

Ein kräftiger Arm zog ihre Hand sanft und dennoch entschlossen zurück. »Mach das nicht, Oma, sonst entzündet es sich noch weiter.«

Du ahnungsloser, lieber Tropf! Was war schon ein entzündetes Muttermal gegen all die anderen Schmerzen? Der halbgelähmte Arm, der sich immer kalt anfühlte, der gebrochene Oberschenkel, die schlecht verheilten Operationsnarben am Bein, der versagende Kreislauf, die Galle, die ihr immer wieder hochkam und all die anderen … Probleme, die sich im Laufe eines dreiundachtzigjährigen Lebens angesammelt hatten.

»Ich muss leider gehen, Frenzy. Die Kinder warten.«

Sie erschrak. Er war doch gerade erst gekommen, vor wenigen Minuten!

»Ein bisschen noch, Marc! Ein paar Sekunden nur, bitte!« bettelte sie mit leiser Stimme.

Sie spürte das Zögern an seinem Händegriff.

»Gut, ein bisschen noch. Aber nur, weil du es bist, meine Lieblingsoma.«

Sie lächelte sanft. Wieder ein paar Minuten gewonnen im Kampf gegen die Schwarzen.

*

Ihr Unterschenkel pochte im Rhythmus der Bewegungen der aufgedunsenen Made, die eine Larve nach der anderen in ihrem Fleisch ablegte. Frenzys Hände krallten sich fest in das blutrote Laken, auf dem sie gefesselt lag. Sie keuchte heftig, schloss die Augen und konzentrierte sich. *Alles nicht wahr, ich träume das bloß!,* dachte sie mit aller Kraft gegen den Irrsinn an.

Das Atmen fiel ihr schwer. Der scheinbare Druck von Betonplatten, der sie am Aufstehen hinderte, ließ ein wenig nach und machte einer Beklemmung Platz, die *aus* ihrem Körper kam. Da war ein Tasten, ein Schleifen, ein Gleiten, das von ihrem Magen zum Brustbein hin wanderte.

Gegen ihren Willen öffnete sie die Augen. Frenzys nackte Brüste waren violett verfärbt und sonderten schwärenden Eiter ab. Dazwischen hob und senkte sich die Haut, immer kräftiger und schneller, bis … bis sie platzte und ein *Etwas* hervordrang.

Eine gelbgrüne Schleimschicht machte einem biegsamen, dunklen Stiel Platz, der sekundenschnell in die Höhe wuchs. Blätter öffneten sich, Knospen sprangen auf und reckten sich gierig dem hellroten Licht entgegen, das oberhalb ihrer Bettstatt brannte.

Ein Brummen ertönte und wurde von spinnenartigen Flugtieren gefolgt, die sich gierig auf die Knospen stürzten und ein dickflüssiges Ejakulat absonderten. Alles ging blitzschnell vor sich. Die schwarzen Knospen würgten die stinkende Flüssigkeit konvulsivisch zuckend in ihr Inneres, zogen sich zusammen und bäumten sich schließlich mit einem einzigen, gewaltigen Knall auf. Die amorphen Blütenkelche zersplitterten. Dutzende der kleinen, davongeschleuderten Kristalle durchbohrten schmerzhaft Frenzys Haut.

Durch den Blumenstrang drang eine rotschwarze Flüssigkeit in ihren Körper und verätzte den Leib von innen. Mehrere abgefallene Blätter legten sich um Mund, Nase und Augen und beraubten sie jeglicher Sinnesempfindung.

Mit einer Ausnahme: Sie konnte genau spüren, was mit ihrem Körper geschah.

*

»Frenzy … Oma … Mama … Wir lieben dich … Hörst du uns?«

Bruchstücke eines Wortteppichs drangen zu ihr durch. Alle waren sie da. Kinder, Enkel, Urenkel und ein paar letzte verbliebene Freundinnen, die ihr Sterben beobachteten.

Ihr Leben war hart und entbehrungsreich gewesen. Und glücklich.

Es gab keinen Grund, mit Tränen aus der Welt zu scheiden. Mehrere Jahre lang hatte sich ihr Sterben hingezogen. Der Tod hatte ihren Lebenswillen nach und nach erstickt.

In einem selten klaren Moment erkannte sie die dunklen Schreckensgestalten – die Schwarzen – als das, was sie tatsächlich waren: Alptraumfiguren, die ihr Unterbewusstsein produziert hatte, um zu zeigen, dass sie auf dieser Welt nichts mehr zu suchen hatte.

Und langsam, ganz langsam, glitt sie weg, dem hellen Licht entgegen. Sie hörte den heiseren Aufschrei ihrer Tochter und das Schluchzen eines Mannes, dann war alles vorbei.

*

»Willkommen, Frenzy! Glaubtest du tatsächlich, du könntest dem wahren Leben entkommen? Dreiundachtzig Jahre lang hast du dich vor uns versteckt. Aber nun werden wir alle Versäumnisse nachholen. Nicht wahr, Freunde?«

Gackern, Zischen, Grölen und Geifern antworteten dem riesigen, giftgrün schimmernden Wurm, der seine zweigeteilte Zunge in ihre Nasenlöcher steckte und sich langsam zu ihrem Gehirn vortastete.

Aus war's mit dem Traum. Das Leben – das richtige Leben – ging weiter.

Frenzys Schreie sollten eine Ewigkeit lang anhalten.

Seit einigen Jahren wohne ich in Hernals, im 17. Wiener Gemeindebezirk im Westen Wiens. Vom Balkon meiner Wohnung aus blicke ich über einen Friedhof. Eine Gasse weiter befindet sich der Spielplatz des Wiener Sportclubs, eines Traditionsvereins des österreichischen Fußballs.

Ich habe den Bezirk und den Menschenschlag ein wenig kennengelernt und fühle mich in der Gegend sehr wohl. Als vor einigen Jahren (2018) die Anfrage kam, ob ich für eine Horror-Anthologie mit dem Titel »Wien morbid« eine Geschichte schreiben wollte, war mir augenblicklich klar: Das ist meine Chance, Hernals und seinen Bewohnern ein kleines Denkmal zu setzen.

All die in der Geschichte genannten Orte gibt es, teilweise tragen sie allerdings andere Namen. Ich bin beim Schreiben ein wenig in den Wiener Dialekt reingerutscht. Der ist meiner Meinung nach für die Geschichte sehr wichtig. Auch wenn einzelne Wörter unverständlich bleiben, so denke ich doch, dass sich ihr Sinn aus den Zusammenhängen ergibt.

Das Hollaenderdoerfl

Jetzt pass einmal auf, diese Geschichte muss ich dir unbedingt erzählen.

Der Schleppner-Wirt war vor einigen Jahren gestorben. Bums!, hatte es gemacht, und er war in seinem Gasthaus umgefallen, wie vom Blitz getroffen, drei Suppenteller auf dem Tablett balancierend.

Das heruntergekommene Lokal wurde vom Sohn vom alten Schleppner übernommen. Vom Peter. Der hat den Laden revitalisiert, wie man heute so schön sagt. Die Küche wurde besser, das Publikum ebenfalls. Aber ein Teil des alten Kundenstamms blieb dem Peter erhalten. Die Trankler, also die Alkoholiker, verkehrten nach wie vor beim Schleppner-Wirt.

Da sind einmal die Straßenbahner. Die kommen von der Frühschicht, torkeln ins Gasthaus und begrüßen den frühen Vormittag mit einem Sliwowitz. Sie schieben ein bis vier Krügerl nach und beschließen ihr Frühstück mit zwei weiteren Sliwowitzen, damit sich der erste Klare nicht so einsam im Magen fühlt.

Gegen Mittag beginnen die Straßenbahner ihre zweite Arbeitsschicht. Was ja kein Problem ist, denn der Fahrerwechsel erfolgt unmittelbar vor der Haustür des Schleppner. Dort hat der 43er eine Station. Und wenn man auf Schienen fährt, kann eh nicht so schnell was geschehen. Dachte man zumindest. Bis der Vodrschalek-Karl, ja, der von der Sechser-Stiege aus dem Gemeindebau Türkenritthof, die Kurve zur Alszeile ein klein wenig zu schnell nahm und mit seiner alten Straßenbahn-Garnitur erst bei der sechsten Reihe der Weinstöcke zu stehen kam.

Nun gut, so etwas passiert wirklich selten. Ich kann mich nur an drei ähnliche Zwischenfälle seit dem gelungenen Stunt vom Vodrschalek-Karl erinnern.

Wo war ich? – Ach ja, beim Schleppner-Wirt und seinen Tranklern. Zu den alteingesessenen Stammgästen gehören ein paar Sandler, die es im Sommer stets raus in die Vorstadt zieht. Den Professor, der selbst nach der achtzehnten weißen Mischung noch minutenlang und fehlerfrei aus Goethes »Faust« zitieren kann. Die Russin, die eigentlich aus Bratislava stammt, die aber Wodka genauso schnell rauspinkelt wie sie ihn trinkt. Was ihr schon mehrmals Hausverbot beim Schleppner beschert hat, aber sie ist hartnäckig.

Dazu kommt der Sitz-Schorschi, der um acht Uhr in der Früh ins Lokal torkelt, die Nase in seine Cola-Rot-Mischungen hängt und um 22 Uhr am Abend wieder geht. Völlig kerzengerade und so, als hätte er gerade eine Tasse Tee getrunken und nicht etwa 25 Mischungen.

Der »Tschusch« darf in dieser Auflistung nicht fehlen. Der ist zwar in Wien geboren, so wie auch seine Mutter und seine Großmutter, aber irgendein Vorfahre hatte den Namen Baradaikiewicz-Komosewsky eingeschleppt, und den wurde seine Familie über all die Generationen nicht los. Und weil niemand seinen Namen aussprechen konnte und es im Schleppner schon drei andere Stammkunden mit dem Vornamen »Fritz« gab, nannte man ihn der Einfachheit halber den Tschusch.

Der beste Freund vom Tschusch ist der »Heilige«. Dessen richtigen Namen kennt niemand. Er sitzt stets in derselben Ecke, gegenüber vom Tschusch, und lächelt glücklich vor sich hin. Wenn er ein neues Baucherl vor sich hingestellt bekommt, macht er segnende Bewegungen in Richtung des Wirts.

Du weißt nicht, was ein Baucherl ist? Na hör mal! Ein Weinbrand mit Cola natürlich.

Der Heilige und der Tschusch sitzen also tagaus, tagein da und wechseln kaum einmal ein Wort. Ab und zu erledigen sie ein paar Arbeiten für mich. Damit verdienen sie sich das nötige Geld, das sie beim Schleppner liegen lassen, der wiederum mich bezahlt. Aber dazu später. Jetzt noch ein paar Worte zum Heiligen und zum Tschusch: Wenn der Wiener Sportclub, dessen Spielstätte ein paar hundert Meter weiter stadtauswärts liegt, mal wieder verloren hat, werden die beiden ein klein wenig unflätig. Dann sagt man besser nichts gegen den Sportclub. Der Heilige hat immer ein bis drei Taschenfeitel bei sich, mit denen er dir blitzschnell eine Wange aufsäbeln kann. Und die Bauchstiche vom Tschusch sind auch nicht ohne.

In den letzten Jahren ist beim Schleppner auch noch die Partie von der Hofstätter-Mizzi eingefallen. Das ist eine Gruppe alteingesessener und erfahrener Säufer sowie Säuferinnen, die sich mit der Besitzerin des Tschocherls »Bei Evi« zerstritten hat und seitdem Monat für Monat schwer erlogene Notstandshilfe lieber zum Schleppner-Wirt statt zu der »depperten Evi-Funsn« trägt.

Der Schleppner-Wirt war immer ein wenig unglücklich darüber, dass er die alten Stammkunden nicht loswurde. Der Professor klärte ihn eines Tages mit folgenden Worten auf: »Mir san wia Hundstrümmerl, die du dir eintrittst. Die kriagst nie mehr wieda aus de Schuhprofil raus.«

Das leuchtete dem Wirt ein, und ab diesem Tag gab er seinen Widerstand gegen die alten Stammkunden auf. Nicht zuletzt sorgten sie für ordentlichen Umsatz. Und ich sag dir was: All diese Trankler zahlen immer schön brav ihre Zeche. Ganz anders als einige der neueren Stammkunden, die gerne mal anschreiben, die Rechnung immer höher werden lassen und dann auf Nimmerwiedersehen verschwinden, weil ihre IT-Firma oder ihr Werbebüro eingeht.

Du meine Güte, ich quassle schon wieder zu viel. Darf ich mich vorstellen: Ich bin der Macho Erwin. Ich komme auch schon lange zum Schleppner. Ich bin ein guter Freund vom Wirt und hab all die Wandlungen des Gasthauses miterlebt. Ich hab dem Schleppner-Peter bei den Umbauarbeiten geholfen, ich erledige die Renovierungen, ich besorge ihm dieses oder jenes. Der Schleppner ist schließlich eine Hernalser Institution. Das beste und beliebteste Wirtshaus im Bezirk. Ich bin stolz, ein klein wenig dabei mithelfen zu dürfen, dass es so bleibt. Es ändert sich eh alles so rasch in Wien. Es ist schön, ein Gasthaus zu haben, in dem seit fast 200 Jahren für das leibliche Wohl der Gäste gesorgt wird und man sich heimisch fühlen kann.

Jedes Lokal, das etwas auf sich hält, hat so einen, wie ich es bin. Wenn eine Sicherung kaputtgeht, überbrücke ich sie mit Stanniolpapier. Wenn der Heini vom Finanzamt mal wieder Ärger macht, besorg ich ihm die geilste Hure von der »Chez Fini-Bar« um die Ecke, so dass er nach einigen flinken Handbewegungen vergisst, was er eigentlich vom Schleppner-Peter wollte. Wenn in der Abrechnung etwas nicht stimmt, besorge ich dem Schleppner-Peter ein paar Rechnungen, die die Bücher wieder wie in bester Ordnung wirken lassen. Wenn ein Wasserrohrbruch das Lokal überschwemmt hat, organisiere ich über Nacht eine Partie von albanischen oder rumänischen Arbeitern, die unter meiner Anweisung und für einen Nasenrammel alles reparieren, so, dass er pünktlich um acht Uhr morgens wieder aufsperren kann. Ich bin also so eine Art Faktotum vom Schleppner.

Was ich für einen Beruf habe?

Bist deppert? Was ist das für eine Frage? Ich arbeite doch nichts! Wozu sollt ich das tun? Dann hätte ich ja keine Zeit mehr für den Schleppner und ein paar andere Kunden, denen ich mit Rat und Tat weiterhelfe. Und auf die Arbeitslose müsste ich auch verzichten.

So.

Und jetzt komm ich zur Geschichte, die ich eigentlich erzählen möchte und die beim Schleppner begonnen hat. Sie ist schon ein bissl merkwürdig verlaufen …

*

Da war dieser Neue. Er war erst das dritte oder vierte Mal beim Schleppner eingekehrt. Der Gustl war vom Land, das hatte ich gleich gerochen. Er benahm sich irgendwie linkisch und mochte kein Ottakringer Bier, was beim Schleppner fast so etwas wie eine Kriegserklärung ist. Schließlich liegt die Ottakringer Brauerei bloß einen Kilometer Luftlinie vom Wirtshaus entfernt.

Der Gustl war also neu in der Gegend. Er kannte Hernals, den 17. Wiener Gemeindebezirk, nicht sonderlich gut, und hatte gehofft, beim Schleppner Anschluss zu finden.

Er war Monteur, der die nächsten sechs bis acht Monate auf der Baustelle der neuen U-Bahn-Linie 5 arbeiten würde. Jeden Tag kam er gegen sechs Uhr abends von seiner Schicht ins Wirtshaus, wusch sich am Häusl Kalk und Staub vom Körper und trank anschließend ein paar Krügerl.

Die alten Stammkunden vereinnahmten ihn rasch. Der Gustl, wisst ihr, war ein guter Latsch. Freundlich und nett zu jedem. Außerdem gab er gerne einen aus, und das sprach sich rasch herum. Also hatten der Professor, die Russin, die Hofstätter-Mizzi und all die anderen Trankler eine rechte Freude mit dem Gustl.

Sie erklärten ihm die Besonderheiten und die Eigenheiten des Bezirks. Sie erzählten von Hernalser Orten und Plätzen, die man kennen musste. Von den Weingärten, den Siedlungen und den Gartenhäusern, in denen man seinen Rausch ausschlafen konnte. Von den stadtnahen Häuserschluchten und den exklusiven Cottages, von Parks und von den Hügeln des Wienerwalds, die weit in die Bezirke hineinreichten. Vom hiesigen Menschenschlag, vom Fußball, von den teuren und den billigen Gegenden. Und während sie das alles gestenreich erklärten, brachten sie den armen Gustl dazu, eine Runde nach der anderen auszugeben.

»… und das Holländerdörfl?«, fragte der Gustl in bierseliger Stimmung. »Ich hab gehört, das wär was ganz besonderes?«

Auf einmal wurde es still. So ruhig, dass der Schleppner Peter von seiner Arbeit hochblickte.

*

Jetzt muss ich meine Geschichte schon wieder unterbrechen. Weißt du, der Peter besprach die Menükarte für die nächste Woche – und die ist ihm seit jeher heilig. Die Janica, seine Küchenfee, verlässt ihr Reich kaum einmal. Nur zu diesen wöchentlichen Besprechungen mit dem Peter lässt sie sich blicken und hievt ihren fetten Hintern auf die Theke, um gemeinsam mit ihrem Chef einen Plan auszutüfteln.

Der Wirt legte großen Wert darauf, jeden Tag eine Fleischspeise anzubieten. Es konnte gekocht, gesurt, gebraten, gespickt, geschnetzelt oder gebacken sein. Als Hauptspeise, in Knödeln, in der Suppe, als Füllung für seine ausgezeichneten Palatschinken. Hauptsache Fleisch.

Schon sein Vater war so gewesen. Manchmal wäre man froh gewesen, hätte man zwischendurch irgend so ein vegetarisches Klumpert zum Essen bekommen.

Aber wenn man dem Schleppner Peter fragte, ob man denn einmal eine Eierspeise mit Gemüse haben könnte, wurde man an guten Tagen darauf hingewiesen, dass man Eierspeisen entweder mit Speck, mit Grammeln oder mit Schinken bekommen könnte. An schlechten Tagen flog man hochkant aus dem Wirtshaus raus.

So. Und damit zurück zur Geschichte und zum Gustl. Der Peter war also hochgeschreckt, hatte sich aber gleich wieder der Arbeit an der Menükarte zugewandt.

*

»Das Holländerdörfl gehört fast nimmer zum Bezirk«, sagte der Professor. »Es liegt an der Grenze zu Niederösterreich. Es ist unwichtig.«

»Aber geh!« Dem Gustl verliefen die Augen. Er hatte längst zu viel getankt und verhaspelte sich immer wieder beim Reden. »Auf der Arbeit haben mir die Kollegen gesagt, dass das Holländerdörfl ganz was Besonderes wäre. Und einen Wiki-Wikipeter-Eintrag gibt's auch dazu.«

»Unsinn!«, meinte der Vodrschalek-Hiasl, also der Bruder vom

Straßenbahner-Karl. Er arbeitete ebenfalls in der Remise, und zwar in der Werkstatt. »Deine Kumpels sollen die Pappn halten. Sag ihnen das. Das Holländerdörfl ist uninteressant. Was da für Gschichten erzählt werden – das ist alles Unsinn!«

»Ha! Jetzt hast dich verraten, Straßenbahner!« Der Gustl deutete mit seinem fleischigen Zeigefinger auf den Hias. »Es gibt sie also, diese Geschichten.«

»Aber sie sind alle ned wahr!« Der Hias sah sich verzweifelt um, ob ihm nicht jemand helfen wollte.

»Für a Flasche Stolichnaya ich dich bring aufs Hameau zum Holländerdörfl und blas dich in Hütte weg«, gurrte die Russin und lehnte sich eng an den Gustl.

Der war zwar schon angesoffen, aber noch nicht so sehr, dass er auf das Angebot der Russin eingehen wollte. Er zog sich behutsam von ihr zurück und blickte fragend in die Runde. »Ihr seid's doch meine Freunde! Also sagt's jetzt endlich, was es mit dem Holländerdörfl auf sich hat.«

»Von denen wirst nix zu hören bekommen«, hörte ich jemanden sagen und stellte zu meiner Überraschung fest, dass ich selbst dieser Jemand war. »Diese Trankler scheißen sich allesamt ins Hemd und würden niemals zum Hameau hochwandern, nachdem dort zwei ihrer Kumpane verschwunden sind.«

»Der Steinscheißer-Schurl und die Schiefe Toni«, sagte der Professor leise. »Der Schurl wurde letztes Jahr als vermisst gemeldet, und die Toni hat man vor drei Jahren das letzte Mal gesehen. In der Schutzhütte. Es is a schlechter Ort. Vor allem, wenn man nicht zu die Gstopften gehört und wie wir jeden Schilling umdrehen muss, bevor man ihn fürs Saufen ausgibt.«

»Es gibt schon lange keine Schillinge mehr, sondern Euro«, verbesserte ich den alten Mann, der Sommer wie Winter in demselben Mantel und derselben stinkenden Hose auftauchte. »Außerdem ist das ein reiner Aberglaube, dass im Holländerdörfl Menschen verschwinden.«

»Ich war mal Stadtarchäologe, Macho«, sagte er zu mir und klang dabei so nüchtern wie schon lange nicht mehr. »Ich weiß, dass die Gerüchte stimmen. Und noch was, Burli: Auf dem Hameau verschwinden schon seit mehr als hundertsechzig Jahren Menschen. Manchmal hat man Knochen gefunden. Und ich sag dir: sie waren angekiefelt.«

»Ange-was?«, fragte der Gustl.

»Angeknabbert«, meinte der Tschusch, ohne sich zum Gustl umzudrehen und nahm einen mächtigen Zug von seinem Ottakringer. »Lern Deutsch, Gscherter.«

*

Jetzt muss ich was zum Hameau erzählen: Dabei handelt sich's um einen Wienerwaldgipfel an der Grenze zum Land Niederösterreich. Er ist etwa 500 Meter hoch. Er und das gesamte Umfeld waren früher im Besitz eines Grafengeschlechts namens Lacy. Der alte Lacy war ein erfolgreicher Kriegsherr im Dienst der Habsburger gewesen. Er hatte sich auf der Kuppe des Hameau eine kleine Siedlung errichten lassen, um während der Jagd und seinen ausgedehnten Wanderungen Gäste beherbergen zu können. Weil er nach einem alten holländischen Brauch vor jede der Hütten einen Baum pflanzen ließ, bekamen die Hütten von den Wienern bald den Namen »Holländerdörfl« verpasst.

Die kleineren Behausungen waren irgendwann abgerissen worden. Nur die persönliche Jagdhütte vom alten Lacy gab es noch. Sie diente Wanderern, die von schlechtem Wetter überrascht wurden, als Unterstand.

Wenn man einen von mehreren Wegen nach oben zum Hameau nimmt, kommt man übrigens am Lacy-Grabmal vorbei. Das hat sich der alte Graf mitten im Wald errichten lassen. Gruslig, nicht wahr?

So, jetzt weißt du Bescheid übers Holländerdörfl. Kehren wir zum Gustl zurück.

*

Der war mittlerweile schon ziemlich in der Ölung. Und der Gustl war einer, der immer mutiger wurde, je mehr er getrunken hatte.

»Ich will aufs Hameau und mir diese windschiefe Hütte ansehen!«, röhrte er durchs Wirtshaus, »und zwar jetzt gleich!«

»Es wird bald dunkel«, gab ich zu bedenken. »Außerdem gibt's da nix zu sehen. Hör doch ned auf all die Besoffenen. Das Hameau ist ein Hügel mit einer einzigen Hütte drauf.«

»Ich will da hin!« Gustl klopfte auf die Theke, so dass es sein Bier zentimeterweise anhob. Der Schleppner-Wirt warf ihm einen bitterbösen Blick zu, steckte aber seinen Kopf gleich wieder mit dem der Janica zusammen.

*

Hab ich schon erzählt, dass die beiden ein Pantscherl haben? Das spielt zwar für die Geschichte keinerlei Rolle. Aber dieses schlamperte Verhältnis wirft ein bezeichnendes Licht auf die Manie vom Schleppner Peter für Fleischiges. Er mochte es, sich beim Pudern gut festhalten zu können, am Arsch und an den Titten, und das bietet ihm seine Ehefrau nicht. Die ist dürr wie ein Klappergestell. Kein Wunder also, dass der Peter ab und zu »auswärts essen« geht.

*

Alsdann: Der Gustl war nicht von seiner Idee abzubringen, aufs Hameau raufzuspazieren. Augenblicklich. Und nachdem ich meine blöde Pappn aufgerissen hatte, wurde ich dazu verdonnert, ihn zu begleiten und ihm den Weg zu zeigen.

Also machten wir uns auf den Weg. Der Gustl, ich und sechs Hülsen. Sechs Flaschen Ottakringer Bier, die uns der Schleppner Peter als Wegzehrung mitgab.

Zuerst mit dem 43er bis zur Endstation, vorbei an der Alszeile, wo der Vodrschalek-Karl ins Gemüse reingedonnert war, bis zur Endstation Neuwaldegg. Dann weiter mit dem Bus, durch ein schmales Kerbtal, vorbei an teuren Eigentumshäusern und –wohnungen.

Es dämmerte bereits, als wir bei der Marswiese ausstiegen und uns zu Fuß an den Aufstieg machten. Nachdem der Gustl ein paar Kilogramm zu viel an den Hüften hängen hatte und schon bei den ersten Schritten zu keuchen begann, nahmen wir die schnurgerade Alleestraße. Den leichteren Weg. Vorbei an riesigen Blumenwiesen und durch kleine Wäldchen. Wir passierten den Teich, an dem man in den heißen Sommermonaten das Gezirpe der Heuschrecken und das Gestöhne junger und junggebliebener Pärchen hören konnte.

»Ist's noch weit?«, fragte der Gustl, als wir tiefer in den Wald vordrangen und entlang eines Grabens hochmarschierten.

»Frag ned so blöd und spar dir die Luft. Du wirst sie brauchen.«

Der Weg wurde steiler und holpriger, die Sicht immer schlechter. So eine depperte Idee, mitten in der Nacht zum Hameau hochzusteigen! Ich hätte mich für meine Blödheit ohrfeigen können.

Der Gustl zog sein Handy hervor und leuchtete uns damit den Weg. Außerdem tat er sich so leichter, die Bierflasche zu köpfen und den Inhalt in einem Zug hinabzustürzen. Das fünfte Bier. Dieser gierige Saubeidl hatte mir bloß eine einzige Flasche gelassen.

Er keuchte und rülpste und furzte vor sich hin, während wir die letzten paar hundert Meter in Angriff nahmen. Das steilste Stück des

Weges, bei dem man immer wieder Gefahr lief, auf losem Gestein wegzurutschen. Irgendwo schrie ein Käuzchen, rechts von uns war ein Rascheln im Unterholz zu hören.

Beinahe hätte ich selbst Angst bekommen. Aber ich kannte den Weg gut, ich hatte ihn in den letzten Jahren immer wieder mal genommen.

Geschafft. Ich zog den Gustl die letzten paar schweren Schritte hoch auf einen wesentlich breiteren Pfad, der nun fast kerzengerade zum Hameau führte.

Ich war leicht angeschwitzt, als wir die Wiese auf der Bergkuppel erreichten. Der Gustl hingegen stand voll im Wasser. Er rotzte und hustete und schleimte vor sich hin, während er sich hinter einem Baum erleichterte und einen Teil der zweieinhalb Liter Bier von sich gab.

Ich sah mich um. Es war in der Tat ein wenig unheimlich hier oben. So merkwürdig ruhig. Ein jedes Rascheln in den Kronen der Bäume ließ einen zusammenzucken.

Man könnte meinen, dass man von hier oben einen guten Blick auf Wien haben müsste. Aber die Bäume standen dicht an dicht. Ich sah einige Lichter durch das Gehölz glimmern. Sonst war es dunkel. Naja, natürlich nicht ganz, weil der Gustl beim Brunzen seinen Schwanz beleuchtete, als wollte er sich vergewissern, dass er eh noch da war.

»Und das ist jetzt die letzte Hütte vom Holländerdörfl?«, fragte er, nachdem er sein Geschäft erledigt hatte, und deutete in Richtung des einstöckigen Giebelhauses.

»Ja. Was hast dir denn erwartet?«

Der Gustl trat näher auf das Gebäude zu. Der untere Stock war entkernt und an der Vorderfont offen. Wenn es regnete, suchten die Spaziergänger und die depperten Mountainbiker, die sich das Hameau hochgequält hatten, hier Unterschlupf.

»Ich weiß ned recht, Erwin. Ich hätt mir das alles viel spannender vorgestellt. Mit Eulen, die herumschuhuhen und mit Augen, die einem aus dem Dunkel anstarren.«

»Aber geh! Die ganzen Bsoffenen beim Schleppner-Wirt haben doch Schiss vor ihren eigenen Schatten. Und der Professor hat sie mit seinem Gerede über vermisste Sandler nervös gemacht. Der Steinscheißer-Schurl war bekannt dafür, dass er alle paar Monate die Stadt wechselte und irgendwann völlig unvermutet wieder auftauchte. Die Schiefe Toni hat sich von jedem pudern lassen, der ihr einen Liter Wein zahlte. Vielleicht ist sie einmal an den Falschen geraten. Vielleicht haben einem ihrer Kunden die schiefen Zähne nicht gefallen.

Vielleicht hat sie mal unabsichtlich zugebissen und ein empfindliches Weichteil verletzt. Vielleicht liegt sie jetzt irgendwo unter einem Baum vergraben. So lange, bis ein Wildschwein sie ausbuddelt und die Reste auffrisst. Ich sag dir: Da ist nix Unheimliches oder Grausiges dran an diesen Geschichten.«

»Und da geht's nach oben, ins Stockwerk?«, fragte der Gustl, als hätte er mir gar nicht zugehört. »Was gibt's denn dort?«

»Einen leeren Raum. Dort kannst mit dem Schlafsack übernachten.«

Gustl quetschte sich an mir vorbei und nahm ächzend die Treppe in Angriff. Er schleppte sich hoch und nahm wiederum die Taschenlampenfunktion seines Handys zur Hilfe.

Ich folgte ihm. Was war das bloß für ein Trottel.

Als ich ankam, stand der Gustl mitten im Raum. Das Licht seines Handys wanderte übers Mauerwerk und die zugenagelten Fenster. Da und dort zeigten sich Graffitis. Schatten von Erinnerungen, die irgendwelche Jugendlichen hinterlassen hatten.

Der Lichtkegel blieb hängen. An einer Stelle, an der etwas Metallisches aufblitzte.

Der Gustl trat zögernd drauf zu und tastete sich mit der Rechten vor. Er berührte den schweren Metallhaken, der vom Querbalken des Firsts herunterbaumelte. »Und was ist das?«, fragte er.

»Ein Haken. Frag ned so blöd.«

»Und? Was hat der hier zu suchen? Der ist ganz schön dick und schwer …«

»Natürlich«, sagte ich, trat nahe an den Gustl heran und zog ihm mein Messer quer über die Kehle. Es gurgelte kräftig, als die Haut aufklaffte und der Kopf langsam, wie in Zeitlupe, nach hinten kippte.

Ich hatte gut geschnitten. Durch Luft- und Speiseröhre, zwischen die Knorpel des Rückgrats. Der Gustl war augenblicklich still.

Ich lehnte ihn gegen das Mauerwerk, bevor er zu Boden rutschen konnte, und holte mein restliches Werkzeug aus seinem Versteck. Der Seilzug war rasch angebracht, das Auffangbecken ebenso schnell bereitgestellt. Ich band dem Gustl mein Seil um die Beine und zog den Kerl hoch, bis ich ihn an einem der Oberschenkel am Fleischhaken einhaken konnte und er kopfüber baumelte.

Er rann rasch aus. Literweise schoss das Blut aus dem offenen Hals.

Man muss seine Opfer überraschen. Wenn man sie hinterrücks abkragelt, haben sie keine Angst. Angst lässt sie verkrampfen, führt zu Nervenstockungen und zu einem schlechteren Geschmack.

Ich ließ den Gustl hängen. Es würde eine halbe Stunde dauern, bis er völlig ausgeblutet war. Zeit, um ein Telefonat zu führen.

Es läutete mehrmals, bevor der Empfänger abhob.

»Und?«, fragte der Schleppner Peter.

»Wie wär's mit Wildragout, Innereien-Allerlei und Blutwurst als Menüs für die nächste Woche?«

»Hört sich gut an. Der Gustl gibt sicherlich einiges her. Das Fett kann ich auch auslassen und Grammeln draus machen. Schade, dass der Rest von der Säufer-Bagage Angst bekommen hat und nicht mehr aufs Hameau raufsteigen will.«

»Keine Sorge. Ich erwisch sie alle. Irgendwann mal.« Ich legte auf und ging in Gedanken die nächsten Arbeitsschritte durch. Der Tschusch und der Heilige würden bald hier sein. Ich sagte doch, dass sie sich ab und zu ein bissl Geld bei mir verdienen, nicht wahr?

Von der niederösterreichischen Seite gelangten sie bis fast zum Holländerdörfl hoch. Wir brauchten den ausgelösten und zerlegten Gustl nur noch in die Transporttröge schmeißen, den Boden im Haus mit dem Dampfreiniger säubern und die Menüs der nächsten Woche zum Schleppner fahren.

Wie gesagt: Ich bin so eine Art Faktotum beim Schleppner. Wenn ich nicht grad die Buchhaltung frisiere und Sicherungen mit Stanniolpapier überbrücke, sorge ich auch schon mal für den Fleischnachschub beim besten Wirt von Hernals.

TEIL 7: REISEGESCHICHTEN

Im März 2022 gelangte ich im Zuge meiner langen Motorradreise auf die Insel Korsika. Ich kannte die Insel bereits, hatte aber bei einer früheren Reise die Stadt Corte links liegen lassen und wollte sie mir diesmal nicht entgehen lassen. Corte ist die einzige größere Stadt im Inselinneren, ähnelt in der Anlage aber jenen, die ich an der Westküste kennengelernt hatte. Die Häuser kleben an steilen Hängen und sind oftmals vier- bis fünfstöckig. Die Ausblicke sind teilweise atemberaubend.

Ich wollte die 600 Jahre alte Zitadelle besuchen, die über der Stadt auf einem Felssporn thront, war aber nach einem Tag auf dem Motorrad bei sehr niedrigen Temperaturen völlig durchgefroren. Also beschloss ich, im Hotel zu bleiben und mich ein wenig von den Strapazen zu erholen.

Dann geschah Folgendes.

Nun ja

Es war kein sonderlich tolles Hotel, das ich mir in Corte gesucht hatte, aber das einzige, das erschwinglich für mich war. Und es lag zentral, nur wenige Meter von der Hauptstraße entfernt. Unweit der Zitadelle, die über der größten Stadt im Landesinneren Korsikas thronte.

Dass ich und ein Pärchen eine halbe Stunde lang aufs Einchecken warten mussten, hätte mir zu denken geben sollen. Die Concierge öffnete letztlich brummelig und verschlafen die Tür, ich bekam ein Zimmer im zweiten Stock zugeteilt. Das Hotel war in den 1930er-Jahren erbaut und niemals mit einem Lift nachgerüstet worden. Wenn man vier Gepäckstücke mit sich herumschleppt, sind zwei Stockwerke nicht nichts. Aber immerhin musste ich mir nicht länger das Gegacker des verliebten französischen Pärchens anhören, das gemeinsam mit mir gewartet hatte.

Nun ja.

Mein Zimmer lag unmittelbar neben dem Pärchen, die Wände waren sehr dünn. Es war, als würden die beiden neben mir stehen und miteinander plaudern.

Nennen wir die beiden Amélie und Oscar. Und ich muss mich gleich mal selbst korrigieren, denn die beiden plauderten nicht. Amélie kicherte, während Oscar redete. Zugleich unternahmen die beiden etwas, das die Wände ein klein wenig zum Schwingen brachte.

Um es vorweg zu nehmen: Amélie kicherte vom Augenblick der Unterbringung an bis in die Nachtstunden. Unterbrochen lediglich von einem Nachtmahl, das die beiden in einem Restaurant außerhalb des Hotels zu sich nahmen. Die offenbar dringend benötigte Nahrungsaufnahme bescherte mir zwei Stunden Ruhe. Zeit, die ich sehr genoss.

Nun ja.

Ich hatte in meinem Zimmer mit der einen oder anderen Widrigkeit zu kämpfen. Das Wasser der Dusche wurde kaum einmal warm, der Teppich hatte Flecken in mindestens fünf verschiedenen Farben, ein Holzpanel hinter dem Kasten war ausgerissen. Als Licht hatte ich eine vergleichsweise kleine Tranfunzel, und hätte ich einen UV-Strahler bei mir gehabt, hätte ich vermutlich eine sechste Farbe im Raum gefunden, weit verteilt über Wände, Boden und Bett. Das ist bloß eine Vermutung; aber Oscar und Amélies Verhalten ließ mich diesen Verdacht hegen, dass hier immer wieder mal verliebte Pärchen abstiegen. Auch, dass die Concierge lediglich Bargeld akzeptierte, erscheint mir im Nachhinein ein klein wenig verdächtig.

Nun ja.

Ich erledigte einige kleinere Arbeiten am Laptop und bekam mit, dass sich das Hotel überraschend gut füllte. Während der letzten Wochen war ich es gewohnt gewesen, alleine oder bestenfalls mit ein, zwei anderen Reisegästen in meinen Quartieren zu bleiben. Diesmal war zumindest jedes zweite Zimmer belegt.

Während Amélie und Oscar eine Pause in ihrem Kicher- und Stöhnverhalten eingelegt hatten und Essen gegangen waren, fiel eine größere Gruppe Italiener ein. Die Gruppe verhielt sich nicht sonderlich sensibel. – Habe ich schon gesagt, dass die Wände des Hotels sehr hellhörig waren? Ja? – Nun, ich erfuhr von Luigi und Giorgio allerlei Wissenswertes über den italienischen Fußball, auch die italienische Politik wurde lautstark zum Thema gemacht.

Nun ja.

Gegen elf Uhr kehrten Amélie und Oscar zurück, beide bestens gelaunt. Amélie kippte rasch wieder in ihren Kicher-Modus rein, Oscar verlegte sich aufs Stöhnen, und die Wände bebten leicht. Ich bekam Angst, dass die Zwischenmauer einbrechen könnte. Bis mir klar wurde, dass es vermutlich gar keine Zwischenmauern gab und der ganze Laden nur von vergilbten Tapeten gestützt und zusammengehalten wurde.

Amélie und Oscar erledigten, was zu erledigen war, und es kehrte Ruhe ein.

Nun ja.

Denn nach nur wenigen Minuten öffnete sich die Tür meiner Zimmernachbarn. Ich hörte, wie Oscar sich räusperte, anschließend war wieder Stille. Zumindest so lange, bis ein Feueralarm losging, der mich erneut befürchten ließ, das Hotel könnte in sich zusammenbrechen. Ich hörte Oscars eiliges Getrappel und eine ins Schloss fallende Tür.

Feueralarm also.

Und wie das immer so der Fall ist, scherte sich kein Mensch darum. Der auf- und abschwellende Ton gellte durchs Haus, niemand dachte daran, das Hotel zu verlassen. Jedermann glaubte an einen Fehlalarm, ich ebenso. Und die nächsten Minuten wurden zur Geduldsprobe nach dem Motto: »Wer sich als Erster rührt, hat verloren.«

Der Verlierer war ich. Ich trat auf den Gang hinaus und suchte nach der Sirene, die vermutlich längst ganz Corte in Alarmbereitschaft versetzt hatte.

Die Luftschutzsirene entpuppte sich als ein simpler Rauchmelder. Vermutlich das einzige Objekt im Hotel, das wirklich so funktionierte, wie es sollte.

Oscar hatte die schlaue Idee gehabt, auf dem Gang eine Zigarette zu rauchen, glaubend, dass im Hotel eh nix funktionieren und der Rauchmelder versagen würde. Da hatte er sich aber getäuscht, der Falott!

Mit knapp 150 Dezibel orgelte das Gerät vor sich hin. Vom Personal war niemand zu sehen oder zu hören. Ich vermutete, dass die Concierge das Hotel nach dem letzten eingetrudelten Gast verlassen und uns uns selbst überlassen hatte. Wer wollte schon in einem derart heruntergekommenen Schuppen übernachten, vor allem, wenn Amélie und Oscar die Wände mit derart viel Einsatz zum Schwingen brachten?

Der Rauchmelder war an der Decke angebracht, innerhalb meiner Greifreichweite. Ich suchte verzweifelt und halbtaub nach einer Möglichkeit, das Ding abzustellen – als sich ringsum wie auf Kommando alle Türen öffneten. Ich lernte Luigi und Giorgio persönlich kennen, ich sah die hochroten Gesichter Amélies und Oscars, ich erntete vorwurfsvolle Blicke aus fast allen Zimmern entlang des Gangs.

Ich war es also gewesen, der die Gäste des Hotels um ihren wohlverdienten Schlaf gebracht hatte. *Ich* hatte heimlich geraucht und versuchte nun verzweifelt, den Alarm abzuschalten. *Meine* Hand hing an dem Rauchmelder, ein eindeutiger Beweis für meine Schuld.

Ich lernte neue italienische und französische Schimpfwörter kennen, und mangels Sprachkenntnisse wusste ich nicht so recht, wie ich mich rechtfertigen sollte. Also zog und zerrte ich an dem Feuermelder. Ich war schon so weit, ihn von der Deckenplatte zu reißen und darauf herumzutrampeln, als die Alarmsirene abrupt verstummte.

Ebenso die Stimmen der anderen Hotelgäste. Ich bekam einige Nettigkeiten mitgeteilt, dann schlossen sich die Türen links und rechts. Oscar, der Schweinehund, tat so, als wäre er empört über meine Tat. Anschließend zogen sich Amélie und er in die eigenen vier Wände zurück. Ich hörte Kichern, ich hörte Stöhnen.

Nun ja.

Ich kam wenig zum Schlafen. Amélie und Oscar waren von der Aufregung des Tages anscheinend sehr angetan und mussten ihre Energien irgendwie ableiten. Giorgio schrie irgendwann in der Nacht, wohl als Folge eines Alptraums, die Ergebnisse der vorvergangenen Runde der Serie A in die Welt hinaus und verfluchte die schlechte Form der Fiorentina, deren Fan er war. Luigi ließ ihn daraufhin wissen, dass sich Giorgio die Fiorentina irgendwohin stecken sollte, denn es gebe in Italien nur die Inter. Ich denke, dass beide schlaffußballten.

Am Morgen war ich wie gerädert, während Amélie und Oscar immer noch mit ihrem Tun beschäftigt waren. Einerseits bewunderte ich die beiden für ihre Ausdauer, andererseits war ich mit ihrem Verhalten nicht sonderlich einverstanden.

Nun ja.

Ich checkte so rasch wie möglich aus. Die Concierge spuckte mir hinterher, denn sie hatte nächtens wegen mir ins Hotel zurückkehren und den Alarm beenden müssen. Aus dem Frühstückszimmer hörte ich hasserfülltes Zischeln und Geschimpfe, das gegen motorradfahrende Raucher gerichtet war.

Ich verschnürte mein Gepäck auf dem Motorrad, setzte mich darauf und flüchtete so rasch wie möglich.

Kaum hatte ich den Parkplatz verlassen, setzte sintflutartiger Regen ein, und noch bevor ich das Regengewand hervorgekramt hatte, war ich bis auf die Knochen nass geworden.

Nun ja.

Kennt ihr diese quietschbunten italienischen Fernseh- und Verkaufsshows? Sie sind so wahnwitzig, hektisch und sonderbar, dass man kaum aus dem Kopfschütteln rauskommt. Den Winter 2021/22 verbrachte ich mit meinem Motorrad in Italien und kehrte auf dem Weg Richtung Süden/Sizilien jeden Tag in einer anderen Pension ein. In einer davon entstand diese Geschichte, dank lebhafter Beihilfe des Fernsehers in meinem Zimmer.

Pagarissimo

Ich blätterte in einem Buch, der Fernseher lief nebenbei. Ich hatte willkürlich einen Sender ausgewählt und ließ mich berieseln. Ich sprach bloß wenige Brocken Italienisch, gerade mal ausreichend, um in einem Restaurant nicht verhungern zu müssen und die Anweisungen der Geldautomaten an den Tankstellen zu begreifen. Die Stimmen im Fernsehen gaben mir das Gefühl, nicht ganz alleine zu sein.

Während ich also las, tönten die Stimmen aus dem Fernseher immer lauter und lauter. Zwei Moderatoren gerieten in den Fokus der Kamera. Eine Blondine mit aufgeblasenen Lippen und hohen Absätzen redete energisch auf den Kollegen neben ihr ein. Ihre Stimme überschlug sich, sie verschränkte die Hände ineinander und breitete die Arme gleich darauf wieder weit aus, fasste sich an die Brust, richtete den Blick nach oben.

Was war geschehen? War der Weltkrieg ausgebrochen?

Der Co-Moderator fiel in das Gejammer ein. Er hatte eine angenehme Bassstimme und redete weitaus langsamer als seine Kollegin. Dennoch war auch ihm wachsende Panik anzumerken. Ich begann, mir tatsächlich Sorgen zu machen.

War eine neue Covid-Variante identifiziert worden und erwies sie sich als weitaus tödlicher als alle anderen zuvor? Warum rang die Blondine mit ihren Händen, warum standen Tränen in ihren Augen? Warum schüttelte der Mann immer wieder seinen Kopf und riss verzweifelt an seinen Haaren?

Ich versuchte, Zusammenhänge zu verstehen – und scheiterte. Ich meinte lediglich, eine immense Ansammlung von Superlativen aus den wie mit dem Maschinengewehr abgeschossenen Wortfolgen herauszuhören. »Ultimatissimo, supermagnificissimo, bellissimo, fantastico, stupendissimo …« Die Worthülsen bauten sich vor mir auf und verdeckten das, was die beiden Moderatoren eigentlich sagen wollten, während sie sich weiter in ihren Sprachrausch hineinsteigerten – und abrupt abbrachen.

Die Kamera schwenkte und blieb leicht zitternd auf einem Perlenhalsband hängen. Darunter wurde ein Preis eingeblendet, 49,99 Euro. Die Schrift wurde größer und kleiner, verhielt sich wie ein pochendes Herz, während eine der Perlen in den Fokus geriet und eine neue Stimme aus dem Off ihren Wert und ihre Qualität anpries. Auch der unsichtbare Erzähler war wie von Sinnen.

Ein Schwenk zurück in die Totale. Die Wasserstoffblondine näherte sich dem Schmuckstück. Ihre Finger zitterten, als sie die Kette vorsichtig an sich nahm und an ihren Busen drückte.

Eine Werbesendung. Ich war auf eine schrille Dauerwerbeshow reingefallen, in deren Zentrum billiger Modeschmuck stand. Und ich hatte mir Sorgen um die Geschicke der Menschheit gemacht!

Der Moderator stützte seine Kollegin, die vor Ergriffenheit das Gleichgewicht zu verlieren drohte. »Bella, bellissima, caro, carissima«, hörte ich ihn seufzen, während er jene Finger einzeln küsste, die die Perlenkette berührten. Er intonierte die ersten Takte einer Arie, die mir vage bekannt vorkam, und warf sich dabei in Pose, während er in die Knie ging und seine Kollegin ansang. Sie wiederum errötete verschämt und wies ihn von sich, die Kette an den wogenden Busen gedrückt.

Unglaublich. Wie konnte man eine derartige Show abziehen, bloß, um billigen Tand zu verkaufen? Wer fiel auf derartigen Schwachsinn rein?

Ein Countdown tauchte im Hintergrund des Bildes auf. Er zählte von drei Minuten abwärts. Sekunden vergingen. Offenbar wurde damit die Zeit angezeigt, für die das superissimo delicatissimo magnificenzissimo Angebot noch galt?

Die Frau deutete auf den Sekundenzeiger. Sie schluchzte, sie vergoss ein paar Tränen, sie bettelte die Fernsehzuseher an, doch unbedingt zuzugreifen und dieses Wahnsinnsangebot zu nutzen, während ihr Kollege seinen Brustkorb aufpumpte und erneut zu trällern begann. Er legte Tremolo in seine Stimme und brachte die Blondine dazu, sich gegen ihn zu lehnen. Es war ein Tremolissimo, besser gesagt, das die Frau zum Schmelzen brachte.

Tränen rannen ihre Wangen hinab, die Wimperntusche verschmierte. Sie flehte die Zuseher an, die Kette doch zu kaufen, da sonst die zwölfköpfige Kinderschar eines Handwerkers in einem sizilianischen Bergdorf heute Nacht nichts zu essen bekommen würde. Sie heulte Rotz und Wasser im Namen des gichtgeplagten Künstlers, dessen Leid von ihrem Kollegen besungen wurde.

Es blieben nur noch neunzig Sekunden, dann würde diese Gelegenheit für alle Zeiten vorüber sein, schrie, greinte, jammerte, schluchzte die Blondine. Das sizilianische Bruttosozialprodukt würde zusammenbrechen, die Höllenscharen aus dem Ätna auf die Menschen hinabstoßen und Silvio Berlusconi keine Bunga-Bunga-Girls für den heutigen Abend bekommen, wenn nicht sofort, jetzt gleich, subitissimo, diese wunderschöne Perlenkette von einem der zahlreichen Zuseher gekauft werden würde.

Der Moderator fiel in seiner Panik über die Kollegin her. Griff ihr überall hin, wo man als Moderator keinesfalls hingreifen sollte. Sie ließ es sich gefallen und erschauderte. Die beiden waren in sexueller Ekstase gefangen, während sie sangen und flehten und die Armut des sizilianischen Meisterhandwerkers bedauerten. Er wäre direkter Abkomme eines Enkels von Jupiter, seine Begabung also gottgegeben. Dieses Perlmutt wäre von Neptun selbst angehaucht worden, um ihm den Glanz des Meeres zu schenken. Und das um bloß 49,99 Euro, aber nur noch während der nächsten 55 Sekunden …

Eine Blaskapelle mit spärlich bekleideten Damen im Alter zwischen 60 und 90 Jahren lief im Hintergrund durchs Studio, für einen Augenblick endete das Geschrei des Moderatorenpärchens.

Ich war mir sicher, dass die dreißigköpfige Seniorinnenkapelle ihren Auftritt im falschen Studio absolvierte. Schon eilte ein Techniker herbei und half den Damen, so rasch wie möglich durchs Bild zu laufen und das Studio zu verlassen, wobei er insbesondere einer Greisin mit Rollator unter die Arme greifen und anschließend die Sauerei wegputzen musste, die der Esel mit den umgebundenen Pauken hinterlassen hatte.

Im Hintergrund begann der Sendungsverantwortliche mit dem Techniker zu streiten. Der Regieassistent mischte sich ebenfalls ein, sodass eine ordentliche Prügelei zustande kam, bevor der Kameramann wieder auf die Perlenkette schwenken wollte und dabei irrtümlich den Busen der Moderatorin erwischte. Er zoomte so nahe an die Brüste heran, dass ich die Schweißtropfen, die sich im Spalt dazwischen gebildet hatten, zählen konnte. Es waren sechzehn.

Noch 25 Sekunden, dann war dieses Angebot unwiderruflich dahin. Der Moderator warf sich erneut auf die Knie. Er weinte. Er begab sich in Fötusstellung. Er zitterte vor Leid. Jeden Augenblick würde das Angebot enden.

Es wäre eine Schande für die ganze Nation, wenn niemand diese Kette kaufen würde. Der Künstler würde in den Selbstmord getrieben werden. Seine Frau, seine Geliebte und die sechzehn Kinder würden sterben, ein ganzes Dorf entvölkert werden. Und das nur, weil die Menschen so hartherzig waren.

Oh, was war nur aus delizionissima Bella Italia geworden, warum erbarmte sich niemand und kaufte dieses wunderbare Stück italienischer Handwerkskunst, und man dürfe dieses »Made in China«-Schildchen, das kurz im Bild gewesen sei, unter keinen Umständen ernst nehmen, sondern an die Nation denken, einen Akt der Größe setzen und zuschlagen, jetzt gleich, jetzt sofort, bitte, die Zeit läuft ab, in drei, zwei, einer Sekunde …

Der Countdown hielt bei 0,3 Sekunden an.

Puha. Gerade noch geschafft.

Jubel brandete auf. Im Hintergrund des Bildes prügelten sich zwar immer noch einige Leute, aber die Blondine schrie und tanzte vor Begeisterung um ihren Kollegen herum. Der fing sie ab und küsste sie leidenschaftlich, wie es nur ein Italiener konnte, so dass der Kameramann für einige Sekunden zur Seite schwenken musste und dabei die Paukenspielerin mit ihrem Rollator und dem wiederum kackenden Esel einfing.

Als das Bild zum Moderatorenpaar zurückkehrte, wirkten die beiden einigermaßen gefasst. Sie lächelten zufrieden, Italien war gerettet.

Ich hingegen hatte binnen weniger Minuten perfekt Italienisch gelernt – und eine ungemein günstige Perlenkette erstanden. Ich wusste zwar nicht, was ich damit anfangen sollte, aber wen kümmerte das?

Ich legte mein Handy beiseite, mit dessen Hilfe ich in letzter Sekunde die Situation gerettet hatte, nahm es aber gleich wieder zu Hand, als der Moderator mit dünner, zerbrechlicher Stimme die Geschichte von der sardischen Halbschwester des sizilianischen Meisterjuweliers zu erzählen begann. Sie hätte die passenden Ohrgehänge zur Perlenkette anzubieten, und es ginge um nichts weniger als um das Schicksal der gesamten Menschheit …

TEIL 8: PERRY RHODAN

Mit dieser Geschichte nahm meine Karriere als Autor ihren Anfang. Diese Fan-Story ist im PERRY-RHODAN-Universum angesiedelt, in jenem gewaltig großen Kosmos an Geschichten und Erzählungen, der seit dem Jahr 1961 immer weiter ausgebaut wird.

Ich verfasste die Geschichte im Jahr 1995 und schickte sie an den Chefredakteur Klaus N. Frick. Der las sie tatsächlich durch, konnte mir aber nicht zu einer Veröffentlichung verhelfen. Der Verlag hatte keinen Platz für derartige Storys. Also empfahl er mir mehrere Fanzines, an die ich »Das letzte Gespräch« dann auch verschickte. Dazumals geschah das noch in Form eines Ausdrucks.

Im Jahr 1996 erhielt ich völlig unerwartet ein Belegexemplar der Nummer 6 des kurzlebigen Fanzines »Sternenfeuer«. Ich hatte es tatsächlich geschafft, meine Geschichte war gedruckt worden! Meine Freude war groß und ich hatte den notwendigen Ansporn, es weiterhin als Autor zu versuchen.

Ich habe die Geschichte ein klein wenig modernisiert und für die Veröffentlichung in diesem Buch den Gegebenheiten im Perryversum angepasst.

Eigentlich geschieht kaum etwas. Ich beschreibe sehr ausführlich die Unterhaltung zwischen zwei Freunden, die sich in ferner Zukunft nach langer Zeit wiedersehen.

Heutzutage würde ich einige Dinge anders artikulieren, aber ich mag den Kern der Story nach wie vor. Ich gehe darin vor allem auf das Thema »Unsterblichkeit« ein und darauf, was ein ewiges Leben mit Menschen macht.

Das letzte Gespraech

I.

Regungslos stand er vor dem großen Panoramaschirm in der Hauptzentrale seines Schiffs. Eine unsichtbare Grenze schien zwischen den anderen Besatzungsmitgliedern und ihm zu bestehen.

Er blickte leidenschaftslos auf das Bild eines friedlichen, erdähnlichen Planeten. Die Bordpositronik untermalte die verschiedenen Betrachtungsebenen mit den wichtigsten Informationen über Beschaffenheit, Atmosphärenzusammensetzung und dergleichen.

Geistesabwesend stellte er fest, dass die Welt ideale Voraussetzungen für terranisches Leben bot.

»… siebzig Prozent. Sieben Kontinente mit einem Anteil von 41 Prozent an der Gesamtfläche. Ausgeprägte Bodennutzung nur auf dem …«

Er unterbrach ungeduldig die Stimme der Positronik. »Hast du ihn gefunden?«, fragte er.

Der Rechner stellte mit einer Wahrscheinlichkeit von nahezu 100 Prozent fest, wer mit »ihn« gemeint war und antwortete lapidar mit »Ja«.

»Stell mir eine Funkverbindung her.«

Nach einer kaum messbaren Pause sagte die Positronik mit einem exakt modulierten Unterton des Bedauerns: »Er verweigert jegliche Kontaktaufnahme mit *Außenstehenden*, wie es seine Hauspositronik ausdrückt.«

Außenstehende!, dachte der Mann. *Schlechter gewählt kann ein Wort gar nicht sein. Wir waren uns so nahe, wie es zwei Menschen nur sein konnten, die eine halbe Ewigkeit auf dasselbe Ziel hingearbeitet hatten.*

Der Bordrechner riss ihn aus seinen bitteren Gedanken. »Er hat sich soeben bei uns gemeldet. Er meint, du könntest ihn in seinem Haus besuchen. Du allein.«

Mit zusammengepressten Lippen brachte er ein kaum hörbares »Sag ihm, dass ich komme« hervor. Und: »Stell mir eine Space-Jet bereit.«

Endlich bewegte er sich und entspannte seine Muskeln. Die Erleichterung, die er fühlte, löste die Verkrampfung seines Körpers. An den Piloten des Schiffs gewandt sagte er: »Ihr bleibt im Orbit, bis ich mich melde. «

Er warf einen letzten Blick auf den Bildschirm, der gerade weitere Detailausschnitte der kaum bewohnten Welt zeigte. Er drehte sich abrupt um und schritt, ohne die Anwesenden eines weiteren Blicks zu würdigen, aus der Schiffszentrale.

II.

Kaum eine halbe Stunde später landete er auf einem weiten, beackerten Feld in der Nähe jenes Hauses, in dem er den Gesuchten wusste.

Er blieb einige Atemzüge lang sitzen und sammelte seine Gedanken. In der linken Hosentasche seines Anzugs spürte er einen zerknitterten Brief. In den vielen Stunden der Einsamkeit war er, obwohl er nur aus wenigen Sätzen bestand, Anlass zu tausenden Überlegungen gewesen. Er hatte jedes Wort gelesen, betrachtet, analysiert und wieder gelesen, bis der Sinn der Aussage verlorengegangen war. Übriggebliebenen war der Schmerz.

Der Mann gab sich einen Ruck und verließ die Space-Jet. Er verzichtete auf jegliche Vorsichtsmaßnahme und ließ das Beiboot mit offenem Schott auf dem Feld stehen.

Er hatte seine Gefühle wieder einigermaßen unter Kontrolle und ging mit weit ausholenden Schritten auf das einzige Haus im Umkreis von mehr als zehn Kilometern zu. Das Gelände erstaunte ihn. Es war Spätherbst. Weitläufige, abgeerntete Felder gingen in Marschrichtung in einen lockeren Mischwald über. In einer Bodensenke hatte sich Wasser zu einem kleinen, dunklen Teich gesammelt.

Einige hundert Meter voraus stand das Haus, auf einen sanften Hügel gesetzt. Anfänglich bewunderte er die Klugheit und Umsichtigkeit des Erbauers. Sein Freund hatte den besten Platz für das Gebäude gewählt. Als er sich daran erinnerte, mit welchen Maßstäben er zu messen war, blieb von der anfänglichen Bewunderung nur noch ein leichtes Gefühl der Achtung über. *Ich hätte wohl denselben Ort gewählt,* dachte er mit leichtem Unbehagen.

Ein schmaler Trampelpfad führte ihn an Bäumen und Sträuchern vorbei, die er großteils der terranischen Flora zuordnete. Wacholder, Birken, Eichen und Tannen wuchsen munter um die Wette. Eine sanfte Windbö fuhr in einen kleinen Haufen abgefallener Blätter und wirbelte ihn auf.

Er fühlte sich auf die Erde seiner Jugend zurückversetzt. Hier hatte sich jemand erhebliche Mühe gemacht, ein naturbelassenes Stück Heimat auf einen fremden Planeten zu verpflanzen – und es war ihm augenscheinlich gelungen.

Seine an strenge Ordnung gewöhnten Augen taten sich schwer. Die Sinne suchten ein erkennbares Muster. Schließlich resignierte er. *Irgendwie pervers,* dachte er. *Mir fehlt das Summen der Aggregate, das Zischen der Schotte und das Flüstern der Positronik. Aber bei ein bisschen Wind und ein paar raschelnden Blättern zucke ich zusammen.*

Ein letztes Mal konzentrierte er sich auf die kommende Begegnung. Er öffnete ein hölzernes Weidetor. Es gewährte ihm widerstrebend Zutritt zu einem gepflegten Vorgarten. Die massive, eichene Eingangstür wirkte irgendwie bedrohlich.

Er nahm einen tiefen Atemzug und klopfte an. Aus dem Inneren des Hauses hörte er die gewohnte, schmerzlich vermisste Stimme.

»Komm herein!«

Er öffnete, trat ein und sprach leise, mit trockenem Mund seit mehr als 80 Jahren erstmals wieder die Begrüßungsworte: »Hallo, Bully.«

»Hallo, Perry«, tönte die Antwort.

III.

Perry Rhodan betrat zögernd das Haus, die Reaktion seines Freundes Reginald Bull abwartend. Dieser stand erwartungsvoll an einem offenen Kamin, in dem ein kleines, ruhiges Feuer brannte.

Für einen Moment schien die Zeit eingefroren. Keiner der beiden bewegte sich, nur die verbrennenden Holzscheite knisterten und knacksten fröhlich vor sich hin. Dann, wie auf Kommando, stürmten die beiden Unsterblichen aufeinander zu und umarmten sich überschwänglich. Perry Rhodan fühlte sich grenzenlos erleichtert.

IV.

Eine halbe Stunde später saßen sie sich entspannt in hohen, uralten Ohrensesseln gegenüber. Rhodan hatte sich in dem großen Wohnzimmer umgesehen.

Das Ambiente war äußerst behaglich. Er hatte erstaunt eine Seite von Reginald Bull kennengelernt, die ihm völlig unbekannt gewesen war. Die geschmackvolle, etwas altbackene Inneneinrichtung lud geradezu zum gemütlichen Beieinandersitzen ein.

Das Feuer brannte immer noch, beide naschten aus einer Schüssel mit Keksen und genossen die innere Wärme eines Teegetränks. Bislang hatten sie sich nur über Nichtigkeiten unterhalten und einander beobachtet.

Rhodan machte den Anfang.

Er zog den Brief aus der Hosentasche, zerknittert und abgegriffen, und blickte Bully anklagend an: »Warum bist du so plötzlich verschwunden? An einem Tag sitzt du in deinem Büro, am nächsten finden wir nur noch einen leeren Schreibtisch vor. Und diesen Brief: *Lieber Perry! Du wirst dies vielleicht als Flucht betrachten – aber ich ziehe mich vollends aus dem öffentlichen Leben zurück. Die Gründe für meinen plötzlichen Abschied möchte ich für mich behalten. Ich bin mir sicher, du wirst im Laufe der Jahre eine befriedigende Antwort finden. Versuche bitte nicht, mir zu folgen. Grüße Gucky und die anderen von mir. Bully.«*

Rhodan hatte den Brief aus dem Gedächtnis zitiert. Genauso, wie ein Gläubiger im Schlaf das *Vaterunser* herunterzuleiern vermochte, kamen die Worte aus seinem Mund.

»Warum so plötzlich?«, fragte er. »Warum so heimlich? Warum hast du nicht ein einziges Mal mit mir darüber geredet, dass du dich zurückziehen möchtest? Was für Antworten soll ich auf deinen Brief finden, wenn ich nicht mal die richtige Frage formulieren kann? Warum …?«

»Stopp!« Bully lächelte. »Das sind ganz schön viele Fragen auf einmal. Findest du nicht?«

»Mag sein. Aber ich denke, dass ich ein Recht auf Antworten habe.« Von einer inneren Unruhe gepackt, stand Rhodan auf, trat noch näher an den Kamin und starrte in das anheimelnde Feuer. Dann, leise und anklagend: »Warum hast du das getan? Wir … *ich* habe dich gebraucht und brauche dich noch, heute vielleicht mehr als damals.«

Bully ließ sich Zeit mit der Antwort. Schließlich sagte er: »Zunächst einmal hast du den Wunsch in meinem Brief nicht respektiert und mich gesucht. Es hat zwar eine ganze Weile gedauert, aber du hast mich gefunden.« Der ironische Unterton in Bullys letzten Worten war nicht zu überhören.

»Du kannst nicht erwarten, dass ich meinen besten und ältesten Freund ziehen lasse, einfach so! Ohne zu wissen, warum er das tut.«

»Eigentlich habe ich erwartet, dass du mir augenblicklich folgen würdest.« Bully zögerte merkbar. »Du hast, wenn es drauf ankommt, alle bekannten Machtmittel der Milchstraße zur Verfügung. Du hättest mich nach meinem Verschwinden binnen weniger Wochen oder Monate finden können. Stattdessen tauchst du *achtzig Jahre* später auf. Zu einem Zeitpunkt, da ich wirklich nicht mehr damit rechne.«

Nun war es an Rhodan zu zögern. »Damals ging es drunter und drüber. Einige Tage, nachdem du verschwunden warst, rührte sich ES bei uns und gab uns diesen Auftrag, der uns nach NGC 7009 führte. Wenn du dich einigermaßen über die Geschehnisse in der Milchstraße informiert gehalten hast, wirst du dich an diese Krise erinnern.«

»Ich kenne den Arbeitsalltag eines Unsterblichen. Eine kleine Krise da, eine Superintelligenz dort, und schon ist wieder ein Jahrzehntchen vergangen.«

Wenn es darum ging, kleine Bosheiten auszuteilen, war Bully unschlagbar.

»Ich musste Prioritäten setzen und meine eigenen Wünsche hintanstellen«, sagte Rhodan schroff. Versöhnlicher fuhr er fort: »Aber glaube mir, es war eine verdammt harte Zeit.« Rhodan legte Wärme in seine Stimme. »Du hast mir gefehlt. Du warst Bruder, Stütze und Berater in Personalunion für mich, du hast eine schreckliche Leere hinterlassen. Was bin ich froh, dass ich dich gefunden habe!«

Die letzten Worte schienen im Raum stehen zu bleiben. So lange, bis Rhodan sich abwandte und eine unruhige Wanderung durch den Raum aufnahm.

»Weißt du, Bully, die Ereignisse überschlagen sich. Ich trage die Verantwortung für Billionen von Lebewesen. Nicht, dass mich die Last erdrücken würde. Aber ich benötige jemanden, mit dem ich meine Gedanken teilen kann, bevor ich Entscheidungen treffe. Wir Unsterblichen werden immer weniger. Tekener ist tot, Dao hat sich seit langer Zeit nicht mehr aus Hangay zurückgemeldet. Ich weiß nur, dass sie noch lebt. Atlan wird von ES seit fünfundzwanzig Jahren in Gruelfin eingesetzt. Nicht einmal ich weiß, worum es dort eigentlich geht. Tiff geht seine eigenen Wege. Mein Sohn Michael will nichts mehr von mir wissen. Alaska – nun, du weißt ja selbst, wie es ihm geht. Der Mikrochip kann körperliche Wunden heilen, aber keine seelischen. Unsere besten Ärzte betreuen ihn Tag und Nacht, um ihn aus seiner Apathie zurückzuholen. Homer kümmert sich zumeist um die Geschäfte in der Milchstraße. Gucky und Tolotos sind, auch wenn ich sie noch so lange kenne, keine *Menschen*, denen ich mich anvertrauen kann. Verdammt, ich brauche einen Freund! Bully, ich brauche dich!«

Die letzten Worte hatte Perry Rhodan, das Wesen mit den größten Machtbefugnissen in der bekannten Milchstraße, fast geschrien.

Reginald Bull, sein Begleiter und Freund seit der ersten bemannten Mondlandung anno 1971 alter terranischer Zeitrechnung, zuckte zusammen. Nachdenklich starrte er in das schwächer werdende Feuer.

Abrupt wechselte er das Thema. »Sag einmal, Perry, weißt du, welches Datum wir heute haben?«

Rhodan, noch in seinen Emotionen gefangen, reagierte verwirrt auf die scheinbar zusammenhanglos gestellte Frage. »Heute ist der 24. Dezember. Warum fragst du?«

Bully erhob sich mit einem bedauernden Seufzer von seinem Sessel und bedeutete Rhodan, ihm zu folgen. Sie betraten das rechts anschließende Zimmer, das an drei Seiten verglast war und eine atemberaubende Sicht auf die Umgebung erlaubte.

Rhodan konnte den Ausblick dennoch nicht sofort genießen. Er starrte auf einen Tannenbaum, der, prachtvoll geschmückt, das Zimmer dominierte. »Mein Gott, Bully! Der 24. Dezember. Weihnachten!«

Er trat in den Raum und betrachtete den Baum aus der Nähe. Er bewunderte kunstvoll geblasene Weihnachtskugeln, die in den verschiedensten Farben schimmerten. Kerzen verbreiteten einen süßlichen, aber keineswegs aufdringlichen Honigduft im Raum. Ein sanfter Luftzug strich durch die Äste und bewegte hunderte Lamettafäden, die das dumpfe Licht der beginnenden Dämmerung reflektierten und in den Raum warfen.

Hinter sich hörte Rhodan seinen ältesten Freund sagen: »Vor fünfundsechzig Jahren habe ich auf diesem Planeten meine Heimat gefunden. Ein kleines Häuflein Kolonisten ist vor knapp zweihundert Jahren hierher ausgewandert.

Die herrschende Staatsform ist so eine Art anarchistische Demokratie, wie wir sie einstmals bei den Linguiden kennenlernten. Der persönliche Freiraum wird als höchstes moralisches Gut geschätzt. Ich habe mir also Land im Umkreis von mehr als zehn Kilometern gekauft und, unter Einwilligung des Bürgerrates, ein gezieltes, umweltschonendes Terraforming begonnen. Die Früchte der Arbeit kannst du ja draußen sehen.

Das Klima ist mit dem Mitteleuropas zu vergleichen. Vor der Zeit der Wetterkontrolle natürlich.

Ich habe terranischen Mischwald angepflanzt und dabei Rücksicht auf die hiesige Flora genommen. Das Holz der Bäume wurde zum Grundstock für dieses Haus. Ich habe es eigenhändig geplant, entworfen und gebaut.

Meinen Weihnachtsbaum habe ich ebenfalls aus den Wäldern geholt. Den Schmuck, Lametta, Weihnachtsstern und den restlichen Behang habe ich um sündhaft teures Geld auf der Erde speziell für mich fertigen lassen.«

Mit bitterem Unterton, die Augen blicklos in die Ferne gerichtet, fuhr Bully fort: »Weihnachten! Außer dir, mir und den restlichen Unsterblichen gibt es vielleicht noch eine Handvoll Forscher, die mit den alten Gebräuchen auf der Erde vertraut sind.

Nun, ich bin mit meinen Lebensgewohnheiten immer fest in dem Jahrhundert meiner Geburt verankert geblieben. Weißt du«, Bull lachte bitter auf, »mir wurde erstmals bewusst, was ich für einen Anachronismus darstelle, als die Historiker den Beginn des Anthropozän mit unserer Mondlandung im Jahr 1971 festlegten. Und das«, fuhr er nach einer kurzen Pause fort, »ist ein Teil der Antwort auf deine Fragen.«

Bully schob Rhodan aus dem Zimmer. Im großen Wohnraum legte er ein frisches Holzscheit in das ausgehende Feuer und ließ sich schwer in seinen Sessel fallen.

»Weihnachten«, sinnierte Rhodan, »Weihnachten ist ein Begriff und ein Fest einer lang vergangenen Zeit. Es ist traurig, wenn solche natürlich gewachsenen Bräuche im Laufe der Jahrzehnte und Jahrhunderte verschwinden, aber wir müssen vorwärtsblicken. Unsere Verantwortung ist zu groß, um kleinen Puzzleteilen der Geschichte nachzuweinen. Unser Ziel ist das Gesamtbild, und das müssen wir begreifen lernen.« Er richtete seinen Zeigefinger auf Bull. »Gerade du warst immer der Ungeduldige von uns beiden. Und jetzt dieser wehleidige Blick zurück in eine Vergangenheit, die nie wiederkommen wird? War es die Angst vor der Zukunft, die dich davonlaufen ließ?«

»*Ich* und davonrennen?« Bullys Gesicht lief rot an. Er stand wieder auf, seine gesamte Gestik drückte schwer gezügelten Ärger aus.

Das ist der Bully, den ich kenne, dachte Rhodan amüsiert. *Mehr als viertausend Jahre auf dem Buckel und noch immer keine Selbstbeherrschung.*

»Wer von uns beiden läuft denn davon? Sobald du irgendein kosmisches Rätsel im Großen gelöst hast, stürzt du dich schon in das nächste Abenteuer. Das Fußvolk muss indes die Schäden reparieren, die die Giganten im kosmischen Schach verursacht haben. Ich werde dir etwas sagen, Perry: Du lebst in den Sphären eines Halbgottes. Du ordnest die großen Dinge, die so unverständlich sind, dass ein Normalsterblicher sie einfach nicht mehr durchschauen kann. Damit betrachtest du deine Aufgabe als erledigt.

Was wissen die Bewohner dieses harmlosen Planeten von Geschehnissen, die ganze Universen beeinflussen? – Perry, wir haben gemeinsam Planeten, Planetensysteme und sogar Galaxien untergehen sehen. Wir waren entsetzt, wir haben geweint um die Toten, haben Grabesreden verfasst und gehalten. Aber irgendwie ging der Schmerz vorbei und wir flogen weiter, zum nächsten Brennpunkt kosmischer Tragödien. Aber nie haben wir uns auch nur einen Deut darum geschert, wie es in den Ruinen unserer Schlachtfelder weiterging.«

Rhodan wollte etwas einwenden, doch Bull ließ ihn nicht zu Wort kommen.

»Ich weiß, ich weiß. Die Zeit und die Geschehnisse ließen es nie zu. Und, wie du immer zu sagen pflegtest, muss man das ganze Bild im Auge behalten. Man darf sich nie von den Details ablenken lassen. Ich hoffe, du erkennst die Unmenschlichkeit in diesem Ausspruch?«

Rhodan nickte. Bull ließ sich, sichtlich erschöpft, wieder in seinen Ohrensessel plumpsen.

»Bully, du weißt, wie sehr ich unter all diesen schrecklichen Erlebnissen litt und immer noch leide. Wie oft hatte ich es bereut, nicht persönlich mitanpacken zu können, wenn es darum ging, die Trümmer wegzuräumen. Aber immer waren wir es, die aus der Defensive heraus agierten. Wir mussten Katastrophen verhindern und die alte oder eine bessere Ordnung herstellen. In diesem Spiel waren wir stets die Guten.«

»Ich stelle hier keine Wertung über Gut und Böse an. Ich sage lediglich, dass wir zu viel Leid gesehen und *über*sehen haben. Bildlich gesprochen: Wir waren die kosmischen Installateure, die einen Wasserrohrbruch nach dem anderen reparierten. Aber das Wasserausschöpfen haben wir den Bewohnern des Hauses überlassen oder bestenfalls den Reinigungsdienst gerufen. Und das ist der Fluch der Unsterblichkeit. Wir dachten, wir hätten alle Zeit der Welt. In Wahrheit wurden wir vorwärtsgetrieben, immer weiter, immer tiefer verstrickt in Geheimnisse kosmischen Ausmaßes.«

Bull machte eine Pause. Als erwartete er, dass Rhodan einen Einwand vorbringen würde. Schließlich fuhr er fort: »Auf diesem hinterwäldlerischen Planeten habe ich meinen inneren Frieden gefunden. Meinen Sinn für die realen Zeitabläufe eines menschlichen Lebens mit Ablaufdatum. Ich weiß, dass ich als Unsterblicher gebrandmarkt bin. Aber immerhin konnte ich mich einem normalen Leben wieder annähern, fern von Kommandozentralen, Raumschlachten und Kosmokraten.

Hier sehe ich, wie die Jahreszeiten kommen und gehen. Wie das Getreide wächst und geerntet wird. Wie alte Menschen sterben, wie junge Mütter entbinden. Ich liege im Gras und höre das Summen der hiesigen Fluginsekten. Ich spüre die Ameisen – oder *Heraks*, wie man sie hier nennt –, über meinen Körper krabbeln. Das Leben in meiner neuen Heimat ist natürlich und ursprünglich. Ich bin nicht in eine Konservendose gequetscht, die über unvorstellbar weite Distanzen durch den Weltraum jagt. Um es mit einem alten Spruch zu sagen: Hier bin ich Mensch, hier gehöre ich hin.

Ich kann dieser wachsenden Kolonie mein Wissen und meine Erfahrung weitergeben. Ich kann den Terranern helfen, Fehler zu vermeiden, die andere Pioniere tausendfach begangen haben. Ich versuche, ihnen Werte zu vermitteln, die man nur mit der Abgeklärtheit eines langen, langen Lebens erkennt. Ich glaube, ich kann hier zu etwas Großem beitragen.« Mit einem kleinen Lächeln fügte Bull hinzu: »Abgesehen davon kommen die Nachbarn gerne zu mir, um sich meine Lügengeschichten über das Leben im Weltraum anzuhören. Übrigens auch heute Abend. Ich habe einige Leute zum Weihnachtsfest eingeladen.«

Nachdenklich, mit stockender Stimme, fuhr er fort: »Ich habe sogar ein großes Tabu der Unsterblichen gebrochen. Ich habe es gewagt, mich zu verlieben, ich alter Narr. In das betörendste und reizendste

Geschöpf, das diese Welt hervorgebracht hat. Ich habe diese Frau umworben, habe Balzspiele wie ein junger Gockel veranstaltet. Schließlich habe ich sie erobert und bin einen Ehevertrag mit ihr eingegangen.

Fünfundzwanzig Jahre lang lebten wir in einem Paradies, Perry. Ich sage dir, es war die beste Zeit meines Lebens.

Aber was sind schon fünfundzwanzig Jahre gegen die Ewigkeit? Selbst die harmonischste Verbindung muss scheitern, wenn eine Partnerschaft von so unterschiedlichen Voraussetzungen ausgeht. Ein Kilo Gewicht hier, ein Fältchen da, ein Zwicken hier, ein weher Knochen da, und schwupps – wird scheinbar über Nacht aus einer jungen eine reife Frau. Und ich? Seit Jahrtausenden blicke ich bei der morgendlichen Rasur in dasselbe, 36-jährige Gesicht.

Meine Frau liebte mich mit aller Hingabe, die ich nur verlangen konnte. Sie verbarg das Alter mit Tricks und Tünche und beklagte sich nie über mein immerjunges Aussehen. Trotzdem konnte ich ihren inneren Schmerz über diesen scheinbaren Makel des Alterns spüren.« Bull seufzte. »Kurz und gut: Nach fünfundzwanzig Jahren verpasste ich ihr einen starken Hypnoblock. Ich setzte sie und meine beiden Kinder auf einem anderen Kontinent ab. Ja, du brauchst nicht so doof zu schauen. Ich habe zwei Söhne, inzwischen sechzehn und achtzehn Jahre alt.

Das Einzige, das ich heute für meine Familie tun kann, ist, aus der Ferne hie und da ein wenig *Unsichtbarer Helfer* zu spielen. Mein Einfluss ist – zumindest hier – nicht unbeträchtlich und ich schütze meine Kinder, so gut es geht.

Perry, ich habe in diesen fünfundzwanzig Jahren die Hölle durchgemacht – und dennoch waren es die glücklichsten Jahre meines Lebens. Ich lernte die kleinen und die großen Sorgen der normalen Menschen kennen. Ihr Zeitgefühl, das sie zwingt, möglichst viel in möglichst kurzer Zeit zu bewerkstelligen. Es schärfte meine Sinne und machte mich Dingen gegenüber aufgeschlossen, die ich in den Jahrtausenden davor völlig vergessen hatte.

Dieses verdammte Ding«, Bull deutete auf den implantierten Mikrochip in der linken Schulter, der die lebensspendenden Zellschwingungen ausstrahlte, »macht uns zu Karikaturen des Lebens. Und trotzdem giere ich noch immer nach jedem Atemzug, suche ich noch immer nach den vermeintlichen Weisheiten des Lebens.

Irgendwann und irgendwo werden auch wir beide den Löffel abgeben. Das, was von uns übrigbleiben wird, sind Berichte, gespeichert in Positroniken, und seitenlange Abhandlungen und Analysen in der

Encyclopedia Terrania. Aber immerhin lasse ich mit meinen Kindern etwas mehr als das zurück. Sie sind mein persönlicher Abdruck in unserem Universum, und sei er noch so klein. Ihr Leben, ihre Existenz und das ihrer Nachkommen – DAS ist die wahre Unsterblichkeit.«

»Du bewegst dich auf gefährlichem Terrain, Bully. Du kennst unsere Verantwortung. Wir sind nicht für ein normales Leben geschaffen. Ich musste mehrmals bitteres Lehrgeld zahlen, sobald ich versuchte, ein normales Familienleben zu führen. Von meinen Kindern ist mir nur Roi geblieben. Und auch dieses Verhältnis ist zerrüttet. Heute lebe ich für und durch meine Aufgaben. Ich beziehe auch meine Befriedigung daraus.«

Abrupt änderte Rhodan das Thema. »Was dieses … Experiment mit deiner Frau betrifft: Du weißt, dass ich geistige Beeinflussung verabscheue. Ich halte dein Vorgehen für bedenklich. Der Reginald Bull, den ich kannte und schätzte, hätte so etwas nie getan.« Rhodan seufzte. »Aber ich bin nicht hergekommen, um Moralpredigten zu halten. Ich bin gekommen, weil ich Antworten suche.« Eine Nuance leiser fuhr Rhodan fort: »Und um dich mitzunehmen.«

»Du bist gekommen, um Antworten zu erhalten? Nun gut, du sollst sie haben. Der unfehlbare, alles wissende Perry Rhodan durchschaut nicht, was gespielt wird. Und ein Spiel ist es, das kannst du mir glauben.«

Zornig fuhr Rhodan auf. »Ich bin nicht unfehlbar, spar dir deinen Sarkasmus! Und hör gefälligst auf, in Rätseln zu sprechen. Gib mir endlich klare Antworten!«

Es entstand eine längere Pause, in der sie sich gegenseitig fixierten. Nur langsam löste sich die Spannung. Schließlich deutete Bull auf den freien Sessel. Rhodan kam der Aufforderung zögernd nach. Bull schenkte ihm aus einer altterranischen Teekanne nach und ließ zwei Löffel Zucker in die Tasse plumpsen.

»Ich habe Zuckerrüben importiert und angepflanzt, damit ich meinen Tee richtig zuckern kann. Jahrtausendelang hatte ich nur diese verdammten Süßstoffe.«

Bull lehnte sich wieder zurück. Erst langsam, dann immer mehr an Sicherheit gewinnend, bis sein dröhnender Bass zu der alten Redeweise zurückfand, die Rhodan so schmerzlich vermisst hatte.

»Ich wurde vor 4.494 Jahren geboren und bin damit zwei Jahre jünger als du. Wir haben in dieser langen Zeit den Weltraum erobert, Völker befriedet, wundersame Rätsel gelöst und waren als Handlanger kosmischer Entitäten eingesetzt. Du und Atlan, ihr wart immer vorneweg. Unermüdlich habt ihr uns angetrieben und uns mit eurer Energie angesteckt. Ihr habt die Geschicke der Milchstraße mitbestimmt. Selbst im Kreis der Unsterblichen haben du und Atlan eine führende Rolle inne. Ihr seid *anders*.

Ich habe oft und oft drüber gegrübelt, warum ihr in der Kaste der Unsterblichen einen Sonderstatus innehattet. Warum diese bevorzugte Behandlung durch ES, warum wurde uns anderen nicht dieselbe Aufmerksamkeit zuteil? Versteh mich nicht falsch. Ich bin nicht eifersüchtig. Ich fühlte mich von dir immer als gleichberechtigt behandelt. Aber ES betrachtete dich und Atlan als seine Ansprechpartner. Wir anderen waren bloß Beiwerk.

Heute, aus einer räumlichen und zeitlichen Distanz gesehen, kann ich sagen: Es ging und geht immer nur um euch beide.«

Rhodan unterbrach seinen Freund. »Was willst du damit andeuten?«

»Perry, du bist betriebsblind. Tiff, Gucky, Homer, ich und all die anderen Unsterblichen sind bloß Mittel zum Zweck. Wir haben dich und Atlan aufgebaut und vorbereitet für ein Leben auf der kosmischen Bühne.«

V.

Rhodans Muskeln verkrampften sich. Eine vage Idee formte sich in seinem Kopf, so unangenehm, dass er sie nicht weiterverfolgen wollte. Und dennoch forderte er: »Rede weiter, Bully.«

Der strich sich fahrig mit der Hand durch die Haare. »Es ist ganz einfach. Nehmen wir einmal an, es ging ES von vornherein gar nicht so sehr um die Menschheit als Hilfsvolk, sondern um ganz bestimmte Personen.

Wenn ES euch damals, Ende des zwanzigsten Jahrhunderts alter Zeitrechnung, einfach zu sich genommen und gesagt hätte: *Ihr beide werdet von nun an meine Mächtigkeitsballung beschützen und zum Blühen bringen* … Wie hättet ihr reagiert? Ihr wärt reif für die Klapsmühle gewesen, behaupte ich.

Kannst du dich noch an unseren ersten Besuch auf Wanderer erinnern, als ES uns zwanzigtausend Jahre zugestand, um das Universum zu erobern? – ES hat diese Zahl später relativiert, ich weiß. Ich behaupte aber, dass dies eine Angabe für die Dauer eurer … Erziehung sein würde. Sozusagen eure Lehr- und Wanderjahre. ES wusste, dass du und Atlan anfangs Unterstützung benötigen würdet, um aus einem normalen Leben raus und zu kosmischer Bestimmung zu finden. Etwas oder jemanden, der euch moralische Stütze wäre, euch festigen würde, ein Bezugspunkt zu eurem ursprünglichen Leben sein würde.

Als ES im Jahr 2326 fünfundzwanzig Zellaktivatoren verteilte, blieb es dir überlassen zu bestimmen, wer weiterhin in den Genuss der Unsterblichkeit kommen würde. Du weißt ja selbst am besten, wie du sie verteilt hast. Tiff, Homer und ich waren deine Freunde, aber auch Relikte aus einer Epoche, die bereits über dreihundert Jahre zurücklag. Dazu kamen einige der fähigsten Köpfe der damaligen Zeit. Jedenfalls bin ich davon überzeugt, dass du viele nahe Freunde und Bekannte ausgewählt hast, um deinen Halt in deinem Leben nicht zu verlieren.

Und so ist es seitdem geblieben. Wir sind und waren das Bindeglied zu deiner Vergangenheit, die eigentlich dein Leben hätte sein sollen. Du warst nicht darauf vorbereitet, in Jahrtausenden zu denken und zu wirken. Nur dadurch, dass du mit Freunden aus demselben zeitlichen Biotop zusammen warst, konntest du deiner Bestimmung allmählich folgen.

Irgendwann einmal habe ich diesen Schachzug von ES erkannt und mich zum Handeln entschlossen. Ich zog mich allmählich aus den Geschäften in der Milchstraße zurück, wie du dich sicherlich erinnern kannst. Ich beschränkte mich darauf, dich zu beobachten. Ich bewertete dein Verhalten, deine Selbstsicherheit und die Selbstverständlichkeit, mit der du dich auf der kosmischen Bühne verhalten hast. Ich entdeckte, dass meine Aufgabe als Bindeglied zur Vergangenheit erfüllt war.

Um dir deine Lehrjahre weiter zu verkürzen, nabelte ich mich kurzerhand ab und verschwand aus deinem Leben. Wundere dich nicht, wenn sich nach und nach alle anderen Weggefährten absentieren oder gar durch ungeklärte Umstände ums Leben kommen. Sie sind sich dessen vielleicht nicht vollends bewusst, aber ihre Zeit ist abgelaufen. Die Aufgabe ist erfüllt. Wir gehören nicht mehr in diese Ära. Die innere Uhr befiehlt uns, von der Bühne abzutreten und sie den Hauptdarstellern Atlan sowie Perry Rhodan zu überlassen.«

Die Eindringlichkeit in Bullys Stimme hallte schmerzhaft in Rhodans Kopf nach. Er saß blass und steif da, brachte keinen Ton hervor.

»Weißt du«, fuhr Bull fort und starrte dabei gegen die Decke, »ich bin überzeugt davon, dass Alaska noch vor mir die Wahrheit entdeckte. Er war stets sehr sensibel. Dieser Schmerz muss ihn von einem Augenblick zum nächsten überwältigt haben. Zuerst zu glauben, dass man den Gang des Universums irgendwie mit beeinflusst, um in der nächsten Sekunde zu wissen, dass man von einer Superintelligenz als Bauer auf einem Schachbrett verwendet wurde …

Wenn es in deiner Macht steht, dann lass Alaska bitte zu mir bringen. Vielleicht findet er hier seinen inneren Frieden wieder. Und wenn nicht … Nun, er kann sich auf dieser Welt sicherlich ausruhen.«

Rhodan ahnte, dass hinter dem Wort *ausruhen* eine zweite, schrecklichere Bedeutung lag. »Ich … werde schauen, was ich tun kann.«

Er war völlig verwirrt. Und er schwitzte. Vergangenheit und Gegenwart wirbelten durch seinen Kopf. Er hatte stets geglaubt, sein Weltbild wäre gefestigt und er von den richtigen Voraussetzungen ausgegangen. Nun schien das Innere nach außen gestülpt, die Wahrheit zur Lüge geworden. Nur mühsam behielt er seine Fassung.

»Bully, wenn das wirklich so wäre … Warum hast du … Warum bist du selbst noch nicht übergeschnappt? Dieses Wissen, um Leben und Bedeutung betrogen worden zu sein … Und dennoch lebst du friedlich und ausgeglichen, als hätte alles seinen Platz in deiner Existenz.«

»Das versuche ich dir die ganze Zeit begreiflich zu machen, verflixt nochmal! Ich habe meinen Blick für das Kleine wiedergefunden. Ich sehe nicht das Gesamtbild, sondern nur die kleinen Puzzleteile. Für meine Begriffe bietet diese Welt mehr Schönheit, mehr Sensationen und mehr Rätselhaftes, als es das Universum in seiner Gesamtheit jemals bieten könnte. Ich lese, ich schreibe, ich tanze, ich dichte, ich arbeite. Ich sitze und denke nach, manchmal sogar über das Wachstum der Grashalme.

Die Sterne sind für mich zu fernen Dingen geworden, die ich nächtens am Himmel betrachte. Sie sind unendlich weit entfernt und unerreichbar. Meine Probleme sind nicht viel anders als die der Menschen, die auf diesem wunderbaren Planeten geboren wurden. Das einzig Andersartige an mir ist die Unsterblichkeit. Aber ich bin – außer meinen Kindern – niemandem verpflichtet. Es gibt keinen Reginald Bull mehr, der die Verantwortung für riesige Raumschifftruppen oder ganze Planeten trägt.

Um auf deine Frage zurückzukommen: Wenn ich alle meine Gedanken zu Ende gebracht und all das getan habe, was ich mir damals, 1971, in meinen Träumen und Wünschen vorgenommen habe, dann nehme ich eine ganz bestimmte Tablette aus einer ganz bestimmten Schatulle, mit der nicht einmal der Mikrochip in meiner Schulter fertig wird.«

Rhodan fröstelte mit einem Mal. Trotz des helllodernden Feuers.

»Bis dahin ist noch viel Zeit, keine Sorge. Und du weißt ja, was Zeit für einen Unsterblichen bedeutet.«

Rhodan wusste nicht, was er sagen sollte. Er erahnte die Wahrheit hinter Bullys Ausführungen. Aber dies alleine war nicht der Grund für seine Erschütterung.

Bin ich sogar schon meinem engsten Freund fremd geworden?, fragte er sich.

Er musste an die Andersartigkeit des Kosmokraten Taurec und an die seines Werkzeugs Voltago denken. Deren Handeln hatte man niemals durchschauen können. Wirkte er auf normale Menschen bereits genauso?

Bully schien seine Gedanken zu erraten. Er lächelte. »Nein, du bist kein Ungeheuer, das Terraner in Angst und Schrecken versetzt. Du bist den heutigen Bewohnern der Milchstraße fremd und ein Relikt aus einer unvorstellbar weit zurückliegenden Zeit. Stell dir nur mal vor, wie es gewesen wäre, wenn im Jahr 1971 der Lyriker Homer leibhaftig aufgetaucht wäre. Er hätte seine Moral- und Wertevorstellungen samt Essgewohnheiten, Götteropfern und dergleichen mitgebracht. Und du bist dieser heutigen Zeit genauso wenig verbunden wie der alte Grieche. Allerdings« – das Lächeln verschwand aus Bullys Gesicht – »bringt die Unsterblichkeit es mit sich, dass du über größere Zeiträume hinaus denkst. Manche Probleme lösen sich für dich von selbst, wenn du nur lange genug nichts unternimmst. Im Gegensatz zum normalen Menschen, der soviel wie möglich in seiner Lebensspanne unterbringen muss. In diesen beiden unterschiedlichen Vorstellungen von Zeit liegt sehr viel Spannungspotenzial verborgen.

Heute denkst du mit großer Selbstverständlichkeit über deinen fünftausendsten Geburtstag nach. Wie wird das erst sein, wenn du zehntausend Jahre alt sein wirst? Oder gar fünfzigtausend? Es ist gut möglich, dass du dieses Alter erreichst. Du wirst dann allerdings keinen Gedanken mehr an eine Zahl verschwenden und den Terranern so fremd sein wie uns ein Neandertaler.

Wir sind in einer persönlichen Zeitmaschine gefangen und entfremden uns allmählich unserer Umgebung. Meine Uhr wird irgendwann einmal ablaufen. Aber mit dir und Atlan hat ES noch etwas vor, das in eine unvorstellbar weit entfernte Zukunft führt. Dann wirst du deine Vergangenheit als Mensch vollends vergessen.«

Bully schwieg endlich. Rhodan fühlte sich nicht in der Lage, etwas zu erwidern. Er war schrecklich müde.

»Es ist dunkel geworden, Perry. Meine Gäste werden bald kommen. Es ist vielleicht besser, wenn sie dich nicht zu Gesicht bekommen.«

Auch eine Form des Hinauswurfs, dachte Rhodan. Er stand umständlich auf. »Bully …«

»Sag jetzt nichts, Perry. Ich möchte keine Worte des Bedauerns oder sonstwas hören. Warte hier. Ich habe etwas für dich.«

Bull verschwand mit schnellen Schritten im Panoramazimmer. Wenige Minuten später rief er Rhodan zu sich.

Er betrat den Raum und blieb vor dem hellerleuchteten Baum stehen. Der Honiggeruch war intensiver geworden, ihm unbekannte, chorale Musik erfüllte das Zimmer. Bull hielt ihm ein kleines Päckchen entgegen.

»Frohe Weihnachten, Perry.«

»Frohe Weihnachten, Bully.«

Sie umarmten einander. Lange. Schließlich drängte Bull ihn sanft von sich. »Du musst jetzt gehen. Du hast Aufgaben zu erfüllen.«

Er führte Rhodan zur Tür. »Wie geht es eigentlich Gucky?«, fragte er.

»Er zieht sich immer mehr zurück. Seine Paragaben werden nur noch wenig gebraucht. Heutzutage schlägt die Technologie selbst den begabtesten *Mutanten*. Ich musste heimlich abreisen. Er hätte mir die Hölle heißgemacht, wenn er gewusst hätte, dass ich dich treffen würde. Du fehlst ihm.«

Nochmals stand die unausgesprochene Erwartung im Raum, dass Bull mitkommen möge. Ein Blick in die Augen seines Gegenübers überzeugte Rhodan aber. Er akzeptierte, dass er Bull nicht würde überreden können.

»Wenn du glaubst, dass Gucky nicht mehr helfen kann, dann schicke ihn zu mir«, sagte sein Freund. Er lachte. »Vielleicht sollte ich eine Pension für gemütskranke Unsterbliche eröffnen?« Bull öffnete die Tür. »Leb wohl, Perry.«

Tränen rannen über sein Gesicht. Beide wussten sie, dass dies das unwiderruflich letzte Zusammentreffen sein würde.

Auch Rhodan schämte sich seiner Tränen nicht. Sie umarmten einander nochmals, dann drehte er sich um und ging davon. Steif und hochaufgerichtet schritt er auf die Space-Jet zu, die eigentlich zwei Personen hätte aufnehmen sollen.

VI.

Perry Rhodan setzte sich in den Pilotenstuhl und öffnete mit fahrigen Bewegungen das Geschenkpäckchen. Darin lag ein kleiner Stoß antiquierter Fotos. Sie zeigten die Besatzung der STARDUST kurz vor dem Start des ersten bemannten Raumflugs zum Mond. Eric Manoli, Clark G. Flipper, Reginald Bull und Perry Rhodan posierten für die Fotografen auf dem Gelände der US Air Force. Eine einzelne, abgegriffene Aufnahme zeigte ihn und Bully, jeweils einen Arm auf die Schulter des Anderen gelegt, beide mit einem unbekümmerten Lächeln auf den Lippen. Auf der Rückseite stand in der schnörkeligen Schrift seines Freundes auf Englisch geschrieben: »Zur Erinnerung. Du musst deinen Weg jetzt alleine gehen.«

Rhodan legte die Fotografien beiseite und massierte die schmerzenden Schläfen. Schließlich richtete er sich auf, seufzte tief durch und begann mit den Startvorbereitungen.

Er hakte das Thema Reginald Bull innerlich ab. Seine persönlichen Probleme hatten wie immer zurückzustehen. Er hatte andere, größere Aufgaben. Er war ein Unsterblicher.

VII.

»Da fliegt er hin und verschwindet endgültig aus meinem Leben«, sagte Bull leise, als er dem kleiner werdenden Lichtpunkt der Space-Jet nachblickte. »Nun, bist zu zufrieden mit mir? Habe ich ihn ausreichend auf sein künftiges Leben vorbereitet?«

Und ES antwortete: *Ja, Reginald. Ich bin sehr zufrieden mit dir.*

Im Herbst 2001 beschäftigten Michael Wittmann und ich uns mit dem Gedanken, einen PERRY-RHODAN-Comic zu fabrizieren und der Redaktion in Rastatt vorzulegen. Witti zeichnete damals Innen-Illus für den Verlag Pabel-Moewig, ich hatte mir erste Sporen als Fan-Autor verdient.

Gemeinsam sammelten wir Gedanken, in welche Richtung unsere Arbeit gehen sollte. Natürlich musste es lustig werden, natürlich mussten Gucky und Icho Tolot vorkommen. Mein besonderes Anliegen war es darüber hinaus, die Herkunft eines meiner Lieblingsvölker im Perryversum zu erklären und zu definieren, warum sie so waren, wie sie waren.

Michi und ich kamen leider nicht richtig zusammen. Ich schaffte es als Szenarist nicht, passende Bilder in meinem Partner zu erzeugen, und so ließen wir das Projekt nach mehreren Probezeichnungen und ein paar Scribble-Seiten ruhen.

Auch wenn die Idee des PERRY-Comics ad acta gelegt war, kamen Michi Wittmann und ich doch überein, das gute Ding in Form einer bebilderten Geschichte zu veröffentlichen. Fünf Jahre später, im Oktober 2006, wurde daraus ein kleines Büchlein, das wir im privaten Kreis verteilten. Hier ist nun die Fan-Story ohne Michi Wittmanns Bilder, in Details überarbeitet.

Schluckauf und Karottenschnaps

I.
Die Siegesfeier

Nach dem Sieg des Solaren Imperiums über die Meister der Insel zu Beginn des 25. Jahrhunderts kehrt Friede ein in der Milchstraße. Es beginnt ein goldenes Zeitalter, das von Wiederaufbau, Handelsaufschwung und Expansion der Menschenvölker geprägt ist. Riesige Explorer-Flotten erforschen das Weltall und suchen nach neuen, möglichen Siedlungsplaneten für die Kinder Terras. Doch auf dem Mutterplaneten, der Erde, gibt man sich dem Müßiggang hin, man genießt die Jahre des Friedens.

Und so ist es kein Wunder, dass der Alkoholhandel im Jahre 2408 floriert wie niemals zuvor …

*

»Proscht, mein Großer! Auf meinen Sieg, auf meine Medaillen, auf meine Pokale.« Gucky wischte telekinetisch eine Flasche Vurguzz vom Tisch und setzte fort: »Weg mit diesem grünen Schlabberwasser! Auch wenn ich einen kleinen Anteil« – der Ilt rülpste bescheiden –

»am Vurguzz-Imperium besitze: Nichts kommt an die Krönung der Gemüsezucht heran, die Daucus Guckindium Superioris™ und deren leicht alkoholischen Produkte.«

Der gegenüber sitzende Riese namens Icho Tolot zeigte das freundlichste Lächeln, das seine ehrfurchtgebietenden Mahlzähne zuließen. »Lieber Guckos, bitte verwende das Wort *leicht* nicht im Zusammenhang mit unserem Karottenschnaps. Die Ätzspuren auf dem Tisch sprechen eine ganz andere Sprache.«

»Kinkerlitzschen, mein Bester. Und wieso finde ich das Wort *UNSCHER* Schnaps in deinem lächerlichen Einwand?«

Icho Tolot legte seine vier Hände auf den Tisch: »Ja, meinst du denn, diese Schwielen kämen vom Nichtstun? Wochenlang hab ich gesät, gepflügt, gepflegt, gewässert, gezupft und sogar gedüngt …«

»Pscht, nicht so laut, Icho!« Gucky hielt einen Zeigefinger an den Nagezahn. »Die Wände haben Ohren. Das Geheimnis des natürlich-biologischen Haluterdungsch darf nicht an die Öffentlichkeit dringen. Gecko, dieser verwanzte, lausige Dickwanst, hätte mir bei der Landwirtschafts-Schau beinahe die schönsten Preise weggeschnappt. Ich bin davon übertscheugt, dass nur dein selbstloser körperlicher Einsatz den Ausschlag gegeben hat …«

»Selbstlos ist richtig. Wochenlang musste mein Magen auf deine Anweisungen hin die abscheulichsten Dinge zu sich nehmen, um die richtige Dungmischung zu erzeugen …«

»… so dasch *mir* die Krone der Karottenzucht aufgeschetzt wurde.«

»Es mag auch geholfen haben, dass fünf der sieben Preisrichter bestochen und die anderen beiden deine Frau und dein Sohnemann waren.«

»Du bischt kleinlich, mein Bester. In zweitauschend Jahren kräht kein Hahn mehr danach, wie ich mein Karottenschnaps-Imperium hochgezogen habe.« Müde geworden, stützte Gucky den Kopf auf seine Hände. »Was meinst du, wie soll ich die Destillerie nun nennen? ›Dullandmore Guck‹? ›Guck & Gluck & Sons‹? ›Ilts' Delight‹? Oder, ganz bescheiden: ›Guckrum – der Lebenssaft des Überall-Zugleich-Und-Überhaupt-Tötersch?‹«

»*Den* Spruch kannte ich noch nicht«, murmelte Icho Tolot mit 110 Dezibel. »Außerdem: Bei Menschenabkömmlingen mag dein Schnaps eine ausreichende Wirkung herbeiführen. Aber einen Haluter kannst du damit nicht beeindrucken.«

Gucky kniff die Augen zusammen; zumindest bemühte er sich. »Das kommt doch nur auf die Abmischung an. Mein Hundertdreiprozentiger, mit ein paar Zutaten versetzt, bringt selbst Konvertermägen zum Rumoren. Übrigensch: Warum kann ich nischts mehr sehen?«

»Weil du die Augen zusammengekniffen hast, mein Kleiner.« Icho Tolot hielt einen Lacher zurück, der das Lokal »Zur Schnapsdrossel« am Rande des Aldebaran Space Port nahe Terrania City zum Einsturz gebracht hätte. »Nichts und niemand kann einem halutischen Konvertermagen beikommen.«

Gucky öffnete mühsam ein Auge. »Das käme auf eine Wette an, mein halutischer Freund, findescht du nicht? Burps!«

Tolot beugte sich vor: »Du schlägst einem Haluter, einem Wesen mit unfehlbarem Planhirn, eine Wette vor?«

»Planhin hirn oder her – gegen meinen Karottenschnaps kommst du nicht an. Ich bring dich zum reihern.«

Der Haluter verschränkte seine Armpaare. »Und was schlägst du als Einsatz vor?«

»Deine Arbeitskraft als Vorarbeiter auf der Guckschen Karotten-Ranch. Entweder doppelt oder nichts. Einverstanden?«

Tolot ließ das Planhirn nochmals seine Siegeschancen durchrechnen, und als sich der Zeiger bei 99,99 Prozent niederließ, antwortete er: »Die Wette gilt.«

Gucky erhob sich mühsam. »Nun gut, dann lass uns gehen und die notwendigen Tschutaten beschorgen. Vergiss den Sack mit den Me daillen, Urkunden und Pokalen nicht und zahl bitte die Rechnung. Ich habe leider kein Kleingeld bei mir.« Mühsam wankte der Ilt Richtung Ausgang. Plötzlich blieb er stehen, griff zweimal vergeblich in eine Seitentasche seiner selbstgefertigten Admiralsuniform und nestelte schließlich chromumrandete Sonnengläser hervor. »Setz du gefälligscht auch die Brille auf, Großer.«

Seufzend griff Icho Tolot nach der halbdunklen, dreiglasigen Brille und spannte sie mit einem Gummizug um seinen mächtigen Schädel. Er legte ein Häuflein Galax auf den ramponierten Tisch und folgte gehorsam dem Ilt.

»Schließlich sind wir anonym unterwegs«, hörte er den Kleinen brummeln, als der torkelnd die Kneipe verließ.

II.
Im Botanischen Garten von Terrania City

»Hmm … lasch mich nachdenken … pflücke bitte noch fünfzig Kilogramm von dem Kräutlein dort drüben. Dann sollten wir alle Zutaten beisammenhaben, Freund Tolot.«

»Meinst du nicht, dass wir am heutigen Abend schon genug Straftaten begangen haben, kleiner Ilt?«

»Glaube mir: Erstens verzeiht man einem Guck alles, zweitens haben wir nichts entwendet, sondern nur ausgeborgt, und drittensch heißt es ›Kein Zutritt zum Botanischen Garten während der Nachtstunden‹ und nicht ›Kein Teleportieren in den Botanischen Garten während der Nachtstunden‹«. Gucky nahm einen kräftigen Schluck aus seinem Flachmann. »Viertens glaube ich, du machst dir in die Hose, weil du unsere Wette verlieren könntest.«

Die Augen des Haluters leuchteten dunkelrot auf. »Wirf einem Icho Tolot niemals Feigheit vor!« Der Haluter richtete sich zur vollen Größe von 3,50 Metern auf. Mit einem Sprung, der den Asphalt unter ihm zum Knirschen brachte, beförderte er sich in das Beet, das ihm der Ilt gezeigt hatte, rupfte es in Sekundenschnelle leer und kehrte mit einem weiteren, mächtigen Hüpfer zu Gucky zurück. Bei seiner Landung brach die Asphaltdecke unter der Wucht der vier Tonnen Lebendgewicht vollends ein.

»Hier hast du das Kraut, Leutnant Guck. Und jetzt lass uns endlich diese Wette in Angriff nehmen.«

»Na gut.« Der Ilt setzte sich nieder. Schließlich drehte sich der Garten um ihn, und sechs weiße Elefanten umtanzten Tolot. »Du machst Folgendes: Die Hälfte des Hanfs stopfst du in das Terkonitstahlrohr und leerst den Inhalt des Hundert-Liter-Kanister Kerosins darüber. Um Gottesch willen, ja nicht danebentropfen! Gut so. Und jetzt den Karottenschnaps hinterher. Ich hoffe, dass hundert Liter reichen. Den Rest des Hanfs stopfst du nach. Gut zusammenpressen nicht vergessen! Hast du das Feuerzeug? Gib her. Das eine Ende des Rohres steckst du dir in den Mund wie eine Tschigarette. Und sobald ich vorne anzünde, inhalierst du tief, gaaanz tief. Hast du verstanden, Großer?«

Icho Tolot nickte. Das zwei Meter lange Terkonitstahlrohr, das den Service-Arbeitern der neuen Kläranlage am nächsten Morgen wahrscheinlich unangenehm fehlen würde, schwankte beim Nicken des Haluters hoch und nieder.

Der Ilt schwebte taumelnd zum Rohrende hoch. »Jetzt bleib einmal ruhig, Großer, ich musch mich kontrenzieren. Also: Bei Drei atmest du tief ein, und ich teleportiere mich in Sicherheit. Eins. Zwei. Dr…«

Die Stichflamme alarmierte Feuerwehr und Solare Abwehr, der darauffolgende Knall verursachte eine Erdbebenwarnung in weiten Teilen Asiens, und der Rülpser Icho Tolots versetzte halb Terrania City in Angst und Schrecken.

Als die gebündelten Sicherheitskräfte der Stadt im Botanischen Garten – zumindest dort, wo einmal der Botanische Garten gewesen war – ankamen, fand man außer dreihundert Liter eklig stinkender Flüssigkeit am Grund des Kraters nichts mehr vor.

III.
Schluckauf

Der Ilt kicherte. »Mannomann … So eine Speikanonade habe ich ja noch nie gesehen. Hick!« Er rümpfte die Nase. »Geschweige denn gerochen. Jedenfalls vielen Dank, dass du die nächsten Wochen gratis für mich arbeitest, Freund Tolot.«

Der Haluter brummelte, was sich anhörte, als reibe man zwei mittelgroße Gebirge aneinander. »Dieser Schnaps ist ein Teufelsgesöff, Gucky. Ich bitte dich inständig, ihn nie in den Handel kommen zu lassen.«

»Jetscht, wo die scha-gen-haf-te Wirkung nachhaltig bewiesen wurde? Was glaubst du, wie das werbemäßig rüberkommt: ›Gucks Karottenschnaps – haut den stärksten Haluter aus dem Anzug!‹ Hick.«

Der Ilt wurde mit einem Mal blass. »Tolotos, ich befürchte, ich bekomme Schluckauf.«

»Und?«

Gucky griff nach einer Hand des Haluters. »Es gibt nichts Schlimmeres für einen Tele-hick-porter als Schluckauf.«

»Und warum?« Schadenfreude machte sich auf dem sonst so ausdruckslosen Gesicht des Riesen breit.

»Weil – hick – der Schluckauf meine teleportativen Fähigkeiten unkontrollierbar auslöst. Hick.«

Der Haluter reagierte erschrocken (auf dem Eiffelturm): »Lass sofort …«

Gucky: »Hick.«

Tolot (auf dem Gipfel des Mount Everest): »… meine …«

Gucky: »Hick.«

Tolot (im Inneren des Taj Mahal): »… Hände …«

Gucky: »Hick.«

Tolot (in der Strengen Kammer eines mexikanischen Bordells): » … los!«

Gucky: »Hick.«

Tolot (an der tiefsten Stelle des Marianengrabens): »Blubb!«

Gucky: »Hickhickhickhickhick.«

Tolot (in einem schneebedeckten Andental, im Inneren des Ätna, im Suppentopf eines ertrusischen Diplomaten, im Sammelbecken obig beschriebener, leider nicht mehr funktionierender Kläranlage und schlussendlich im Guckenheim-Museum): »Scheiße.«

Und endlich, endlich gelang es Tolot, mit einem sanften Schnippen seines Zeigefingers Gucky ins Reich der Träume zu schicken.

IV.
Das Museum

Das Guckenheim-Museum, erbaut im Jahre 2407, ist gefüllt mit Exponaten und Fundstücken aus der Zeit des Krieges gegen die Meister der Insel.

Neben einigen bislang noch nicht identifizierten Maschinen und Gegenständen beeindruckt das Museum den Besucher vor allem durch den sogenannten »Gucky-Flügel«.

Dort finden sich einzig und allein Ausstellungsstücke, die thematisch dem beliebten Mausbiber gewidmet sind, wie zum Beispiel Gucky-Büsten sonderzahl, Gucky-Pokale, Gucky-Briefmarken, antike Gucky-Kinderbücher, Gucky-Zinnfiguren und selbst Gucky-Puppen mit besonders buschigen und langen Schwänzen, die sonst ausschließlich in Sex-Shops vertrieben werden.

Wer, so rätselt ganz Terrania City, ist der unbekannte Mäzen des Museums? Wer steckt hinter dem geheimnisvollen Pseudonym »Guckenheim«?

*

Gucky erwachte mit brummendem Schädel aus seiner kurzen Bewusstlosigkeit. »Vielen Dank, Großer, für deine mitfühlende Hilfe«, murmelte er, während er die Beule an seinem Hinterkopf abtastete.

Tolot ragte vor ihm wie ein dunkler Felsblock auf Beinen hoch. »Ja, glaubst du denn, ich habe Lust, stundenlang auf der Erde hin- und herteleportiert zu werden?»

Mühsam rappelte sich der Mausbiber hoch. »Schon gut, du Monster. Wo sind wir hier eigentlich? Nein, sag nichts – ich erkenne den Saal wieder. Wir sind im meinem – ich meine, im Guckenheim-Museum. Im Westteil. Komm, lass uns rüberwechseln in den Gucky-Flügel, und ich erzähle dir von meinen Heldentaten. Eine Führung dauert knappe sechzehn Stunden.« Vergnügt zeigte er seinen Nagezahn.

»Lass mal bleiben, Kleiner. Die Führung hast du mir schon vier Mal angedeihen lassen. Aber *diesen* Teil des Museums kenne ich noch gar nicht. Manche der Maschinen sind mir gänzlich unbekannt. Jenes riesige Gehäuse dort drüben, das einem altertümlichen Kompressor ähnelt – was ist das? Ein Raumschiff-Prototyp oder gar eine unbekannte Geheimwaffe der MdI?«

Gucky folgte dem Riesen. Die wuchtigen Schritte Tolots hallten im domartigen Raum wider. »Weder – noch, Icho. Das haben terranische Wissenschaftler als einen tefrodischen Zigarettenautomaten identifiziert.«

Der Haluter blickte neugierig umher. »Und dieser Block dort hinten? Diese Schachteln hier?«

Seufzend fügte sich der Ilt in sein Schicksal als Fremdenführer. Er rückte die Sonnenbrille zurecht, deren Gläser zwar seine in Mitleidenschaft gezogenen Augen schonten, aber auch das diesige Licht des verlassenen Saals weiter abdunkelten. »Na gut, Großer. Hier links finden wir ein Duplikat eines Multiduplikators, eine Leihgabe der Firma ›Duplo‹. Neben dem Magnetstrahlen-Entzwirbler steht ein maahksches Methan-Dampfbad, persönliche Leihgabe von Grek-1, dem Sohn von Grek-1 und Enkel von Grek-1. Und dieses runde Gehäuse, mit einem Durchmesser von fast sechs Metern, müsstest du kennen, das ist ...«

»... meine halutische Gulaschkanone! Seltsam. Die ist mir an Bord meines Schiffes schon abgegangen. Wie ist sie hierher gelangt?«

»Ähm. Gehen wir doch weiter. Da, am Ansatz dieses Sockels, siehst du die Lieblingssteckdose von Rakal und Tronar Woolver. Leider schon etwas geschwärzt von übermäßigem Energiedurchfluss. In dieser Box hier« – Gucky trat respektlos dagegen, sodass es metallisch schepperte – »liegt die Ordenssammlung von Don Redhorse für besondere Tapferkeit. Diese, etwas größere Schachtel hingegen« – nun schwang Ehrfurcht in der Stimme des Mausbibers mit – »beinhaltet die Degradierungsschreiben von Brazos Surfat, dem einzigen Menschen, der öfter als ich im Rang herabgesetzt wurde.«

»Beindruckend, mein Kleiner. Und was stellt der Maschinenkomplex mit dem Torbogen dar, dort, ganz hinten?«

»Hm. Diesen Teil des Museums kenne ich selbst nicht. Lass uns das Ding näher begutachten. Verdammt dunkel hier, ich erkenne fast nichts. Kannst du lesen, was da steht, Tolotos?«

Der Riese kniete sich im Zentrum des Torbogens neben dem Ilt nieder, stellte den Sack mit den Pokalen und Urkunden ab und versuchte, einen Blick auf die Schrift zu werfen, die versteckt hinter einem wuchtigen Panel angebracht war. »Tut mir leid, Gucky, aber da komm ich nicht ran, ohne Gewalt anzuwenden.«

Der Ilt kniff die Augen zusammen und entzifferte mühsam: »D-a-n-g-e-r ... Ich hab's! Danger. Das muss die geheime Behausung von Lemy Danger auf einem seiner Risiko-Einsätze gewesen sein! Und dieser rote Knopf dürfte der Öffnungsmechanismus für die Geheimtür sein. Lass mich mal drücken. Ich wollte schon immer mal wissen, wie Siganesen so leben.«

Der Haluter reagierte blitzschnell und trotzdem zu langsam für den neugierigen Mausbiber. »Halt! Nicht, du Torfnase! Danger bedeutet doch …«

Eine Reihe kurzer, fahler Blitze zuckte durch und über den Torbogen. Er begann in bedrohlichem Dunkelrot zu leuchten. Die Bodenfläche glühte auf, als sich die Blitze über den beiden ungleichen Gestalten vereinten. Nebel hüllte Gucky und Icho Tolot ein und ozonähnlicher Geruch füllte die Halle. Ein Klackern und Krachen ertönte, schwoll an und klang nach wenigen Sekunden ab. Als sich der Rauch legte, waren Haluter und Ilt wie vom Erdboden verschluckt.

V.
Im Paradies

»… Gefahr! Danger heißt Gefahr, Gefahr, Gefahr!« Der Haluter stampfte energisch mit dem rechten Fuß auf und schuf ein tiefes Loch im Erdboden.

»Aber sieh doch, Tolot, die vielen schönen Blümlein, die du zerstampfst. Du maßloses Ungeheuer! Und außerdem: Wo siehst du hier *irgendeine* Gefahr?« Gucky schwenkte einen Arm Richtung Horizont.

Und tatsächlich: Den beiden bot sich ein atemberaubender Blick auf eine Naturkulisse, wie man sie sich schöner nicht vorstellen konnte.

Sie standen auf einem Hügel, der nach allen Richtungen sanft abfiel und einen Rundumblick erlaubte. Zu ihren Füßen lag subtropischer Regenwald, aus dem das Gezwitscher und Gekecker mehrerer Vogelarten drang. Es roch exotisch. Keine Wolke stand am Himmel, die klare Luft erlaubte einen fantastischen Fernblick. In Richtung Sonne – Gucky nannte die Himmelsrichtung willkürlich Süden, der rotgelbe Stern stand bereits ziemlich hoch – ging der Wald allmählich in eine savannenhafte Landschaft über, die wiederum von einem hohen, schneebedeckten Gebirge begrenzt wurde.

Ein schmales Rinnsal trat nur wenige Schritte von ihnen entfernt zutage und vereinte sich in Sichtweite mit weiteren Zuflüssen. Der nun größere Bach plätscherte über einen kleinen Felshang hinab in den Wald.

Die offene Wiesenfläche war von verschiedenartigen Blumen bedeckt. Sie zeichneten ein Muster aus gelb, violett und rot. Eine sanfte Brise fuhr aus Norden kommend durch die niedrigen Gewächse.

Gucky pflückte eine der Pflanzen, die einem terranischen Krokus ähnelte. »Oh, sieh nur, großer Haluter«, ätzte der Mausbiber, und hielt die Blume an seinen Hals, »ich werde von dieser mächtigen, fleischfressenden Pflanze bedroht. Rette mich, oh edler Ritter.«

Icho Tolot blieb ernst: »Lass den Unsinn und erklär mir lieber, wie wir hierhergekommen sind. Ich habe da so meine Befürchtungen.«

Der Mausbiber verzichtete vorläufig auf weitere Bemerkungen. Er besann sich seiner militärischen Ausbildung. *In unbekanntem Gelände wird zuerst orientiert und gesichtet, dann gesichert und schließlich erkundet. Keine wagemutigen Aktionen und kein willkürliches Vorgehen*, lautete die Doktrin seines Freunds und Mentors Reginald Bull. Selbstredend, dass sich der Ilt kaum jemals daran hielt.

Im Rücken der beiden ungleichen Gestalten glomm schwach ein Torbogen, der jenem im Guckenheim-Museum glich. Daneben konnte Gucky eine Art Schalttafel auf einem Podest ausmachen. Icho Tolot hatte den sechs Kubikmeter fassenden Leinensack, der Guckys Pokale, Medaillen und Urkunden von der Landwirtschaftsmesse enthielt, achtlos daran gelehnt.

»Ich schlage vor, dass du dich um den technischen Krimskrams dort hinten kümmerst, während ich ein wenig herumespere. Vielleicht kann ich irgendwelche Gedankenimpulse ausmachen.«

Der Haluter blickte ihn misstrauisch an, willigte aber schließlich ein. »In Ordnung, Guckos. In einer Stunde Lagebesprechung. Halte deine Augen offen.«

VI.
Lagebesprechung

»… aufwachen!«

»Brumbl?« Gucky blinzelte gegen die tiefstehende Sonne und streckte sich genüsslich.

»Du sollst aufwachen. Ich hoffe, du hast deinen Rausch endlich ausgeschlafen?« Icho Tolot machte einen Schritt vorwärts und warf einen breiten Schatten über den Mausbiber.

»Wo … gähn … denkst du hin, Großer? Ich habe konzentriert in der Gegend herumgeespert und dabei die Augen geschlossen gehalten. Im Moment der Gefahr werde ich doch nicht meinen Bedürfnissen nachgeben.« Es gelang Gucky tatsächlich, so etwas wie Empörung in seine Stimme zu legen.

»Über deiner konzentrierten Arbeit hast du ganz die Zeit vergessen, scheint mir. Du hast mehr als vier Stunden *geespert*.«

»Tatsächlich?« Das Gesichtsfell des Mausbibers zeigte einen Hauch von Schamesbräune. »Na ja … die Bedingungen … atmosphärische Störungen und so … war nicht leicht, sich bei *dem* Lärm zu konzentrieren … harumph!« Gucky wuchtete seinen Körper mithilfe des Schweifes hoch. »Also, Lagebesprechung: Was hast du rausgefunden, Großer?« Er hob sich telekinetisch auf Gesichtshöhe des Haluters.

Icho Tolot trug die dreiglasige Sonnenbrille um den Hals. Die Mahlzähne, jeder einzelne so groß wie eine Faust des Mausbibers, glänzten im offenen Mund des Riesen. Seine Augen, zehn Zentimeter im Durchmesser, leuchteten rot und bildeten einen starken Kontrast zur dunkelgrauen Gesichtshaut, die die Ohrenöffnungen an den *Schläfen* fast vollends verbarg. Das flache Geruchsorgan im Zentrum des Gesichtes war kaum wahrnehmbar. »Es ist so, wie ich befürchtet habe: Der Torbogen stellt die fixe Gegenstation eines Vario-Zeittransmitters der Meister der Insel dar, der sowohl eine räumliche als auch eine zeitliche Versetzung vornimmt. Einfach unverantwortlich, dass dieses Ding in einem *Museum* herumsteht. Dem unbekannten Spender dieser Leihgabe würde ich gerne einmal meine Meinung geigen.«

»Ähm. Lassen wir das Geigen beiseite. Du meinst also, dass wir *irgendwo* und *irgendwann* gelandet sind?«

»Genau. Mit den beschränkten technischen Mitteln, die ich in meiner Kombination mitführe, lässt sich keine genaue Analyse der Abstrahlrichtung in Raum und Zeit durchführen.«

»Gut, wir wissen also, dass wir nicht wissen, wo und wann wir sind. Aber du kannst den Transmitter doch hoffentlich umpolen?«

Der Haluter blickte nachdenklich, soweit dies mit seinen drei Augen möglich war. »Hm … Nun ja. Wenn ich, hm, da und dort … Vielleicht … und wenn ich … Ich weiß nicht so recht … Hie und da … Möglicherweise … Eventuell … Und dann … Ja! Ich bin fest davon überzeugt, dass ich es schaffen kann. Allerdings benötige ich eine gewisse Weile, um mit meinem Planhirn die nötigen Berechnungen durchzuführen. Ich werde die nächste Zeit etwas geistesabwesend wirken.«

»Was meinst du mit: *die nächste Zeit?*«

»Ich schätze, es wird vier bis sechs Wochen dauern, bis ich die richtige Schaltung am Transmitter herausgefunden habe.«

VII.
Erstkontakt

Der Haluter wuchtete seinen tonnenschweren Körper auf ein Felsplateau und nahm eine starre, kauernde Haltung ein. In seinem Planhirn jedoch ging es, wie Gucky telepathisch feststellte, ordentlich zur Sache.

Der Mausbiber, ein Freund des Symbolismus, übersetzte die geistige Arbeit Tolots in Bilder, in denen der Haluter eine mathematische Formel an einem Amboss stehend mit dem schweren Hammer bearbeitete. Ein anderes Mal hieb er sich mit demselben Hammer auf den Hinterkopf, so dass tschilpende, fliegende Saurier sein Denkzentrum umkreisten und neue Denkanstöße lieferten. Der Ilt kicherte leise vor sich hin. Doch plötzlich …

»Ich habe einen Gedankenkontakt, Tolot.«

Der Haluter reagierte nur langsam, indem er den Kopf zur Seite drehte. Ohne ein Wort zu sagen.

»Alles muss man selbst machen«, brummelte Gucky und fixierte die Richtung, aus der die Gedanken kamen. Ein klarer, sehr fröhlicher und freundlicher Impuls und fünf schwächere, nüchtern und neutral gehalten.

Der Mausbiber stand auf und schwebte hinab Richtung Wald. Gefahr schien keine zu drohen, dennoch bereitete er sich darauf vor, in Blitzesschnelle in Sicherheit zu teleportieren. Jetzt, da er genauer hinsah, konnte er dort, wo der Wald an die Wiesenfläche grenzte, den Ansatz eines Trampelpfades erkennen … Und da tauchten die Einheimischen auch schon aus dem Urwald auf.

»Glück und Freude über dich und deinen Freund«, zwitscherte das Fremdwesen auf tefrodisch, vollführte mit seinen stämmigen Beinen eine perfekte Pirouette und entlockte seinem Instrument, das einer altgriechischen Lyra ähnelte, einen grauenhaft klingenden Akkord. »Gestatten: Mein Name ist Mungo Dscherro.«

VIII.
Dscherro und Footen

Mungo Dscherro war humanoid, knappe 1,50 Meter groß und mit einem weiten Tuch bekleidet, das er in Form einer Toga um seinen Körper geschlungen hatte. Eine Art Lorbeerkranz, von dem ein penetranter Geruch nach Salmiakgeist ausging, saß auf dem breiten, kantigen Schädel. Der schmallippige Mund war sanft nach oben geschwungen, die knöchern wirkende Nase zeigte frech nach vorn, die Ohren waren rund geformt. Die Lider überlappten die Hälfte der beiden Augen und gaben Mungos Gesicht einen schläfrigen, sanftmütigen Ausdruck.

Der könnte von Lemurern abstammen, dachte Gucky. *Nur dieses einzelne, kleine Horn auf der Stirn lässt ihn ein wenig anders wirken.*

Nicht die geringste Form von Aggressivität ging von dem Humanoiden aus. Gucky assoziierte seine Gesamterscheinung spontan mit dem Wort ›nett‹.

»Willkommen auf Koscha, fremder Freund.« Mungo Dscherro verwendete ein Tefrodisch, das abgehackt klang und von hart ausgesprochenen Konsonanten verfälscht wurde, aber dennoch klar verständlich war. »Es freut uns, so bald schon wieder Besuch von den Meistern der Insel zu bekommen. Aber sage mir: Unsere bisherigen Gäste hatten mehr Zähne im Mund als du und weniger Arme am Körper als dein großer Freund. Seid ihr vielleicht die vorausgeeilten Hofnarren?«

»Hofnarren … Meister der Insel … Zähne im Mund?« Ja, wollte der Bursche ihn verschaukeln? Vor lauter Verwirrung vergaß Gucky vollends, im Kopf seines Gegenübers zu espern. Hilflos drehte er sich zu Icho Tolot um, doch der saß mehr oder weniger unbeteiligt auf seinem Felsen, den Kopf auf zwei Fäuste gestützt.

Fragend blickte Mungo den Ilt an.

»Ja, also … Das ist nämlich so … Ich will sagen … Wann, zum Teufel, waren Meister der Insel hier zu Besuch?«, fragte Gucky schließlich.

»Vor zwei Tagen, mein Bester. Einer von ihnen namens Miras-Etrin feierte seinen Geburtstag. Wir Dscherro fanden große Freude daran, ihm und seinen Freunden eine würdige Feier zu bereiten. Und ich sage dir: Es war ein voller Erfolg.«

»Ja, natürlich«, sagte der Mausbiber. Er musste sich so rasch wie möglich aus den wenigen Informationen von Mungo Dscherro einen Sinn zusammenzureimen. Miras-Etrin, bekannt und berüchtigt als Faktor IV, war im Oktober 2405 bei der Schlacht um den Weltraumbahnhof Central-Station ums Leben gekommen. Aber offensichtlich hatte er irgendwann in seinem Leben den gleichen Transmitter wie Gucky und Tolot benutzt, und sich an einen Zeitpunkt versetzen lassen, der sich bis auf zwei Tage an ihre ungewollte Reise angenähert hatte.

Dem Mausbiber schauderte bei dem Gedanken. *Nicht, dass ich Angst hätte vor diesem Monster in Lemurergestalt. Aber wenn ich Miras-Etrin hier begegnen würde, müsste ich eine neue grammatikalische Zeitform erfinden, um mei-*

ne Erlebnisse jemals jemandem schildern zu können. So eine Art Futurquamperfekt Präsens …

»Soso, mein guter alter Freund Miras-Etrin, hehe, war also bei euch zu Besuch. Hat wohl mächtig die Sau rausgelassen, nicht wahr?«

»Wo denkst du hin, edler Fremder?« Mungo Dscherro blickte erstaunt, fast irritiert. »Der Meister der Insel war von der Zehen- bis zur Haarspitze ein vollendeter Gentleman ohne Fehl und Tadel.«

»Waren denn außer ihm schon andere Meister der Insel hier?«

»Ei freilich, kleiner Nager! Alle, bis auf Faktor I. Von Zeit zu Zeit kommen sie auf unsere friedliche Welt, um sich von der Unbill ihrer anstrengenden Tätigkeit, die sie *Arbeit* nennen, abzulenken. Es ist uns eine Ehre, ihnen dienstbar zu sein.«

Es raschelte zu den Füßen Mungo Dscherros. Fünf neugierige Augenpaare blickten fragend aus dem Unterholz.

Zweifelnd sah Gucky auf knapp 25 Zentimeter lange Geschöpfe hinab, die ihn mit hervorquellenden Augen prüften. Sie schienen ihm eine misslungene Mischung aus Wurm und Gurke zu sein. Die beiden Paare langer, biegsamer Extremitäten waren ständig in Bewegung, verknoteten sich hektisch ineinander oder zeichneten merkwürdige Gesten in die Luft. Die Gebärden und ein dünnstimmiges Geschnatter ergaben in ihrer Einheit wohl die *Sprache* der Kleinen. Sie waren zweifellos intelligent, wie Gucky mit einem gedanklichen Blick in ihre Köpfe feststellte – und unendlich wissbegierig.

»Was ist denn das für Fußvolk?« fragte er Mungo Dscherro und benutzte dabei natürlich das tefrodische Wort, *Footen.*

»Fußvolk, haha, sehr witzig, haha.« Mungo kringelte sich schier vor Lachen und zeigte eine imposante Reihe von Reißzähnen, die aus seinem Unterkiefer ragte. »Das sind unsere Freunde und Partner. Harmlose Geschöpfe, von hohem Einfallsreichtum, die uns das Leben mit ihren Erfindungen erleichtern. Im Gegenzug versorgen wir sie mit schmackhafter Nahrung. Footen, haha.«

Die kleinen Wurmgurken ignorierten Gucky mehr oder minder und konzentrierten ihr Interesse auf Icho Tolot, den Koloss, der mittlerweile aufgestanden war. Fast fünfzehnmal so groß wie die Footen ragte er vor ihnen hoch. Gucky stocherte kurz im Planhirn des Giganten umher, fand aber nur gegeneinander mahlende Zahnräder. Tolot rechnete und rechnete und rechnete.

Einer der vorlauten Footen tippte den Haluter an, und als keine Reaktion kam, kletterte er mit atemberaubender Geschwindigkeit an ihm hoch. Hastdunichtgesehen, saßen alle fünf der Wurmähnlichen auf ihm. Sie zerrten, zogen und zupften an Tolots Ausrüstung. Klonk, fiel der sechzig Kilogramm schwere Einsatzgurt mit allerlei Geräten zu Boden. Das Multifunktionsarmband folgte, die etwas verbeulte Sonnenbrille, ein halutischer Zahnstocher, der in Form und Größe einem Stiletto ähnelte, ein paar kindskopfgroße Granitsteine, die Icho in seiner Tasche als Imbiss für zwischendurch behalten hatte, und schließlich, als die Footen unbegreiflicherweise Fäden von der Stärke eines Stahldrahtes gelöst hatten, auch die dunkelrote Allzweckuniform. Lediglich ein pinkfarbener Slip mit Rüschen blieb dem Giganten am Körper. Tolot befand sich gerade in einer weiblichen Phase seines Daseins.

Als die Wurmgurken den Sack mit Guckys Pokalen, Urkunden und preisgekrönten Karotten entdeckten, war es endgültig um ihre Zurückhaltung geschehen. Binnen Sekunden wuselte es in dem riesigen Beutel.

Nach einer Minute war jedes Metallteil, jeder Stofffetzen und jeder Kunststoffrest verschwunden, gestohlen und geraubt. Lediglich ein Häuflein Samen – Daucus Guckindium Superioris™ natürlich! –, das letzte Fässlein Schnaps und ein verkümmertes Bündel Karotten lagen noch am Boden.

»Da soll mich doch der Teufel … was sind denn das für Ausgeburten der Hölle? So rasch hab selbst ich noch nie etwas gestohlen.«

Verzweifelt sondierte Gucky mit seinen telepathischen Sinnen die Umgebung, doch die fünf Footen hatten sich blitzschnell verdrückt und waren mit den Ausrüstungsgegenständen auf und davon. Trotz des hohen Gewichts.

Gerade, als der Mausbiber einem der Wurmgurken hinterher teleportieren wollte, hielt ihn Mungo Dscherro sanft lächelnd zurück: »Keine Angst, Spitzzahn. Meine Footen wollen lediglich ihre Neugierde befriedigen. Metalle und technische Geräte, wie wir sie bereits von den Meister der Insel kennen, ziehen sie wie magisch an.« Ein Schatten huschte über sein Gesicht. »Leider waren die Tamräte unerbittlich und haben den Spieltrieb unseres Fußvolkes unterdrückt. So sprich, mein Freund, bist du nun einer dieser Hohen Herren?«

Mungo Dscherro zeigte ein offenes, freundliches Gesicht, und zupfte gedankenverloren über seine Lyra. Ein Geräusch ertönte, das sich so ähnlich wie PLÖRRÖPKLAOINGGG anhörte. Einige Bäume und Sträucher der Umgebung verloren verzweifelt und auf der Stelle alle ihre Blätter.

Gucky hielt sich entsetzt die empfindlichen Ohren zu. »Schon gut, schon gut, die Footen dürfen unsere Sachen vorerst behalten. Nur hör bitte mit der Musik auf! Selbst mein Freund Tolot bekommt eine Gänsehaut. Und wir sind keineswegs Meister der Insel.«

Der Haluter hatte beim ersten Ton instinktiv seinen Körper molekular umgewandelt und war in eine Starre verfallen. Wie eine Statue aus Terkonitstahl stand er da. Die rüschenbesetzte Unterhose war runtergerutscht.

Ein Hauch von Irritation huschte über Mungos Gesicht. »Verzeih, aber ich arbeite gerade an einer sanften Melodei, die ich *Dscherro Dscherro Lady* nenne. Doch wenn dir meine Musik zu progressiv ist, werde ich mich in eurer Gegenwart zurückhalten.« Er verbeugte sich und lächelte. »Darf ich euch nun in unser Dorf einladen? Ihr werdet doch einen Willkommenstrunk nicht ablehnen?«

Trotz des dscherroristischen Angriffes auf seine Gehörganglien, wie es Gucky insgeheim bezeichnete, erkannte der Mausbiber nicht den Hauch einer Gefahr, die von diesem Wesen ausging. Von Tolot konnte er momentan keine Entscheidungshilfe erwarten. Der Haluter rechnete und rechnete und rechnete. Er würde ihm wie ein Schoßhündchen folgen. Und ein kleiner Schluck eines hoffentlich leicht alkoholischen Getränkes konnte niemals schaden.

Gucky verbeugte sich tief, der noch immer zerwuselte Schweif ragte steil in die Höhe. »Wir nehmen dein Angebot gerne an, Mungo Dscherro.«

IX.
Neue Freunde

Die Dscherro lebten, wie Mungo unterwegs erzählte, in Wohngemeinschaften mit vier oder mehr Mitgliedern. Gucky lag die Frage nach den sexuellen Umtrieben in diesen Sippen auf der Zunge, verbiss sie sich aber.

Koscha war eine äußerst friedliche Welt. Die Dscherro hielten seit Ewigkeiten die oberste Position in der natürlichen Nahrungskette inne, nichts und niemand machte sie ihnen streitig. Ihr Ehrgeiz und ihre Neugierde waren für iltische Verhältnisse schrecklich begrenzt. Selbst für eine vernünftige Namensgebung waren sie zu faul gewesen, sie nannten kurzerhand alles und jeden *Dscherro*.

Die technische Entwicklung schritt nur langsam voran und erfolgte eigentlich nur, wenn die Footen, mit denen sie eine rätselhafte Partnerschaft verband, einen Anstoß dazu gaben.

Die Dscherro siedelten, solange sie sich zurückerinnern konnten, in Steinhäusern, die von künstlerisch begabten Artgenossen liebevoll verziert worden waren. »Künstlerisch begabt« war, wie Gucky bald feststellen musste, ein sehr subjektiver Begriff.

Auf der Erde des 20. Jahrhunderts hätte man den Künstler wahrscheinlich in eine Kohlegrube verbannt, dachte der Mausbiber, als er vor Mungos Behausung stand. *Dort hätte er genauso gut (oder schlecht!) auf Gestein herumhämmern können, und es hätte wenigstens Sinn gehabt. Auf Tramp wäre ein Ilt mit einer solchen Unbegabung telekinetisch ausgepeitscht worden.*

»Darf ich dir meine Mitbewohner vorstellen? Leelewis Dscherro, Musiker wie ich, Springer Dscherro, der eine große Bühnenschau in unserer Arena, dem *Dscherrodrom*, moderiert, und Tomund Dscherro, der hiesige Kammerjäger.« Mungo deutete der Reihe nach auf Artgenossen, die kaum voneinander zu unterscheiden waren.

»Als Zeichen der Freundschaft ist es bei uns üblich, Geschenke auszutauschen«, sagte Mungo. Er eilte in das Haus und kam gleich darauf mit zwei wie Bananen geformten, hölzernen Gegenständen wieder, die an Lederbändern hingen und innen hohl waren. »Wir schenken euch diese Hornschützer, gefertigt von unserem großartigen Meister Cotton Dscherro. Mögen euch mächtige und prachtvolle Hörner wachsen.«

»Das hoffe ich nicht, sonst müsste ich mit Iltu ein ernsthaftes Wort reden«, murmelte Gucky. Laut sagte er: »Wir danken vom ganzen Herzen und überreichen euch diesen … ähm … wunderbaren Samen, der binnen kurzem eure Speisekarte mit dem besten Gemüse des Universums, der Daucus Guckindium Superioris™ bereichern wird.« Der Mausbiber zwinkerte mit einem Auge. »Vielleicht verrate ich euch noch mein Rezept für einen leicht alkoholischen Karottenschnaps.«

*

Die weitere Begrüßung verlief freundlich und dennoch mit einer gewissen Distanz. Die Dscherro waren peinlich genau auf gute Umgangsformen bedacht. Gucky zügelte seinen sonst so legeren Ton der Höflichkeit halber.

»Willkommen, großohriger Fremder«, sagte Leelewis, »willkommen in Dscherrobyl. Es freut uns, schon so rasch wieder Besuch von anderen Welten zu bekommen.« Ehrfurchtsvoll blickte er auf den halutischen Riesen, der der Gruppe hinterher getrottet war und wie ein Felsblock in der untergehenden Sonne stand. »Ist das dein Weibchen?« fragte er Gucky.

»Nein. Mein Diener.« Gucky verbiss sich ein Lachen. »Er hat ein Schweigegelübde abgelegt und wird erst wieder sprechen, wenn er sein Liebstes wiedergefunden hat, ein rotborstiges Wesen namens

Bully. Habt ihr es vielleicht gesehen?« Der Ilt stellte sich auf die Zehenspitzen und flüsterte Leelewis ins Ohr: »Im Vertrauen: Bully ist das hässlichste Geschöpf, das jemals das Licht einer Sonne erblickt hat. Aber über Geschmäcker lässt sich bekanntlich streiten.«

Indigniert drehte sich der Dscherro zur Seite und rümpfte die Nase.

Hmpf! Humor besitzen sie also keinen. Gucky lenkte schnell vom Thema ab. »Ihr habt vorher eine Arena erwähnt, das *Dscherrodrom.* Ich nehme an, dass diese Arena friedlichen Zwecken dient?«

Springer Dscherros Augen leuchteten vor Begeisterung. »Nein, Meister Nagezahn! Das Dscherrodrom – übrigens ein äußerst attraktiver Neubau, gestaltet von unseren besten Architekten – ist das Zentrum der Stadt, in dem wir unsere Kräfte messen. Alle Streitigkeiten, für die keine friedliche Lösung gefunden werden kann, werden dort im Zweikampf entschieden. Unbarmherzig und gnadenlos.«

*

Gucky verzichtete darauf, in Springers Gedanken nachzustochern, was es mit diesen Zweikämpfen auf sich hatte. Er konnte es sich schon vorstellen. Eine übertrieben friedliche Gesellschaft benötigte ein Ventil, um natürliche Aggressionen abzubauen.

Tödliche Schwertkämpfe in einer staubigen Arena, die Massen toben, schwitzende und blutüberströmte Wesen messen sich mit primitiven Waffen – panem et circenses. Diese Humanoiden sind halt alle gleich.

Gucky zuckte mit den Achseln. Es stand ihm nicht zu, über die moralischen Werte eines ihm völlig fremden Volkes zu urteilen.

Springer sagte: »Heute Abend moderiere ich eine besonders spannende Auseinandersetzung zwischen zwei der anerkanntesten Bürger Dscherrobyls. Bürgermeister Nenko Dscherro wird zur Show kommen. Wollt ihr nicht unsere Gäste sein?«

Gucky sah sich in der Falle. Einerseits verachtete er primitive Gladiatorenkämpfe, andererseits würde er seine Gastgeber möglicherweise tödlich beleidigen, wenn er »Nein« sagte. Vom Haluter konnte er keine Entscheidungshilfe erwarten. Der rechnete und rechnete und rechnete.

Schweren Herzens sagte Gucky zu.

X.
Das Dscherrodrom

Es sah düster aus für das dscherroische Bauwesen. Die Arena bestand aus einer losen Übereinanderhäufung wackeliger Tuff- und Sandsteine, die mit einer stinkenden, geleeartigen Masse aneinandergeklebt worden waren. »Wir nennen das Bindemittel *F-K*«, klärte ihn Mungo Dscherro auf.

Gucky verzichtete darauf, weiter nachzubohren.

Springer Dscherro wies Gucky und den Haluter in eine Ehrenloge in der ersten Reihe. Eine gute Idee, angesichts der vier Tonnen Lebendgewicht Icho Tolots. Schaudernd blickte der Mausbiber die steilen Ränge nach oben. Zig Tausende Dscherro nahmen ihre Plätze ein. Gucky und Tolot waren neugierig und respektvoll, aber keineswegs ängstlich begutachtet worden. Die Gehörnten waren den Besuch fremdartiger Lebewesen gewöhnt.

Die winzigen Footen hielten einen eigenen Sektor im kreisrunden Dscherrodrom, der ihrer Größe angemessen war. Manche Dscherro hoben Transparente mit unidentifizierbaren Schriftzeichen hoch, wohl, um den von ihnen favorisierten Arenakämpfer anzutreiben.

Erwartungsvolle Stille breitete sich aus, nur da und dort knirschte einer der Steinquader.

»Hier kommen sie, liebe Freunde!« Die tiefe, dröhnende Stimme Springer Dscherros hallte über das Dscherrodrom. Wilder Applaus brandete auf, die Transparente wurden geschwungen, Schlachtgesänge angestimmt. Es war deutlich, dass das Stadion von zwei Fangruppen in annähernd gleich große Lager geteilt wurde. Lediglich die Footen bildeten eine kleine Insel der Ruhe inmitten des Begeisterungssturms.

Sand und kleinere Steine rieselten zu Boden, als die Dscherro im Rhythmus ihrer Lieder zu springen begannen.

Der Ilt fühlte sich mehr als unwohl. Er wandte sich an Mungo Dscherro: »Meinst du nicht, dass die Arena bei diesem Trubel einstürzen könnte?«

»Wo denkst du hin, Gucky! Das Dscherrodrom hat schon wesentlich wilderen Begegnungen standgehalten. Der letzte Einsturz ist beinahe ein Jahr her.« Der Dscherro hielt den Blick auf die Sandarena fixiert, während er sprach.

»Ein ganzes Jahr? Toll.« Der Mausbiber schluckte.

»Nicht wahr? Es mag auch nur ein Monat her sein, wir haben's nicht so mit der Zeit. Da, da ist er! Guevara Dscherro, der Liebling der Massen! Und da kommt der Andere! Der große, alte Mann. Mino Dscherro!«

J*etzt* bebte die Arena wirklich. Felsbrocken lösten sich und fielen in die Tiefe, tiefe Spalten öffneten sich knirschend und eine Staubwolke erhob sich über der Arena.

Die dscherroische Kultur schien mit einem riesigen Gebäudekollaps unterzugehen, noch während die Gehörnten ihre beiden Favoriten anfeuerten, doch dann …

Hunderte, ja tausende Footen kamen sekundenschnell von allen Seiten herbeigekrochen und gelaufen. Sie strömten zu den Stellen, an denen das Dscherrodrom zusammenzubrechen drohte, krochen in die Spalten und Risse, und …

Gucky benötigte nicht mehr viel Fantasie, um sich auszurechnen, wofür die Abkürzung F-K des Bindemittels stand: für »Foot-Kot«. Der Lärmpegel sank, die Dscherro beruhigten sich. Der drohende Einsturz des Dscherrodroms war abgewendet, und es begann, bestialisch zu stinken.

XI.
Die Kontrahenten

Mino Dscherro schritt würdevoll in die Mitte der Arena. Er war kleiner als der durchschnittliche Dscherro. Borstenartige Haare standen ihm zu Berge. Hinter einem Ohr hielt er einen Federkiel geklemmt, in der rechten Hand trug er eine abgetragene, schwarze Tasche.

»Die Zunftzeichen der Literaten«, flüsterte Mungo. Es wurde totenstill geworden im Dscherrodrom.

Guevara Dscherro kam von der anderen Seite der Arena angetrottet. Wie sein Kontrahent hatte er an einem kleinen Wohlstandsbauch zu tragen, wie Gucky belustigt feststellte. Bis er an sich selbst hinabsah und verschämt den Wanst einzog.

Guevara hatte eine Art Krawatte umgebunden, die ihm eine würdevolle Ausstrahlung verlieh. Eine Brille saß auf seinem Nasenorgan.

»Er ist ein hoher Regierungsbeamter«, flüsterte Mungo respektvoll. »Und jetzt bitte Ruhe. Es geht gleich los. Das wird eine Schlacht!«

Springer Dscherro begrüßte die beiden Kontrahenten in der Mitte der Arena und bat sie zu einem eilig herbeigeschafften Tisch.

Ein Tisch und zwei Sessel?! Ja, hauen sie sich gegenseitig die Möbel über die Schädel? Guckys Verstand zweifelte an dem, was er sah. Tolot saß neben ihm und rechnete und rechnete und rechnete.

Springer Dscherro erhob die mächtige Stimme. »Wir sind heute zusammengekommen, um folgenden Konflikt zwischen den Kontrahenten auszudiskutieren: Während eines gemeinsamen Frühstücks in der WG hat Guevara seinen Freund Mino mit den Worten: ›Das finde ich aber nicht in Ordnung!‹ bedacht. Mino Dscherro ist naturgemäß aufgebracht ob dieser Entgleisung und fordert eine öffentliche Entschuldigung, die Guevara mit dem Hinweis auf einen seit Jahren schwelenden Konflikt bezüglich der Badezimmerordnung verweigert. So ist die Ausgangslage. Ich bitte nun, euch zu setzen, und das Streitgespräch zu beginnen.«

Tosender Applaus brandete auf, es bröselte im Gebälk des Stadions, es begann wieder zu stinken, und Gucky verstand die Welt nicht mehr.

Der wohltönende Bariton Minos erklang: »Nach dir, mein Freund.«

Guevara antwortete: »Aber nicht doch, lieber Kollege, nach dir.«

Einzelne Begeisterungsschreie ertönten im Publikum.

Mungo flüsterte zu Gucky: »Das ist die carthenensische Eröffnung. Phantastisch!«

Mino fuhr fort: »Aber ich bitte dich! Nach dir.«

»Wir wollen uns doch hier nicht streiten. Nach dir.«

Mungo war wie viele andere Dscherro kaum noch zu halten. Er schrie: »Sie wählen beide die Offensiv-Variante! *Das* wird ein Abend!«

*

Nach knapp fünfzehn Minuten fiel Gucky in einen seligen Schlaf. Das Fluchen Icho Tolots weckte ihn Stunden später.

»Mist!«, schimpfte der Haluter. »Ich war ganz knapp dran an der Lösung, und dann bin ich durch das Gequatsche eingeschlafen. Jetzt kann ich wieder von vorne beginnen.« Sprach's, setzte sich zurecht und begann erneut zu rechnen.

Mittlerweile war es vollends dunkel geworden. Fackeln erhellten die Arena.

»Sind das etwa F-K-Fackeln, Mungo?« fragte Gucky Mungo.

»Woher weißt du das?«

»Ich habe einen guten Geruchssinn.« Der Ilt seufzte. »Sag einmal: Wie lange dauert eine solche … Auseinandersetzung?«

»Wie du am Footen-Rundengirl erkennen kannst, ist die Eröffnung bereits abgeschlossen. Die Kontrahenten sitzen nunmehr.«

»Das heißt?«

»Ab jetzt geht es tatsächlich zur Sache. Schau, da kommt Springer Dscherro und wird die Diskussion beginnen.«

Springer räusperte sich und sagte: »Guevara, sind die Worte ›Das finde ich aber nicht in Ordnung‹ tatsächlich mit der vollen Wucht ihrer Bedeutung ausgesprochen worden?«

Guevara, provokant und offensiv bis zum Gehtnichtmehr, antwortete: »Das kann man so nicht sagen, ohne die Hintergründe des Konflikts gründlich zu beleuchten.«

(Donnernder Applaus.)

Mino: »Das kann man wohl behaupten, nachdem mir Guevara schon seit Jahr und Tag mein Recht auf freie Meinungsäußerung beschneidet.«

(Donnernder Applaus.)

In der Folge fiel Gucky, unbemerkt von den enthusiasmierten Dscherro, erneut in einen friedlichen Schlaf, an den Oberschenkel des Haluters gelehnt.

Als sich Gucky zu Mittag wohlig und erholt ausstreckte, schien der ganze Zauber vorbei. Die Arena war halb leer, die beiden Kontrahenten hatten ihre Sitzplätze verlassen.

»Ist es zu Ende, Mungo?« fragte er seinen Sitznachbarn, der gerötete Augen hatte.

»Die erste offizielle Runde, ja«, antwortete der mit heiserer Stimme. »Am Nachmittag geht es weiter. Das Duell ist für vierzehn Tage angesetzt. Einfach phantastisch!« Mit Besorgnis blickte er Gucky an. »Ich hoffe, du und dein stummer Diener seid ob unserer grausamen Wortwahl im Zweikampf nicht erschüttert oder verängstigt?«

Der Ilt seufzte laut. »Nein. Ich habe ab und an einen böseren Spruch vernommen.«

XII.
Die Einladung

Sechs Wochen später:

»Findest du nicht auch, dass wir in einem Paradies gelandet sind, Tolotos?« Gucky biss herzhaft in die apfelähnliche Frucht, kaute und spuckte einige Kerne achtlos aus.

Der Haluter stand gegen einen halb entwurzelten Baum gelehnt. Er gab keine Antwort, denn er rechnete und rechnete und rechnete.

»Bin ganz … schmatz … deiner Meinung, Icho. Auch ich bin sprachlos. Gut, man muss diese merkwürdigen Zweikämpfe akzeptieren, aber so gut und ausgiebig habe ich schon lange nicht mehr geschlafen. Selbst, als letzte Woche das Dscherrodrom endgültig zusammenbrach, bin ich nicht aufgewacht. Ein interessantes Zeugs, dieses F-K. Es hielt die letzten Steinreste selbst dann noch in Form, als die gesamte Statik des Stadions nachgab.«

Mit telekinetischem Schwung schleuderte der Mausbiber die Reste seiner Frucht auf ein nicht unbeträchtlich gewachsenes Häufchen Kompost. »Burps! Waren gar nicht so schlecht, diese Dinger. Schade, dass Mungo nicht mehr als zwanzig davon vorbeigebracht hat.« Ächzend erhob er sich aus der Hängematte. »Wird Zeit, ein paar Turnübungen zu machen. Eins und zwei, eins und zwei, Nagezahn zu den Zehen hinab, Arme weit gestreckt, und eins und zwei, eins und zwei, zwanzig Kniebeugen, eins und zwei, zehn Liegestütze, eins und zwei, vierzig Situps, eins und zwei. Mann, bin ich gut in Form! Aber warum wächst mein zartes Bäuchlein trotz der Gymnastik?«

Verwundert rieb sich der Mausbiber über den Wanst. »Wenn das so weitergeht, kann ich meinen Schniedelwutz bald nicht mehr sehen. Vielleicht sollte ich die telekinetische Unterstützung bei der Gymnastik doch beiseitelassen.« Gucky plapperte und plapperte, so dass er nicht bemerkte, dass sich Mungo leisen Schrittes näherte. Der Dscherro war ihm in den letzten Wochen ans Herz gewachsen. Die einzig unangenehme Eigenschaft dieses zartfühlenden, sensiblen Wesens war seine Liebe zu dem, was er als Musik bezeichnete.

»Verzeihung, Gucky, darf ich kurz stören?«

»Immer und gerne. Was steht an? Du siehst heute so förmlich aus.«

»In der Tat, mein Freund. Ich komme mit einem offiziellen Anliegen. Bürgermeister Nenko Dscherro hat dich und Tolotos zu einem offiziellen Empfang ins Rathaus eingeladen. In drei Tagen findet unser jährliches *Daschka* statt. Wir würden uns freuen, euch begrüßen zu dürfen.«

»Daschka? Das Wort kenne ich noch nicht.«

»Nun, dann lass dich überraschen.« Der Dscherro lächelte geheimnisvoll und entlockte seiner Lyra ein zärtliches KLABADOINGG, so dass sich dem Ilt das Nackenfell sträubte.

Gucky hatte bislang seine Mutantenfähigkeiten vor den Dscherro geheim gehalten. Er sah wenig Sinn darin, die Fremdartigkeit, die er und Tolot auf die Gehörnten sicherlich ausstrahlten, noch weiter zu betonen. Er beschloss, nicht in Mungos Gedanken nachzuschnüffeln, was denn dieses geheimnisvolle Daschka sein konnte.

»Wir freuen uns über die Einladung und werden gerne kommen, Mungo.«

Der Dscherro rieb sich erfreut die Hände. »Dann ist ja alles geklärt. – Sag einmal: Wie will dein Diener jemals sein Liebchen Bully wiederfinden, wenn er nur teilnahmslos herumsteht?«

Der Mausbiber ließ schelmisch seinen Nagezahn aufblitzen. »Oh, da mach ich mir keine Sorgen. Die werden sich schon irgendwann wieder über den Weg laufen.«

*

»Unsere Dscherro erwarten sicherlich ein Gastgeschenk. Was könnten wir ihnen nur anbieten? Deine rüschenbesetzte Unterhose? Meinst du wirklich, Freund Tolot?«

Der Haluter rechnete und rechnete und rechnete und gab keinen Ton von sich.

»Ich befürchte, das könnte selbst die F-K gewöhnten Dscherro erschrecken. Aber warte mal! Meine Samenkulturen, die die Gehörnten ausgesät haben, sind schon zu wunderbaren Karotten herangereift. Ein fantastisches Gemüse-Klima haben die hier auf Koscha. Wenn ich heute mit der Ernte beginne, mir die Footen ein wenig zur Hand gehen und sie bis morgen eine Brennerei hinstellen, könnte ich in drei Tagen einen wunderbar frischen Karottenschnaps kredenzen, der ihnen die Unterwäsche auszieht. Wenn *das* kein passendes Gastgeschenk ist!«

Die Augen des Haluters leuchteten kurz auf.

Gucky runzelte die Stirn. »Die Footen, hm … Die sind meine einzigen Sorgenkinder in diesem paradiesischen Tal. Ein derartiges technisches Geschick habe ich noch nie erlebt. Mit den wenigen Requisiten und Materialien, die sie aus deiner Ausrüstung und meiner Pokalsammlung gestohlen haben, haben sie in wenigen Wochen mehrere technologische Quantensprünge vollzogen. Wie man aus einem Orden einen Lötkolben und aus einem Gürtel eine C-64-Spielkonsole basteln kann, ist mir ein Rätsel. Und dieses benzinbetriebene Fahrzeug, das sie über eine Firma namens *Dschenerral Motors* vertreiben, mit einem Brennstoff-Versorgungsnetz kombiniert, das sie *Dschell* nennen. Gestern hab ich zwei der Wurmgurken dabei ertappt, als sie mit toxischem Haluter-Dung herumexperimentierten und fast die halbe Stadt in die Luft sprengten. Ich befürchte, wenn ich nicht bald einschreite, wird das schlimme Folgen für Dscherrobyl haben. Aber darum kümmern wir uns ein anderes Mal. Jetzt sollen mir die Footen möglichst schnell eine Fusel-Brennerei auf die Beine stellen.« Der Mausbiber beendete seinen Monolog und ging mit erhobenem Schweif davon.

Der Haluter rechnete und rechnete und rechnete.

XIII.
Im Rathaus

Das Innere des Gebäudes glich einer architektonischen Geschmacklosigkeit allerhöchster Güte. Die steingewordene Parodie eines Dscherro, der auf einem zierlichen Beinchen stand, mit einem Instrument ähnlich einer Querflöte bewaffnet, thronte inmitten eines rosafarbenen Springbrunnens im Innenhof des Amtshauses. Das pastellgrün gefärbte Wasser schoss in dünnen Fontänen aus den Öffnungen der Flöte. Ein dscherroisches Orchester ohne Takt und Geschmack, das auf einem Podest in Form einer Muschel saß, ließ derart unmusikalische Tonfolgen erklingen, dass sich dem Mausbiber die Zehennägel einrollten.

Gucky wünschte sich sehnlichst einen Zellaktivator herbei, der mit seinen beruhigenden Impulsen den Herzschlag hätte senken können.

Opulente Plüschbehänge allerorten, süßlich-schmieriger Parfüm-Duft, schwülstige Farben, balletttanzende Footen, billiger Strassbehang und das Licht reflektierende Glitzerkugeln – man reiche mir den versteinerten Gemüseschäler meiner Urahnen zur rituellen Selbstentleibung, dachte Gucky.

Der Mausbiber riss sich zusammen und machte gute Miene zum bösen Spiel, als er Nenko Dscherro entgegentrat. *Gott sei Dank legt es mir ein jeder als Lächeln aus, wenn ich den Nagezahn herzeige. Wenn man wüsste, was es tatsächlich bedeuten kann.*

Den rituellen Hornschutz hatten er und Tolot sich zur Feier des Tages auf die Stirn gepappt. Dass er dabei das mittlere Auge des Haluters verdeckte, hatte der Ilt grinsend in Kauf genommen.

»Vielen Dank für die Einladung zum Fest, mein lieber Bürgermeister.« Gucky schüttelte dem stark gebauten Gehörnten die Hand. »Es ist uns eine Ehre, am Daschka teilnehmen zu dürfen.« *Was auch immer das sein mag.* »Dürfen wir dir als bescheidenes Zeichen unserer Verbundenheit mit dem Volk der Dscherro ein Fass, gefüllt mit einem lebensspendenden Getränk, überreichen?«

Tolot war wie immer dem Mausbiber hinterher getrottet und legte das zwei Hektoliter fassende Gebinde nach einem sanften, aber bestimmten telekinetischen Tritt in seinen Hintern zu Boden.

»Ich möchte dich bitten, den Saft nach dem Essen zu servieren. Die sanfte Wirkung des Getränkes wird den Abgang der Nahrung beschleunigen.« Diesmal war Guckys Grinsen echt.

»Ei der Daus, ihr macht mich verlegen«, antwortete der Bürgermeister und wippte auf seinen breiten Füßen hoch und nieder. Er wurde rot, was einen seltsamen Kontrast zur pastellfarbenen Bemalung der

Räumlichkeiten bildete. »So lasset mich als Danksagung, nachdem wir uns Speis und Trank hingegeben haben, unser nationales Heldenepos vortragen. Ihr werdet erstaunt sein über Wucht, Kraft und dennoch Eleganz dieser uralten Verse unseres antiken Reimeschmieders Atrie Dscherro, dessen Titel ›Ode an die Elegie‹ bereits viel über den Inhalt verrät.«

Gucky schluckte schwer. »Es ist uns eine besondere Freude, lieber Nenko.« Sein Nagezahn bohrte sich schmerzhaft in den Unterkiefer. »Sag einmal: Wie wird man bei euch Bürgermeister?«

Der Dscherro blickte erstaunt drein. »Die Wahl findet natürlich anlässlich eines Redewettkampfes im Dscherrodrom statt. Sagt bloß, ihr kennt eine andere Möglichkeit, den Ersten Bürger zu erküren?«

XIV.
Daschka

Die gesamte Bevölkerung Dscherrobyls schien in der riesigen Halle versammelt zu sein. Das Bankett-Essen, ein ausgezeichneter Gemüseeintopf mit sehr vielen Karotten der ersten Ernte, wurde durch Rezitationen und Gesänge mehrerer Künstler im Geschmack abgetötet.

Tolot rechnete und rechnete und rechnete, während er aß und dabei drei der großen Kochtöpfe mit verschmauste. Gucky wartete indes verzweifelt auf den Anstich des Fasses mit dem Karottenschnaps, um seinen Schmerz ertränken zu können.

Die Footen hatten am Vortag Unglaubliches geleistet: Ein paar einfache Zeichnungen und wenige Erklärungen hatten gereicht, um den Wurmgurken die Funktionsweise einer Destillerie begreiflich zu machen. Die Brennerei hatte binnen weniger Stunden gestanden, der Mausbiber hatte lediglich ein paar Feinjustierungen vornehmen müssen. Unbegreiflicherweise diente ein Chrombügel von Tolots Sonnenbrille als Kurbel, mit der die Karottenmaische in die Presse befördert wurde.

Bürgermeister Nenko Dscherro erhob sich mühsam. »Liebe Mit-Dscherro«, begann er würdevoll, »es ist mir eine große Ehre, im Beisein unserer lieben Gäste Gucky und Tolot das diesjährige Daschka zu eröffnen. Nach diesem delikaten Mahl, das durch das Gastgeschenk Guckys, der Daucus Guckindium Superioris™ angereichert, unsere Mägen erfreut hat, richten wir unsere Bitten an die Götter der Fruchtbarkeit. Mögen sie uns hold sein und für zahlreichen Nachwuchs sorgen.«

Götter der Fruchtbarkeit? Das Daschka ist ein Fruchtbarkeitsfest?!

Der Mausbiber wandte sich beunruhigt an Mungo, der neben ihm saß und gerade sein letztes Stück Karottentorte, das sechzehnte, verspeiste. »Wenn ich das richtig verstanden habe, sorgt ihr beim Daschka für … ähm … Nachwuchs?«

Der Dscherro nickte vergnügt und mit vollen Wangen.

»Nicht, dass du das in die falsche Kehle bekommst, mein Freund, aber Tolotos und ich werden uns dann mal zurückziehen. Ich glaube kaum, dass wir euch bei eurem Treiben unterstützen können. Außerdem habe ich schreckliche Migräne.«

»Keine … schmatz … Angst, Gucky. Es tut mir leid, ich hätte dich schon früher über das *Daschka* aufklären sollen. Mampf. Es ist so: Unser Bürgermeister wird in den nächsten zehn bis zwölf Stunden mit feurigen Reden für das notwendige Ambiente sorgen, um uns in Stimmung zu bringen. Du verstehst? Nur in einem passenden Umfeld, das von den größten Architekten, Steinhauern, Dichtern, Sängern, Malern, Rednern sowie Putzfrauen geformt wird, finden wir Lust und Laune zur Fortpflanzung. Wenn unsere maximale künstlerische Sättigung erreicht ist, ziehen wir uns jeweils zu zweit in die Rathaus-Separées zurück und erzeugen glückliche, zufriedene Dscherro-Kinder.«

Der Mausbiber schluckte schwer. »Du meinst: Ihr braucht die … Kunst … für den Sex? Und das Rathaus ist in Wirklichkeit ein riesiges Puff?«

»Ich kenne das Wort *Puff* zwar nicht, aber wenn du meinst, was ich meine, das du meinst, dann meinst du richtig. Schmatz.«

Der Bürgermeister unterbrach ihre Unterhaltung. »Bevor wir uns den Festfreuden hingeben, möchte ich einen Toast aussprechen. Einen Toast auf unsere neugewonnenen Freunde, Gucky und Tolot! Sie haben uns ein weiteres Gastgeschenk gebracht, das sich Karottenschnaps nennt und leicht alkoholisch ist, was auch immer das sein mag. Trinken wir also auf unsere außerirdischen Freunde. Prost!«

Footen in Diener-Livrees wuselten herum und verteilten gefüllte Trinkhörner an alle Dscherro aus. Ein vieltausendstimmiges »Prost!« hallte von den hohen Wänden wider, und wie auf ein Kommando stürzten die Einhörningen das schwergeistige Getränk hinab.

Sie kennen keinen Alkohol? Puh, hoffentlich habe ich keinen Fehler gemacht.

Guckys Sorgen schienen unbegründet. Einzelne Dscherro zogen scharf die Luft ein, und von ein paar Seiten erklang ein gereiztes Husten. Doch sonst blieb es ruhig.

»Ein wenig ungewohnt, lieber Gucky«, sagte Mungo Dscherro, »aber sehr geschmackvoll.« Er hüstelte. »Ich bitte euch, bleibt noch ein wenig. Die Rezitationskünste unseres Bürgermeisters Nenko sind wahrlich phänomenal. Ich bin überzeugt, dass wir heuer viele, viele kleine Dscherro zeugen werden.«

Nenko erhob sich und begann mit voller Stimme: »Es begab sich in alten Zeiten, als der Vater aller Dscherro, Myrdin, aus den Nebeln des legendenumrankten Landes Dscherro Salem in unser jetziges Paradies flüchtete. Unzählige Gefahren wie das Große Silbenrätsel von Steiba oder den Reimkampf gegen die unheimlichen, gar gräuslichen F'Kam musste er auf seinen Reisen meistern, bis er endlich an die Gestade unseres Eilands gespült wurde. Lasset mich von Myrdins Abenteuern erzählen – aber zuvor hätte ich noch gerne einen Schluck von diesem wundersamen Saft. Gluck.«

Gucky wetzte unruhig auf seinem weichen Polster hin und her. Eine zehnstündige Ansprache … Er hatte doch gerade erst eine längere Dscherrodrom-Auseinandersetzung hinter sich gebracht!

Eigentlich witzig. Nicht die Wangen der Dscherro werden rot vom Alkohol, sondern die Hörner. Wenn die den Schnaps weiter so in sich hineinschütten, wird's heute nichts mehr mit der Fortpflanzung. Und dennoch … die ersten Pärchen setzen sich schon ab. Ich vermute, die Footen führen sie in die Separees. Würde mich nur interessieren, wer denn da das Männlein und wer das Weiblein spielt. Ich kann keinerlei geschlechtsspezifischen Unterschiede erkennen. Vielleicht, wenn ich einen kurzen Blick in ihre Gedanken werfe? – Aber pfui, du alter Drecksack! Lass ihnen doch ihr Vergnügen und ihre Privatsphäre.

Die Erzählung des Bürgermeisters gewann an Schwung. Laut tönend berichtete er über die Heldentaten des Dscherros Myrdin, als dieser sich durch zahlreiche Kulturkämpfe prügeln musste, und vergaß dabei nicht, ab und zu einen klitzekleinen Schluck des Karottengebräus zu sich zu nehmen. Selbst die Footen bedienten sich mittlerweile eifrig am Schnaps.

»… und dann, im Zustand völliger Erschöpfung, passierte es! Myrdin sagte zu seinem Freund: BURRRPS!«

Totenstille.

Alle Gehörnten blickten geschockt auf den Bürgermeister, der lauthals in seine Erzählung gerülpst hatte. Ein unfassbarer Fauxpas war für die feinsinnigen und kultivierten Dscherro geschehen.

Guckys Barthaare zitterten. *Habe ich mit meinem Schnaps für diese kleine Unstimmigkeit gesorgt? Lächerlich! Das kann doch in den besten Familien vorkommen.*

Tolot saß neben ihm und rechnete und rechnete und rechnete.

In die Stille hinein erklang ein raues Kichern, das sich zu einem volldröhnenden Lachen steigerte. Es stammte von Mungo Dscherro, dessen Horn rotglühend leuchtete. Tomund, Springer und Leelewis, seine Freunde, die in unmittelbarer Nähe saßen, fielen ein. Wellenartig breitete sich das Gelächter aus, bis der ganze Saal zu beben schien.

Der Bürgermeister goss sich Karottenschnaps nach, grinste und leerte das Horn in einem Zug. Er brüllte: »Scheiß drauf! Diese Gedichte gingen mir immer schon auf den Geist. Kommt, lasst uns endlich ficken!«

Ein seltsamer Geruch verbreitete sich, die Lufttemperatur stieg markant an. Als wären die letzten Worte des Bürgermeisters ein Kommando gewesen, brachen Lärm und Hektik aus. Die Dscherro fielen mit rotglühenden Hörnern übereinander her, prügelten und schlugen sich. Geschirr und Teller flogen durch die Gegend, so dass der Ilt einen telekinetischen Schutzwall rings um sich errichten musste.

»Beruhigt euch doch,« piepste er, so laut er konnte, in das beginnende Chaos. »Ein kleiner Schluck von meinem leicht alkoholischen Getränk wird euch doch nicht aus der Fassung bringen!«

Guckys Rufe verhallten ungehört. Ringsum wälzten sich die Dscherro kämpfend über den Boden. Wut- und hasserfüllte Schreie, die ihn an jene ringkämpfender Ertruser erinnerten, gellten durch den Saal. Sie rissen und zerrten aneinander, an allem, dessen sie habhaft werden konnten. Erstes Blut – grünes Blut - begann zu rinnen.

»Tolot, du musst was unternehmen! Bitte! Ich glaube, ich habe einen kleinen Fehler gemacht.« Verzweifelt rüttelte der Mausbiber an einem Arm des Haluters, und tatsächlich – er drang zu seinem Gefährten durch.

»Stör mich jetzt nicht, Guckos. In einer Stunde habe ich die Lösung«, antwortete Icho und versank wieder in seinen Berechnungen.

Neben Gucky wälzte sich Mungo auf einem anderen Dscherro, es war Tomund. Er zerrte an dessen Horn, riss es hin und her, bis es sich mit einem lauten Knacks von der Stirn löste.

»Autsch, das tut weh.« Der Ilt zuckte zusammen.

Tomund Dscherro wehrte sich nach Leibeskräften. Er drückte die Arme seines Gegenübers ruckartig beiseite und schlug mit der linken, geballten Faust auf dessen Stirn. Wieder spritzte Blut, wieder flog ein Horn zur Seite. Und dann geschah etwas, das der Mausbiber sein Leben lang nicht vergessen würde: Ein Foote kroch über die ineinander verkeilten Dscherro-Massen herbei und sonderte gallertartigen Schaum ab. Er stürzte sich auf die Stirnwunden der beiden Kontrahenten und befeuchtete sie mit der Gallerte. Mungo und Tomund würgten, schlugen und kratzten sich mit ungeheurer Brutalität, während sie die Köpfe aneinanderlegten. Ein Stöhnen und Ächzen erklang, das nun nicht mehr nach Kampf klang, sondern nach … Lustschreien. Die Köpfe der beiden, mit dem Footen um die Stirn gewickelt, bildeten einen eigenartigen Ruhepol im Kampf der Dscherro, der mit unverminderter Intensität weitergeführt wurde.

»Die beiden haben Sex! Und die kleine Wurmgurke liefert das Gleitmittel.« Fassungslos und angewidert zugleich wandte Gucky sich ab. Doch wohin sollte er blicken? Allerorten hatten die Dscherro in Paaren zueinander gefunden. Sie wälzten sich in wilder Ekstase, während sie aufeinander einprügelten.

Ich befürchte, der Karottenschnaps war kein kleiner, sondern ein mittlerer Fehler, dachte der Mausbiber und versteckte sich hinter dem breiten Rücken des Haluters. Der saß, stoisch wie ein Fels in der Brandung, inmitten des sexuellen Chaos, und rechnete.

»Prost«, sagte der Mausbiber und leerte sein Trinkhorn in einem Zug.

XV.
Eine winzige Veränderung

Die Schlacht – anders konnte es der Mausbiber nicht nennen – war kurz und schmerzhaft. Nach einer knappen terranischen Stunde lagen völlig ermattete Dscherro auf-, neben- und übereinander. Keiner von ihnen hatte mehr ein Horn auf der Stirn. Die Footen waren verschwunden. Dort, wo ein Stück des Bodens zu sehen war, breitete sich grünes Blut aus.

Der Ilt stieg mühsam vom Kopf des Haluters hinab, auf dem er Zuflucht gefunden hatte. Mungo lag quer über den Schoß Tolots und rauchte etwas, das einer Zigarette ähnelte. Nenko, der Bürgermeister, hing nicht gerade anmutig auf einem Lüster, der langsam hin- und herpendelte.

»Hehe«, sagte Gucky in die Stille. »Ihr geht ja ganz schön zur Sache. Meint ihr nicht auch, dass es nun an der Zeit wäre, wieder ein paar schöne Gedichte aufzusagen?«

Erst ein, dann ein paar Dutzend und schließlich tausende Augenpaare drehten sich ihm zu. Etwas hatte sich in ihren Blicken verändert; etwas, das der Mausbiber gar nicht gerne sah.

»Mehr«, knurrte Mungo.

»Mehr, mehr, mehr, MEHR!« Die Dscherro waren aufgesprungen und starrten in Richtung der beiden Gefährten.

»Was mehr? Wollt ihr Karotten?« Gucky fühlte sich äußerst unbehaglich.

»NEIN!« Die Enthörnten starrten ihn an und rückten näher.

»Wollt ihr terranische Poesie?« Der Ilt schluckte.

»Nein!« Der Kreis um ihn und den Haluter schloss sich.

»Ja, was wollt ihr dann?«

«Ka-rot-ten-schnaps, Ka-rot-ten-schnaps!«, skandierten die dscherroischen Massen.

Bürgermeister Nenko sprang vom Lüster herab und bahnte sich brutal eine Gasse durch die Menge. Ein Dutzend Footen folgte ihm, einen schweren Sack hinter sich her ziehend.

»Rübenzahn«, knurrte er. »Du und dein fettes Weiblein, ihr werdet sofort unseren Planeten verlassen. Wir lassen euch aus … Dankbarkeit … am Leben. Ihr habt uns unser wahres Ich gezeigt. Euer Karottenschnaps wirkte als Katalysator und brachte hervor, was wirklich in uns steckte. Doch jetzt geht. Die Brennerei, die die Footen errichtet haben, wird uns weiteren Alkohol liefern und dann … dann werden wir den Weltraum erobern!«

Das Gebrüll, das ihm antwortete, war markerschütternd.

»Verschwindet jetzt, oder sterbt!« Nenko beugte sich bedrohlich zu Gucky herab.

»Mungo, tu doch was! Komm zur Besinnung!«, piepste Gucky verzweifelt. *Was habe ich hier bloß angerichtet?*

»Ich werde dir in deinen kleinen Arsch treten und dir den lächerlichen Schweif ins Maul stopfen, wenn du nicht augenblicklich abhaust«, sagte Mungo und knurrte aggressiv.

Lautes Gelächter erklang.

Einer der Footen kletterte an Nenko hoch und flüsterte ihm etwas ins Ohr. Gucky legte seine selbstauferlegte Zurückhaltung ab und belauschte telepathisch das Gespräch.

Foote: Wir haben im Geheimen mit der Technik der Fremden experimentiert und dabei sind interessante Dinge entstanden. Willst du sie vielleicht sehen?

Nenko: Weg, du Fruchtbarkeits-Wurm! Ich habe vor, die beiden Fremden zu töten. Ich denke gar nicht daran, sie laufen zu lassen.

Foote: Zufälligerweise können wir dir dabei helfen. Wie wär's mit dem neuesten Dscherringer Plasma-Konverter 45 mit Schleimspritzfaktor Neun? Frisch aus der Fabrik. Umstellbar von Monopustelfeuer auf Phasen-Eiterauswurf, Hornschutz inkludiert, sechs Stunden Garantie, mit Echtheits-Zertifikat.

Hm. Der Bürgermeister kratzte sich einfältig an der Hornwunde. *Und was bedeutet das?*

Foote: Der Dscherringer tötet einen jeden Gegner. Langsam und unter großen Schmerzen.

Nenko, ganz begeistert: Die nehme ich. Ich lasse anschreiben!

»Mein Volk!«, wandte sich der Bürgermeister an seine Leute. »Ich habe wunderbare Neuigkeiten für euch …«

Während Nenko zu seinen Leuten sprach, hämmerte Gucky verzweifelt gegen das Knie des Haluters. »Tolot, schnell, jetzt hör endlich auf mit den Berechnungen! Wir müssen so rasch wie möglich fliehen.«

Der Haluter reagierte nicht.

Mausbiber Guck besann sich seiner militärischen Ausbildung und eines guten Tipps, den ihm Bully einmal gegeben hatte: Mit telekinetischer Feinarbeit stach er nacheinander in Tolots linkes und rechtes Auge.

Icho schrie markerschütternd auf. »Ja, bist du denn von allen guten Geistern verlassen? Ich hatte die Lösung greifbar nahe. Noch zwei, drei Minuten, und …«

»Das ist im Moment einerlei«, unterbrach ihn Gucky. »Dann werden wir eben improvisieren. Aber jetzt müssen wir abhauen.«

Die Dscherromassen, hochgeschreckt durch den Brüller des Haluters, kreisten die beiden ein. Klobige, kräftige Arme griffen nach ihnen, während mehrere Footen eine Waffe von zwei Metern Länge in Position brachten.

»Zerquetscht, zerreißt und tötet sie!«, schrie Mungo und holte zu einem mächtigen Schlag aus.

Seine Faust zerteilte nur noch die Luft. Der Mausbiber hatte sich und den Haluter per Teleportation in Sicherheit gebracht.

XVI.
Geordneter Rückzug

Gucky setzte sie beide in der Nähe jenes Hügels ab, auf dem der Transmitter stand. Er esperte in Richtung der Dscherro.

»Tolotos«, drängte er, »wir dürfen keine Zeit verlieren. Die Schäden, die ich mit meinem leicht alkoholischen Karottenschnaps angerichtet habe, sind offenbar irreversibel. Diese liebenswürdigen Lebewesen haben sich in reißende Bestien verwandelt. Wenn ich die Gedanken der Footen richtig verstanden habe, arbeiten sie an einer Waffe, die selbst deinen Körper zerfetzen würde. Für immer kann ich uns nicht vor ihnen in Sicherheit schaffen. Ich befürchte, es bleibt uns nicht einmal die Zeit, die Fuselbrennerei und die Karottenernte zu vernichten. Diese verdammten Lurche!«

Der Haluter rieb sich die blutunterlaufenen Augen. »Was schlägst du vor?«

»Wie weit bist du mit der Enträtselung des Mechanismus des Transmitters?«

»Es ist zwar ein gewisses Restrisiko vorhanden, aber ich denke, dass wir es schaffen könnten.«

»Lassen wir es darauf ankommen. Wir hauen ab und machen von der Erde aus die Gegenstation des Transmitters unbegehbar. Die Dscherro sitzen hier fest und die Wahrscheinlichkeit, dass wir ihnen durch Raum und Zeit getrennt nochmals begegnen, muss bei Null liegen.«

»Wenn du möchtest, berechne ich die Wahrscheinlichkeit, dass wir den Dscherro nochmals begegnen. Ich bräuchte für diese Arbeit bloß ein wenig Ruhe.«

»Du wirst jetzt das verdammte Ding aktivieren und nicht herumrechnen!« schrie der Mausbiber völlig entnervt. Er nahm einen Schluck aus der Flasche Karottenschnaps, die er vorsorglich in Sicherheit gebracht hatte.

»Ist ja gut«, brummelte Icho.

Das ungleiche Paar näherte sich dem Torbogen des Transmitters. Die Konsole, die davor stand, war für den Gebrauch durch Tefroder gedacht. Gucky schwebte telekinetisch hoch.

Die Oberfläche war glatt. Vollkommen glatt, bis auf zwei Knöpfe.

»Tolot«, sagte der Mausbiber fassungslos, »und ich lasse die Nachsilbe *-os* jetzt mal bewusst weg: Willst du mich verarschen? Du hast *sechs* Wochen lang herumgerechnet, um die Wahl zwischen *zwei* Knöpfen zu überdenken?«

»Wie du weißt, wurde ich öfters unterbrochen. Die Wahrscheinlichkeit bei zwei Möglichkeiten ist nun mal Halbe-Halbe. Mein Planhirn sagt mir aber, dass das Risiko kleiner als fünfzig Prozent sein muss, um eine Entscheidung treffen zu können. Ein gordischer Knoten, den ich nur unter Berücksichtigung des Zampirini-Paradoxons nach Schwarte-Dastel aus dem Jahr 2222 aufdröseln konnte.«

Die Ohren des Mausbibers fielen schlaff herab. »Nach welcher Methode?!« fragte er tonlos.

»Ich habe dreißig Millionen Mal eine virtuelle Münze geworfen und gewartet, bis sich die Wahrscheinlichkeit zu Gunsten einer Seite neigte. Ein interessantes Experiment, das ich zu Hause wiederholen möchte.«

Der Mausbiber setzte die Flasche an und tat einen tiefen Zug.

Und dann nahm er einen noch viel größeren Schluck.

Schließlich richtete er sich auf. »Darüber sprechen wir noch. Jetzt bitte ich dich, den richtigen Knopf zu drücken. Ich espere, ob sich die Dscherro nähern. Sie benutzen fliegende Objekte, die sie Schourchten und Chrescher nennen und die natürlich von den Footen stammen. Ihre Gedanken beschäftigen sich eindeutig mit Fleischeintopf. Einem großen, einem gewaltig großen Fleischeintopf, wenn du weißt, was ich meine.« Unvermittelt schrie er auf: »Drück endlich!«

»Ist ja gut, ist ja gut.« Tolot ging zur Konsole und presste vorsichtig einen seiner klobigen Finger auf den mit dem tefrodischen Buchstaben »A« gekennzeichneten Knopf.

Ein bedrohliches Knirschen erklang, ein Blitz zuckte durch den Bogen des Transmitters und ein Holzhammer in der Größe eines Familiengleiters erschien. Mit ungeheurer Wucht traf er den Haluter am Hinterkopf und trieb ihn wie einen stumpfen Nagel zwei Meter in die Erde. Gucky stand knapp daneben, durch den gewaltigen Körper Tolots geschützt. Es regnete Holzsplitter, als der Hammer in tausend Stücke zerbarst.

»Ziemlich herkömmliche Methoden verwenden die Meister der Insel manchmal, um ihr Eigentum zu schützen, nicht wahr? Hihi«, kicherte Gucky. Er esperte in den Gedanken Tolots und fand, dass dieser unverletzt geblieben war. Bestenfalls seine Ehre war angekratzt.

In Sekundenschnelle hatte sich der Haluter freigegraben. Es wurde auch Zeit. Die Dscherro kamen. Das Knattern und Getöse scheinbar altertümlicher Flugmaschinen war zu hören, übertönt von den Gesängen der Krieger.

»Koscha, koscha!«, hörte der Ilt den Bariton Nenkos. Der Bürgermeister trieb seine Leute an.

»Rasch, du Rechen-Koryphäe.« Gucky schob den Haluter telekinetisch in das Abstrahlfeld des Transmitters und folgte ihm hastig. Mit einem weiteren Gedankenbefehl drückte er den mit »B« gekennzeichneten Knopf. Das energetische Feld baute sich langsam, fast zögerlich auf. Erste Blitze überzogen den Halbbogen, die ionisierte Luft flimmerte leicht vor den Augen der beiden.

Mit ungeheurem Lärm und Gestank brausten die enthemmten Dscherro auf ihren infernalischen Fluggeräten heran. Sie lösten Waffen aus, die Explosivgeschosse näherten sich dem Torbogen gefährlich schnell.

Mach schon, mach schon! dachte der Mausbiber.

Endlich spürte er den Entzerrungsschmerz.

Er empfing einen allerletzten Gedanken, der von seinem früheren Freund, Mungo Dscherro, stammte: *Wir finden euch, und wenn es Jahrtausende dauert.*

Sein Körper löste sich endgültig auf.

XVII.
Der Schwur

Kaum materialisiert, stürzte Gucky zur versteckten Konsole und drückte den »Danger«-Knopf. Mit seinen telekinetischen Kräften verkantete er ihn tief im Gehäuse und machte ihn so unbrauchbar. Jeglicher Energiezufluss erstarb, der Torbogen des Transmitters verdunkelte sich. Ein leises Sirren verklang. Lediglich der schwache Geruch nach Ozon blieb für einige Sekunden in der Luft hängen.

Der Mausbiber blickte auf eine Uhr, die freischwebend in der Halle des Guckenheim-Museums hing.

»Wir waren gerade mal zwei Minuten weg, Icho. Oder waren es sechs Wochen? Sag mir, dass dies alles bloß ein böser Traum war.«

»Für einen Traum ist dieses Ding zu realistisch«, antwortete der Haluter und zog die Reste eines dscherroischen Sprenggeschosses aus seinem Hintern. »Ich befürchte, ich werde heute Nacht ein paar unangenehme Blähungen verspüren.«

»Das soll unser geringstes Problem sein.« Gucky blickte den Haluter ernst an. »Wir werden hier und jetzt einen feierlichen Schwur ablegen: Kein Wort zu irgendjemandem über unser kleines Abenteuer. Wenn Perry oder Bully dahinterkommen, dass wir ein ganzes Volk auf den Kriegspfad getrieben haben, ist es aus mit meiner beruflichen Karriere – und vor allem mit meiner Karottenzucht. Und in deinem Dossier würden sich einige harsche Worte über deine rechnerische Begabung wiederfinden. Meinst du nicht auch?«

»Du weißt, dass ich nicht lügen kann.«

Der Mausbiber seufzte laut.

»... aber wenn mich niemand danach fragt, muss ich auch nicht lügen.« Tolot zwinkerte mit zwei Augen, packte den Ilt am Schlafittchen und zog ihn auf seine Schulter. »Also wohin, mein kleiner Freund? Die Nacht ist jung und ich habe seit Wochen nichts mehr getrunken. Wollen wir einen draufmachen?«

»Ich muss dich enttäuschen, Vorarbeiter Tolot. Darf ich dich an eine bestimmte Wette erinnern, die du verloren hast? Zufälligerweise besitze ich auf dem Mars ein kleines, freies Grundstück, auf das ich meine Karottenzucht ausweiten will. Vielleicht sollten wir die Abmischung des Haluterdungs auch noch einmal durchbesprechen. Wie schmeckt dir eigentlich Blumenkohl, verfeinert mit Rhabarber und Pastinakenpudding? Ich dachte da an zwei, drei Tönnchen ...«

Danksagung

Diese Werkschau wäre niemals entstanden, wenn ich nicht über Jahrzehnte hinweg Unterstützung durch meine Familie bekommen hätte, durch Freunde und Fans. Vielen Dank für eure Hilfe.

Ein Buch ist darüber hinaus nicht das Werk eines Einzelnen. Ich möchte all jenen danken, die mich bei der Arbeit an dieser Kurzgeschichtensammlung unterstützt haben, vor allem Madeleine Puljic und meiner Verlegerin, Uschi Zietsch.